我国平台经济政府监管创新研究

A New Research on Government Supervision of Platform Economy in China

王　玉◎著

人民出版社

策划编辑:郑海燕
责任编辑:李甜甜
封面设计:汪　阳
责任校对:周晓东

图书在版编目(CIP)数据

我国平台经济政府监管创新研究/王玉 著. —北京:人民出版社,2022.3
ISBN 978-7-01-023819-7

Ⅰ.①我…　Ⅱ.①王…　Ⅲ.①网络经济-政府监督-研究-中国
Ⅳ.①F492.2

中国版本图书馆 CIP 数据核字(2021)第 196708 号

我国平台经济政府监管创新研究
WOGUO PINGTAI JINGJI ZHENGFU JIANGUAN CHUANGXIN YANJIU

王　玉　著

人民出版社 出版发行
(100706　北京市东城区隆福寺街 99 号)

中煤(北京)印务有限公司印刷　新华书店经销

2022 年 3 月第 1 版　2022 年 3 月北京第 1 次印刷
开本:710 毫米×1000 毫米 1/16　印张:19.25
字数:216 千字

ISBN 978-7-01-023819-7　定价:86.00 元

邮购地址 100706　北京市东城区隆福寺街 99 号
人民东方图书销售中心　电话 (010)65250042　65289539

序　一

市场是消费者最好的“知己”。只要消费者有需求，市场总能第一时间作出应对。平台经济的诞生正是源于“互联网+”发展趋势下市场对消费者的积极回应。我们正处于一个被平台覆盖的时代，电子支付平台、网络购物平台、社会交友平台、业务中介平台、交通出行平台等平台种类纷繁复杂，数量之多令人咋舌。而从第一个网络平台诞生开始，关于平台企业及平台经济学的研究就层出不穷，这些研究成果为我们揭开了平台经济的神秘面纱。

我国在发展平台经济方面具有“天时地利人和”的优势。我国政府制定的“双创战略”及颁布的《互联网信息服务管理办法》《非金融机构支付服务管理办法实施细则》《关于积极推进“互联网+”行动的指导意见》等一系列政策、法规，为平台经济的发展提供了有力支持，是谓“天时”；我国云计算、大数据、物联网等现代科学技术的崛起及发展，为平台经济提供了基础服务，是谓“地利”；我国社会和谐发展，网民规模不断壮大，为平台经济创造了巨大的利基市场，是为“人和”。正是因为“天时地利人和”皆备，我国平台经济的发展才能如日中天，才能孕育出阿里巴巴、百度、京东、携程、当当等众多拥有较大行业影响力的平台企业。

然而,成绩与忧患同在。在平台经济成为经济增长“新引擎”的同时,问题也接踵而至,其高速发展带来的市场、行业垄断,已经开始冲击市场经济的健康发展。但由于平台经济是新事物,政府原来的法律、税收、反垄断规制等制度准备无法适应其现实需要,这在一定程度上导致我国平台经济的监管空白和缺失。当前,平台经济领域的网络欺诈、假冒伪劣等违法犯罪事件有加重之势,政府作为公共监管主体,在大胆鼓励平台经济发展的同时也应实现监管创新。本书作者已经意识到完善政府对平台经济监管迫在眉睫,针对当前平台经济发展中的权益保护、合理税收、公平竞争等几大议题提出了自己的独特看法。作者针对政府监管提出的创新举措看似平行,实则环环相扣,为政府治理平台经济提供了可行建议。

作者在选材上是极考究的。在关于平台企业、平台经济的概念界定上,作者勤勉搜集了国内外学者的诸多文献资料,援引了数十个国内外学者的观点,力争详尽地解释平台和平台经济现象。清晰地解释了平台是什么,平台的组织形式和架构如何,平台企业的分类,厘清了平台经济监管的重点。在这些基础概念的论述之中做到了有的放矢、收放自如。作者提出的法律和规则体系的创新完善、税收监管的创新完善、反垄断规制的创新完善及大数据技术监管的创新应用等举措,与当下平台经济治理的几大议题相符,触摸到了政府监管的主要“痛点”,抓住了政府在平台经济监管方面的“症结”。这让作者的见解更具现实意义和参考价值。

作者十分重视用数据和案例说话。作者在书中展示了我国电子商务交易额、网民、互联网普及率、互联网企业市值、全球十大经济体、平台型企业数量等数据，这些鲜活的数据是平台经济不断发展壮大的最好证明。在数据之外，作者还十分重视“举案说理”。谈及平台企业法律责任认定时，作者列举了淘宝网旗下点点网、唯品会违规操作的案例；谈及平台企业税收征管时，引用了淘宝网店征税的案例，谈及反垄断规制时，分析了奇虎诉腾讯的案例。在本书的最后一编，作者还以大众所熟悉的电商平台——淘宝网为案例进行实证分析，将自己对政府在平台经济法律法规监管、税收监管、反垄断规制监管、大数据监管方面的见解融入淘宝网的监管实践中，提出了构建政府和淘宝网协同治理体系的构想，为平台经济政府监管创新提供了有价值的研究及参考范本。

作者对所提出的模型及指标体系极为严格。在分析平台经济监管质量因果关系时作者基于系统动力学构建了相应的动态仿真模型，通过模型参数及方程计算验证了自己对平台经济政府监管质量影响因素的判定结论。在平台经济大数据监管主要指标体系构建中，作者从维权服务监管、主体监管、客体监管、行为监管和趋势监管五个方面建立了平台经济的三级大数据监管评价指标体系，认真选取了数十个指标，并基于可行性和实用性对指标进行反复修正。这种认真严谨的学术态度难能可贵。

作者的文字平实易懂。我时常和作者就一些经济形势探讨看法和心得。在沟通中，我发现作者具有较强的逻辑思维能力和分析判断能力。所以她书中行文简单不拗口，语言生动活泼又平实严谨。即便是没有系统学习过经济学理论知识的人，也可以读懂她书中的内容，明白她所要表达的观点。

当下中国平台经济发展面临的挑战沉重且艰巨，政府对平台经济的监管结果关乎每一个平台企业的健康运行、每一个普通人的日常生活。作者在有限的篇幅内给出了不少具有启示性的建议,这些建议或许可以起到抛砖引玉的效果,让更多学者关注平台经济的治理,一起致力于平台经济研究,继而推动平台经济的健康发展,使其爆发更大的潜力,为中国经济发展创造更大的动能。

张占斌

中央党校马克思主义学院院长

序　二

当前,世界正处于百年未有之大变局的特殊时期,中美关系的改变以及由此而带来的可能影响,正在改变我们过去四十多年所熟悉的经济增长环境与发展路径。与此同时,以互联网技术和绿色能源革命驱动的第三次工业革命也正在发生的过程之中。将这两者结合起来可以看到,大力发展基于互联网技术的数字经济,既关系到中国经济发展的长远与全局,更是短期内应对国际环境变化的关键一招。

平台是数字经济形态下企业的主要组织方式。目前,全球15大互联网公司皆以平台模式运营,苹果、Facebook、阿里巴巴、淘宝、京东、亚马逊等这些为人津津乐道的财富传奇无一不是平台型企业,平台经济俨然已是最耀眼的新型经济形态。和传统经济形态不同,互联网平台一方面在动员资源、连接供需、扩大市场、撮合交易等方面有着无与伦比的巨大能量,但另一方面也显现出虚拟、复杂性、高频等特点,这对传统的政府监管是一个全新的挑战。近年来,全社会既受益于平台经济创新所带来的巨大益处,同时也屡屡陷入一些与此相关的欺诈和纠纷,从中凸显出现行法律、税收、信用等多个方面的监管无力。从这个意义上讲，王玉博士选择这个研究主题，是十分有前瞻眼光和现实意义的。

作者在系统梳理了我国平台经济监管现状的基础上，从协同治理理论切入，以互联网思维下平台经济治理的创新、开放、协同等为基础，构建了“核心价值观—治理理念—实现路径”的多层级的政府监管架构，就创新平台经济的政府监管进行了深入研究。概括而言，本书有以下几个特点。

一是针对性强。在广阔的互联网经济中，王玉博士选择了平台经济这一独特的视角进行研究。书中对平台、平台经济的概念及内涵等都进行了系统梳理，对平台进行了科学分类，并总结出平台经济组织架构的一些特征，内容新颖，很值得一看。

二是有国际视野。他山之石，可以攻玉。针对平台经济监管这一新生事物，王玉博士以英、美、日三国作为考察对象，对这三个国家在平台经济监管方面的共同做法和成熟经验进行了对比分析，从中提炼出一些值得我国政府监管实践参考借鉴的做法和经验。

三是有实践前沿性。本书的一大特点是将协同治理理论作为政府监管创新的基础。在这个理论基础之上，作者结合我国平台经济的发展情况及政府在平台经济监管方面的具体做法，认为急需应对我国平台经济在法律、税收、反垄断规制、技术等方面提出的挑战。进一步地，作者进行了四个方面的重点研究。首先是法律责任监管，作者提出创新平台法律责任认定机制，构建平台规则与法律体系协同的监管体系。其次是税收监管，作者提出创新税收监管机制，实现平台企业多元主体征税协同。再次是反垄断监管，作者提出创新反垄断监管机制，实现线上线下法律规则协同监管。最后是数字化治理，作者提出创新数字治理机制，利用大数据提高监管的科学性。

总的来讲，王玉博士提出的平台经济治理的相关建议，既立足于平台经济发展的现状与未来，也兼顾了政府监管的需要，所提出的问题和建议关系到我国平台经济未来的健康发展，所进行的理论探析与提出的政策建议，都体现出“初生牛犊不怕虎”的闯劲，从中展现出她积极向上的学习热情、一定的学科基础以及颇为令人惊喜的研究潜质。我作为她的博士生导师，对此十分欣慰。

当然，我也要坦诚地说明，王玉博士作为一个学术上的新生力量，此书总体上还是有些稚嫩，书中的一些内容需要进一步挖掘，特别是考虑到“互联网经济”这一领域的研究尚处于少有人涉足的情况时，就更是如此。不过这也同时揭示出她今后的努力方向。我衷心祝愿王玉以此书作为自己“学术人生”的起点，继续在这一条道路上努力探索，深入研究互联网经济这一新兴领域，作出自己无悔的贡献。

冯俏彬

国务院发展研究中心宏观部副部长

目　录

第一编　平台经济及监管研究意义

第六编　案例分析——以淘宝网购平台为例

第　一　编

平台经济及监管研究意义

第一章　平台经济及监管研究概要

第一节　研究背景

人类社会诞生之后的漫长岁月中,实物形态的商品交换一直是经济活动的主角。网络应用普及之后,人类进入了一个崭新的时代——信息化时代。这一时期,经济活动的规模与复杂程度前所未有,交易频次呈几何级数增长,且供需双方可能远隔千万里,双方之间为达成交易所需要的信息互换已不可能由传统的实体市场完全满足。

我国的互联网经济模式经历了两次重大转型:第一次是互联网下的工业互联网时代,它重新定义了人类生产力,极大地提升了劳动生产率。工业互联网时代,信息是单向传播,即网站发布信息,网民被动接受。第二次是我国“互联网+”战略提出之后逐步发展起来的互联网时代,该时代信息传播是双向互动的,网民之间、网站之间、网民与网站之间可以主动进行信息交换和互动交流。“互联网+”时代依托互联网技术改变传统商业模式,成为推动经济发展和服务实体经济的重要战略工具。而目前，中国网络经济正在经历第三次转型，它是由互联网技术企业发起，通过平台资源整合模式，对实体经济进行重构所形成的平台经济模式。平台经济是基于互联网及相关技术所形成的各种经济模式和经济关系的总和，平台经济不仅代表着更高等级的生产力，也是对传统经济模式的重塑，具体表现为新的生产关系和新的社会组织形式。尤其是在新一轮科技革命中，随着大数据、人工智能、物联网、区块链等技术的成熟和应用，平台经济模式发展空间广阔，是加速中国经济转型、实现经济高质量发展的重要途径和手段。

我国的平台经济在发展之初并不引人注目，但近几年取得了快速发展，平台经济规模的迅速壮大使其成为新的经济增长点。平台经济类有六大特点：第一，根据中国互联网企业综合实力研究报告（2020 年），2019 年前百家平台经济企业总体营收规模创历史新高，互联网业务收入达 3.5 万亿元，整体规模较去年增长 28.2%。第二，平台经济企业总体赢利规模迈上新的台阶，2019 年营业利润总额达 3174.9 亿元。企业原始创新能力持续增强，研发投入规模达 1772 亿元，较去年增长 15.2%。第三，平台经济企业前百家企业纳税总额和员工数量同比增速分别为 20.6%、18.3%，新模式新业态助力稳就业。第四，平台经济企业互联网应用场景实现全方位覆盖，互联网企业地理聚集特征显著，京津冀、长三角、珠三角集中了超过 80% 的互联网百强企业，北京成为入驻首选地。第五，平台经济企业消费互联网持续深耕细作，电子商务稳居互联网垂直产业首要地位；产业互联网布局不断深化，云服务助力传统产业转型升级。第六，平台经济企业领军企业格局持续变更，有21家企业连续8年入围互联网百强企业，年度迭代率最高达到45%。

平台经济的发展改变了人们的交流方式、工作方式、交易方式和生活方式，带动了信息服务产业的发展，对经济增长作出了卓越贡献。同时，这种新的经济形式极大地冲击了传统市场结构，在发展中也暴露出一些问题，如假货泛滥、侵犯知识产权、信息泄露等，给政府监管带来了新挑战。尤其是最近两年，针对互联网平台的投诉越来越多，如何实现对平台经济进行有效监管，确保其健康发展已经成为亟须解决的问题。在这种大背景下，对平台经济进行政府监管创新研究具有重要的现实意义。

第二节 研究视角

当前，平台经济发展中暴露的很多问题除了与平台自身特性有关之外，也与政府监管没有及时跟进有关。比如，对平台经济的理解不一，对于互联网平台的权责判断缺乏清晰明确的标准，与平台相关的法律法规存在空白或多重标准，对平台经济的税收征管常年不力等。究其根源在于传统监管模式无法适应平台经济的发展，多重管制框架和垂直监管模式与平台经济表现出诸多冲突与不适应性，无法做到有效监管。通过政府监管的创新，能够有效解决以上这些问题，这也是本书选取平台经济政府监管创新作为研究视角的原因。

通过文献研究也可发现，当前针对平台经济的研究虽然很多，但角度各有不同。宏观层面上，有针对平台经济运营机制、平台经济特征、不同城市平台经济发展问题及对策等的研究。微观上有针对外卖平台经济、P2P 网贷平台经济、电商平台经济、众筹平台经济、平台定价机制、平台规则等的研究。但专门针对平台经济政府监管的相关研究还相对较少,因此本书选择了“我国平台经济的政府监管创新”这一视角,从平台经济的基本特征入手,在借鉴平台经济国际监管经验的基础上,对我国平台经济政府监管的理念、机制及技术手段创新等进行深入研究。

第三节　研究意义

一、有利于丰富平台经济监管理论

本书引入博弈理论,分别在静态博弈和动态博弈两种情境中对政府和平台企业的协同治理进行深入剖析。在静态博弈中,本书利用零和博弈对政府和平台企业协同治理过程中的策略选择情况进行分析,通过一般模型假设提出政府博弈方和平台博弈方都可以选择合作监管策略或不合作监管策略,但只有在选择合作监管策略的情况下,平台企业和政府才能获得超额利润。若都选择不合作监管策略,则相应的双方的治理成本会增加。本书通过这一模型假设得出平台企业应与政府一起进行合作监管,以实现收益总和达到帕累托最优的目标。为了进一步验证这一结论,本书又利用动态博弈对政府和平台企业的博弈过程进行分析,通过构建利益矩阵、演化博弈的均衡及均衡稳定分析,得出要走向平台经济“双赢”的局面,参与平台经济监管的政府(主导方)和平台企业(合作方)都必须有较高的合作意愿。在博弈理论的基础上,本书提出了在平台经济监管中采用协同治理、网络化治理和数字治理的理念,丰富了平台经济的监管理论。

二、有利于创新平台经济监管机制和模式

本书从法律责任认定机制、平台经济税收监管机制创新、平台经济反垄断规制等方面给出了平台经济监管创新的具体建议。针对法律责任认定问题,给出了平台法律责任认定的五项原则,并针对民事责任、行政责任、刑事责任认定难点给出了具体的认定办法。针对平台税收监管难的问题,提出多元主体协同征税、线上线下协同征税和用信息管税代替以票管税的税收监管措施。针对平台经济反垄断难题给出了新的认定垄断的标准和执法。这些措施将为平台经济监管机制创新提供有益借鉴。

三、有利于创新政府的市场监管工具

本书对政府利用大数据分析了平台经济进行监管的技术原理,在指出构建平台经济监管综合指标评价体系的意义、指导原则的基础上,构建了平台经济监管评价的指标体系,并阐述和实际验证了指标体系的算法。这些指标能够为政府构建平台经济大数据监管体系提供有益参考。

四、研究思路

本书遵循“提出问题—分析问题—解决问题”的研究思路,对平台经济监管进行了较为系统的研究。首先,在提出问题部分,本书通过演化博弈模型的构建,阐述了政府和平台企业合作与否对于各自利益和监管成本的影响,并且初步从协同治理的角度分析

了未来政府监管平台经济改革的基本思路。

其次，在分析问题部分，围绕传统监管方式不适应平台经济监管这一问题，本书重点从法律、税收、反垄断、监管技术四个维度对监管难题进行了分析，并从运行基础、价值链、角色分工等不同的维度对比分析了工业经济与平台经济的差异，由此对核心问题进行了深入分析。

最后，在解决问题部分，本书在借鉴美国、英国、日本的先进经验基础上提出了“核心价值观—监管理念—实现路径”的多层级的监管架构。首先从价值观协同的角度分析了平台经济监管的核心价值观，然后在共同价值观基础上提出了具体的监管理念转变方向，并在共同价值观和理念的指导下，从法律、税收、反垄断、数字治理等角度提出了政府监管创新的具体路径。在此基础上，以淘宝网购平台为案例阐明了淘宝网购平台的监管体系具有圈层治理结构，这也为平台经济监管要实现多元主体协同、规则体系协同等多方面协同的结论提供了有力证明。

五、内容概要

本书分为六编，主要内容及具体的结构安排如下。

第一编，平台经济及监管研究意义。对选题的背景、视角、理论及现实意义、主要研究内容、研究思路、方法、创新点等进行详细介绍，并对平台经济的定义、价格机制、政府监管等内容的现有研究进行文献综述。对平台组织概念、分类及组织架构进行阐释分析，从博弈论角度出发，对于政府和平台之间在合作监管和不合作监管情况下产生的不同收益、成本进行计算，得出合作监管是政府与平台之间利益最大化的选择路径的结论，并由此得出政府对于平台经济的监管要进行协同治理的结论。

第二编，我国平台经济的发展现状及主要监管问题。结合实际情况对我国平台经济发展现状及未来趋势进行分析，指出当前我国平台经济监管存在三个主要问题，分别是：平台的法律责任难界定和法律适用性不强、数据监管基础薄弱、税收征缴困难。本编最后分析了导致这些监管问题的原因。

第三编，我国平台经济政府监管的理念创新。从协同治理理论切入，构建了“核心价值观—治理理念—实现路径”的多层级监管架构。同时，提出政府对平台经济的监管要实现从政府单一监管到协同治理的转变、从科层管理到网络治理的转变、从信息孤岛向数字治理的转变。对美国、英国、日本这三个国家平台经济监管的措施进行了分析，总结归纳了其在法律责任认定、税收、行业监管、大数据监管等方面对我国的有益经验。

第四编，平台经济监管的体制机制创新。分别从平台经济法律和规则体系的完善、税收监管机制创新、反垄断规制机制创新三个方面，对我国政府平台经济监管机制创新进行了深入探讨，给出了针对当下监管难题的具体解决方案。

第五编，我国平台经济监管的技术手段创新。论述了政府对平台经济大数据监管的应用领域，重点提出政府利用大数据对平台经济进行监管的具体指标体系构建的意义、原则、具体指标以及运算方法，并对指标的可行性进行分析修正。

第六编，以淘宝网购平台为例进行案例分析。选取淘宝平台这一较为成熟的互联网平台为案例，对淘宝平台规则层、参与主体进行了详细研究，发现淘宝网购平台的监管体系具有圈层治理结构,从而印证了平台经济需要多元主体共治和规则体系的协同。本编最后从税收监管、反垄断规制、大数据治理等方面对淘宝网购平台提出了合理化建议。

第二章　平台经济的发展与主要特性

互联网时代,平台对经济运行、交易达成发挥着非常重要的作用,且重要性还在不断上升(Roson,2005)[①]。目前,国内外对平台经济的研究都还属于起步阶段,国外的研究在时间和深度上相较之下较为成熟。其中具有开创性的代表研究成果有罗切特和蒂罗尔(Rochet 和 Tirole,2006)[②]、阿姆斯特朗和赖特(Armstrong 和 Wright,2007)[③]、凯劳德和朱利安(Caillaud 和 Jullien,2003)[④]、阿姆斯特朗(Armstrong,2006)[⑤]等。

---

① Roson R.,"Two-Sided Markets:A Tentative Survey",*Review of Network Economics*,Vol.4,2005,pp.4-6.

② Rochet J. C.,Tirole J.,"Two-Sided Markets:A Progress Report",*The Rand Journal of Economics*,Vol.37,2006,pp.645-667.

③ Armstrong M.,Wright J.,"Two-Sided Markets,Competitive Bottlenecks and Exclusive Contracts",*Economic Theory*,Vol.32,2007,pp.353-380.

④ Caillaud B.,Jullien B.,"Chicken & Egg:Competition Among Intermediation Service Providers",*The Rand Journal of Economics*,Vol.34,2003,pp.309-328.

⑤ Armstrong M.,"Competition in Two-Sided Markets",*The Rand Journal of Economics*,Vol.37,2006,pp.668-691.

第一节　关于平台经济的定义

有关平台经济的定义尚没有统一定论，罗切特和蒂罗尔（2016）认为，如果一个平台可以通过提高一边收费降低另一边相同收费的操作实现交易量的改变，那么这个市场结构就形成了以平台为载体的双边市场。与传统包括买方、卖方的双边经济不同，平台经济是一种以买卖双方经济为载体，以提供平台为核心，通过多边互动或博弈获取利润的经营模式。阿姆斯特朗（2006）从网络外部性的角度构建模型，认为平台是一个给双边用户进行交易的现实或虚拟场所，一方的交易量及收益取决于另一方参与者的数量。庞巴维克（1923）[①]从最宽泛的角度定义平台经济，他认为双边市场的平台是买卖双方对物品、信息、服务等进行交换的一个场所，而这个场所既可以是市场等具有物理形态的场所，也可以是电子商务平台等虚拟形态的场所。

国内学者对平台经济的定义在沿袭国外相关理论的基础上，结合中国的情况做了一定的拓展。徐晋、张祥建（2006）[②]首次对平台经济学进行了较为完整的定义，他们认为平台经济主要是研究所属平台存在垄断、竞争程度的市场结构，可以运用合约理论以及交易成本理论来分析不同平台的竞争机制以及发展方

① Böhm-Bawerk E., *Positive Theory of Capital*, Translated by Smart Steckert, New York, 1923, pp.6–9.

② 徐晋、张祥建：《平台经济学初探》，《中国工业经济》2006 年第 5 期。

式，从而形成的一个经济模式。贺宏朝（2004）[①]、潘宪生（2015）[②]等认为，平台经济是产业经济的一个分支，平台经济的出现和其他任何经济形态一样，是为了满足客观存在的市场需要，认为平台经济是参与方组成的一个新的竞争系统，平台参与方通过合作可以均衡地享有新系统的增值利益。华中生（2013）[③]通过对平台服务内涵的分析，提出了平台服务的概念，并且强调了信息通信技术对于平台服务发展的重要性。罗珉和李亮宇（2015）[④]对平台的定义重点强调了平台通过信息、技术沟通实现对商业模式的安排能力。

第二节　关于平台经济的特征

一、网络外部性

平台经济中的网络外部性是网络价值取决于已经连接到该网络的其他人的数量[⑤]，也就是每个用户从使用某产品中得到的效用与用户的总数量呈正相关。用户人数越多，每个用户得到的效用就越高，网络中每个人的价值与网络中其他人的数量成正比。这意味着网络用户数量的增长，将会带动用户总所得效用的几何级数增长。

① 贺宏朝：《平台经济下的博弈》，《企业研究》2004 年第 12 期。

② 潘宪生：《平台经济及其在江苏的实践》，《商业经济研究》2015 年第 8 期。

③ 华中生：《网络环境下的平台服务及其管理问题》，《管理科学学报》2013 年第 12 期。

④ 罗珉、李亮宇：《互联网时代的商业模式创新：价值创造视角》，《中国工业经济》2015 年第 1 期。

⑤ 朱彤：《外部性、网络外部性与网络效应》，《经济理论与经济管理》2001 年第 11 期。

平台经济的外部性对最终用户的交易成本非常敏感。[①] 从平台的参与因素来看，参与交易的成员本身具有外部性，平台一方的数量或价值影响着平台另一方的数量或价值，也影响了双边市场交易过程中可变成本的高低。数量越高，每次交易的成本会降低，从而吸引更多的人到平台上进行交易。此外，除了成员的外部性，平台的用途也具有外部性。金、李和帕克（Kim、Lee 和 Park，2017）[②]研究发现，通过平台经济制定企业团购行为策略时，团购平台的客户群体越大，其网络外部性的效应也就越大，同时更多的商业也会进入团购平台，使该平台能够提供更多的用户服务，从而实现更大的平台经济。

此外，也有研究认为平台经济存在负的外部性。贝莱芬和图勒蒙德（Bellefamme 和 Toulemonde，2009）[③]和林、威尔伯（Lin 和 Wilbur，2007）[④]的研究表明，双边市场另一端的用户能够产生正的外部性，而同一端客户的增加则可能产生负的外部性，例如，电视广告媒体平台，当播放量超过一定程度的时候，播放量的增加反而会对观众福利产生负向影响。类似地，朱振中和吕廷杰（2007）[⑤]发现，由消费者出资的媒体平台在竞争激烈时，随着广告价格增高，媒体平台的利润下降。因此，他们指出网络外部性对平台的影

---

① Evans D.S.，"The Antitrust Economics of Multi-Sided Platform Markets"，*Yale Journal on Regulation*，Vol.20，2003，pp.325-381.

② Byung-Cheol Kim，Jeongsik Lee，Hyunwoo Park，"Two-Sided Platform Competition in the Online Daily Deals Promotion Marke"，http://ssrn.com/abstract=2117790，2017.10.9.

③ Belleflamme P.，Toulemonde E.，"Negative Intra-Group Externalities in Two-Sided Markets"，*International Economic Review*，Vol.50，2009，pp.245-272.

④ Lin J.，Wilbur W. J.，"PubMed Related Articles：A Probabilistic Topic-Based Model for Content Similarity"，*BMC Bioinformatics*，Vol.8，2007，pp.423.

⑤ 朱振中、吕廷杰：《具有负的双边网络外部性的媒体市场竞争研究》，《管理科学学报》2007 年第 6 期。

响还取决于当地的市场结构。

二、多属性

平台经济的另一个重要特性是多属性，这是由于现实中平台经济的市场结构决定的。平台经济的市场结构具有多样性，主要包括相似性平台、交叉性平台等模式。相似性平台指的是几个平台的功能相似，提供近乎同质化的服务，例如，电子游戏、电脑操作系统、电信网络等平台，这些平台存在强烈的竞争关系。交叉性平台指的是多个平台为多个市场提供可相互替代的服务，并且多个平台之间也存在服务以及被服务的关系。现实中平台经济的交叉性和相互性决定了其具有多属的性质。

对于市场中的主体而言，由于存在很多可以替代或者是关联起来会增加收益的平台，他们的最优策略是同时与多个平台发生关联，也就是多属行为本身是平台经济参与方的占优策略。埃文斯（Evans，2003）①侧重研究了平台经济的用途多属性，并表明平台经济的用途多属性存在的前提在于这种多属性至少对于平台的一方而言是必需的，这样才能保证市场主体在平台不能够兼容或者不关联的情况下进行交易。例如，对银行卡业而言，由于不同银行卡系统之间不互通互连，导致商户与客户之间可能存在多属行为，也就是拥有很多张卡。

平台经济的多属性可以分为用途的多属性和成员的多属性两种类型。赖斯曼（Rysman，2004）②分析了个人持有多张银行卡的

---

① Evans D.S.,"The Antitrust Economics of Multi-Sided Platform Markets", *Yale Journal on Regulation*, Vol.20, 2003, pp.325-381.

② Rysman M.,"Competition Between Networks: A Study of the Market for Yellow Pages", *The Review of Economic Studies*, Vol.71, 2004, pp.483-512.

多属状态，证明了银行卡持有的多属行为要多于用途的多属行为。这也表明多属行为是平台业务的开展过程中比较常见的现象，它能对平台价格水平和定价结构产生重要影响。但是，目前理论和实证研究都相对滞后。

平台经济双方的参与者选择加入一个平台或者多个平台中，根本上是由平台经济竞争结构的内生性决定的。赫玛琳和卡兹（Hermalin 和 Katz，2004）[①]建立了一个平台经济内生性模型，通过假设平台经济不存在网络外部性，仅仅讨论内部性对平台经济竞争结构的影响，结果发现平台经济的服务对于差异化的客户存在横向的差异，在没有会员费用以及费用可变的情况下，平台消费者的交叉多属将会是一个平衡的结果。加布斯维奇和沃西（Gabszewicz 和 Wauthy，2004）[②]研究得出的结论与赫玛琳和卡兹相反，他们通过理论模型分析得出，在存在网络外部性，收取会员费用，且消费者网络敏感性存在差异的情况下，平台经济的竞争会存在多种均衡，但是只会有一种均衡能够给平台经济带来正的利润。罗森（Roson，2005）[③]构建了一个具有内生多属行为的银行卡竞争模型，结果表明给定存在会员费和可变性使用费的竞争平台假设下，平台的消费者和商户可以进行协调博弈，这样既可能保证平台参与双方的选择都是独立的，也可能使多个平台经济获得正利润的均衡。

---

① Hermalin B.E.，Katz M.L.，"Sender or Receiver：Who Should Pay to Exchange an Electronic Message?"，*The Rand Journal of Economics*，Vol.35，2004，pp.423-448.

② Gabszewicz J.，Wauthy X.，"Two-Sided Markets and Price Competition with Multi-homing"，*Journal of Northeastern University*，Vol.5，2004，pp.3-5.

③ Roson R.，"Two-Sided Markets：A Tentative Survey"，*Review of Network Economics*，Vol.4，2005，pp.5-7.

三、关于平台经济价格机制

价格机制是经济形态的核心问题,在研究平台经济的监管之前,厘清目前平台经济的价格机制,有利于确定合理的监管途径。关于平台经济的定价问题,目前尚未形成系统的研究框架。学者对诸如期刊定价、中介费用等特定平台经济的价格结构展开了研究。根据平台经济的特点,其价格策略的重点在于根据用户需求弹性来设计价格结构,以使其最大限度满足双边市场的需求。埃文斯(Evans,2003)①认为,在垄断市场结果下,平台对双边用户的费用收取应该与用户的需求弹性呈正相关。罗切特和蒂罗尔(2006)在其研究的基础上对平台经济费用收取与用户需求弹性的关系进行了进一步阐述,他们认为,平台经济应该对需求弹性高的一方收取更高的费用,对需求弹性低的一方收取较低的费用。

乔和罗切特(Jeon 和 Rochet,2010)②、凯撒和赖特(Kaiser 和 Wright,2006)③等研究了学术期刊平台的最优定价问题,发现随着网络科技以及电子期刊的发展,期刊覆盖面扩大,向读者免费开放期刊电子阅览权是增加平台影响力的最佳选择,它会让平台制作期刊的边际成本大幅度降低。同时,如果杂志的收入主要来源于广告商,对杂志阅读者收取较少的费用,会迫使杂志平台尽可能地提高期刊质量,从而吸引更多的读者,以达到广告商的期望。

---

① See David S. Evans, "The Antitrust Economics of Two-Sided Markets", *Yale, Journal of Regulation*, Vol.20, 2003, pp.325-381.

② Jeon D. S., Rochet J. C., "The Pricing of Academic Journals: A Two-Sided Market Perspective", *American Economic Journal: Microeconomics*, Vol.2, 2010, pp.222-255.

③ Kaiser U., Wright J., "Price Structure in Two-Sided Markets: Evidence From the Magazine Industry", *International Journal of Industrial Organization*, Vol.24, 2006, pp.1-28.

平台主体进行定价决策还要考虑其他影响因素，如信息是否完备。安布鲁斯和罗塞拉（Ambrus 和 Rossella，2009）[①]以及凯劳德和朱利安（Caillaud 和 Jullien，2003）[②]都指出，即便在双边信息对称的情况下，也会发生平台定价不对称以及其他不对称性情况。从需求弹性的角度解释，当买方数量增加时，平台对买方收取的费用会上升；反之对卖方收取的费用会有所下降，具有吸引力的卖方能通过买方那一边规模的增加而获取更高的间接收益。[③]"在垄断中介的情形下，或在市场一方的规模能够为市场另外一方创造重要的外部性的情形下，平台往往会向一边制定较低的价格以吸引该边的参与，另一边则成了平台利润的主要来源"。[④] 整体而言，目前国外对有关平台定价问题的研究有理论研究和实证模型，可以为国内平台经济的研究提供参考。

① Attila Ambrus, Rossella Argenziano, "Asymmetric Networks in Two-Sided Markets", *Microeconomics: A Journal of the American Economic Association*, Vol.1, 2009, p.1.

② Caillaud, B., B. Jullien, "Chicken & Egg: Competition among Intermediation Services Providers", *RAND Journal of Economics*, Vol.24, 2003, pp.309-328.

③ Ambrus. A., Ressella A., Network Markets and Consumers Coordinatvon, CESifo Warking Paper, 2004.

④ Caillaud B., Jullien B., "Chicken & Egg: Competition Among Intermediation Service Providers", *The Rand Journal of Economics*, Vol.24, 2003.

第三章　政府监管研究意义

第一节　政府监管的总体概述

布德罗和海古（Boudreau 和 Hagiu，2011）①认为，平台经济的监管需要政府与市场的高度协作，以政府为主体，以市场为导向，针对平台经济中出现的问题与弊端制定相应的文件和办法，来确立平台企业良性竞争的制度和监管程序，可以有效保护各参与主体的利益。

为了保证平台经济健康持续发展，同时也为了更好地促进我国经济增长，减少平台经济发展中的混乱，对其进行业务规范与监管是政府与监管机构的职责所在。如何在有效监管的同时保证平台经济发展的自主性和创新性。不限制其未来发展，是当前学界普遍关心的问题。另外，采取何种监管模式，也是学界关注的重

① Boudreau K.，Hagiu A.，"Platforms Rules：Multi-Sided Platforms as Regulators"，*Platforms Markets & Innovation*，Vol.5，2011，pp.163-191.

点。李凌(2015)[①]研究了国内电子商务等平台经济发展的现有政府监管模式及问题,认为当前政府对平台经济的监管存在对平台经济性质认识不清而采取“一刀切”的管理模式,对平台经济双边市场垄断能力缺乏足够判断能力,导致对双边价格监管不够完善和监管效率低下等问题。他认为,平台经济的政府监管应该改变现有分散化、碎片化的监管模式,建立专门的监管机构,遵循平台经济发展的内在规律,进行分类管理,建立相应的经营标准。此外,政府部门也可以通过税收、财政补贴等多种方式扶持、指导平台经济的发展。田原(2017)[②]深入分析了电子商务平台,比较了电子商务合理监管与电子商务创新发展之间的权衡关系,提出我国电子商务可以按照有效监管、信息保护以及有利于创新与开放的原则进行监管。

另一类具有代表性的互联网平台是分享经济模式,对于这一模式,主要涉及出行、住宿等领域,这种全新的经济模式对当前经济社会具有巨大的冲击力,与政府管制之间的冲突也日益凸显。因此,政府对双边市场的监管需要充分考虑新技术条件下产业的自我监管,并从提高社会整体福利的角度对政府管制的变革做深入的思考。例如,建立政府规制的外生秩序和平台企业自我监管的内生秩序等(吴晓隽、方越,2016)[③]。

从安全角度看,巴曙松和杨彪(2014)[④]提出平台经济的支付方式需要构建监管体系,“互联网经济下的第三方支付发展迅速,

---

① 李凌:《平台经济发展与政府管制模式变革》,《经济学家》2015 年第 7 期。

② 田原:《电商平台监管法律制度研究》,中国社会科学院 2017 年硕士学位论文。

③ 吴晓隽、方越:《分享经济的挑战与政府管制变革的思考》,《上海经济研究》2016 年第 9 期。

④ 巴曙松、杨彪:《第三方支付国际监管研究及借鉴》,《财经研究》2014 年第 4 期。

规模不断扩大，涉及范围越来越广，交易风险越来越高”。陈志刚等（2015）①认为，平台经济与互联网密切相关，互联网普及带来的社会问题如网络安全、网络犯罪、不良信息等外部性，严重损害了他人和社会的整体利益，造成他人效用的减少和社会成本的增长。因此，对平台经济加强监管是十分必要的。

从目前监管存在的不足和漏洞角度研究，安晖（2013）②发现，我国平台经济监管存在监管缺位、网络金融虚拟化等风险问题，因此需要加强对平台经济的监管。他提出可以在借鉴欧美等发达国家平台经济监管方式的基础上，摸索适合我国平台经济监管的路子。

刘兵和唐守廉（2007）③重点从国内外监管对比分析的角度对互联网领域的电子商务监管模式进行分析，基于我国平台经济监管缺陷以及国外经验分析，对我国互联网监管的运行机制和发展现状进行剖析，提出我国平台经济监管应该采取“用自上而下加第三方机构”的模式进行监管。

总之，学术界研究普遍认为当前对于互联网领域的监管未能跟上互联网的发展，存在监管空白、法律法规不配套、监管主体缺失等问题，迫切需要政府从多个维度改革监管措施，提高对互联网领域的监管能力，促进互联网行业和平台经济的健康发展。

---

① 陈志刚、王茜、韩正君：《移动互联网产业管制的现状、趋势及新管制体系研究》，《移动通信》2015 年第 5 期。

② 安晖：《以平台经济引领经济转型发展》，《科技日报》2013 年 11 月 25 日。

③ 刘兵、唐守廉：《互联网管制模式的分析和研究》，《电信科学》2007 年第 5 期。

第二节　政府监管的重点领域研究

一、平台责任与政府规制

平台经济的责任界定问题也给政府治理带来严峻挑战，政府全面介入或完全放任的规制选择均失之偏颇。在规制创新的背景下，既要鼓励创新，又要兼顾各方利益，需要综合考虑平台经济的特殊性（汪旭晖、张其林，2015）①。考虑到网络平台的公共性和非中立性，政府依据“谁受益，谁负责”的原则确立“以网管网”的规制策略，这种通过法定义务强化平台责任的思路源于传统新闻媒体“守门人”理论。解志勇和修青华（2017）②认为，平台责任具有两面性，在法律规范中，一方面表现为积极的行政义务，另一方面又表现为消极的行政责任。

对于微商、网络交易等不规范的平台交易而言，责任更难以确定，平台经济的秩序完善存在一定的经济成本，对缺乏有效信息的政府而言，认证的人力、物力和大量交易数据存储的成本较大，因此无论是公共数据及其端口的开放，还是将平台的某些合规活动纳入政府采购，都是协同治理的有效方案（周辉，2016）③。成卓和金阳（2016）④还发现，目前分享经济平台普遍存在捆绑推送、屏蔽

① 汪旭晖、张其林：《平台型网络市场“平台—政府”双元管理范式研究——基于阿里巴巴集团的案例分析》，《中国工业经济》2015 年第 3 期。

② 解志勇、修青华：《互联网治理视域中的平台责任研究》，《国家行政学院学报》2017 年第 5 期。

③ 周辉：《微商治理：平台责任与政府监管》，《中国科技论坛》2016 年第 10 期。

④ 成卓、金阳：《打击垄断行为促进分享经济健康发展》，《中国物价》2016 年第 9 期。

竞争对手和过度并购等非竞争行为，政府应该通过建立相关统计标准、明确市场范围、分类监管、依托行业协会监管等方式促进行业自律。

2015 年年底，我国新修订的《中华人民共和国食品安全法》规定了网络食品交易第三方平台对平台内经营活动的审核义务和不履行义务的法律责任。这是政府对平台经济进行法律监管的领先尝试。赵鹏（2017）①认为，由于并未充分考虑目前平台自身控制违法行为的动机和实践、平台履行义务的能力和成本，以及平台错误判断对经营者的影响等因素，当前对平台责任的强化超出了适当限度。政府应当修正片面强调平台责任的规制模式，转而在提升自身监管能力的基础上，探索与平台合作治理的新型规制模式。

二、平台经济的税收监管

平台经济监管问题涉及政府的经济政策调整，而经济政策以税收调整为核心。布鲁克纳（Bruckner，2002）②通过调查美国参与分享经济平台的小企业主发现，每年有超过 250 万的纳税人参与分享经济活动，但这一部分人的税收并没有体现在当前的政府财政报告上，税收作为一项政策在平台经济领域的实际效果并不理想。

补贴是财政政策中重要的机制之一，目前政府补贴在平台经济领域相对较少，大多是平台一方通过补贴刺激另一方的消费。

① 赵鹏：《超越平台责任：网络食品交易规制模式之反思》，《华东政法大学学报》2017 年第 1 期。

② Bruckner C.，"Shortchanged：The Tax Compliance Challenges of Small Business Operators Driving the On-Demand Platform Economy"，*Social Science Electronic Publishing*，Vol. 5，2002，pp.163–182.

由于平台是一个提供和交换信息的场所，因此从理论上讲，补贴会扩大平台规模，但同时削减了利润，是双边市场早期形成阶段的一种过渡（王昭慧、忻展红，2010）[①]。

就促进合作和促进信誉的角度而言，在不完全信息条件下，重复博弈能实现博弈双方的合作均衡。淘宝是一个典型的平台企业，它提供了双边市场合作均衡的案例，声誉机制为合约提供了隐性激励并促成交易双方实现合作均衡，同时提升了社会的信誉度（钱炳，2014）[②]。

三、平台重点领域研究

（一）互联网金融平台的监管

互联网金融平台的兴起，促进了金融行业的深入发展，为实体经济发展以及民众理财提供了更多的融资渠道。但由于其独有的金融属性，增加了政府对该行业的监管风险和难度。与实体金融领域的监管相比，当前对互联网金融的监管十分薄弱，缺乏相应的法律法制规范以及相应的配套监管机构。许多学者对当前金融平台存在的问题进行了剖析，并就政府如何监管提出了一些创新性意见。

陆岷峰、王虹（2014）[③]对互联网金融这一平台经济监管模式进行了研究，认为政府对互联网金融的监管应该包括准入和退出

① 王昭慧、忻展红：《双边市场中的补贴问题研究》，《管理评论》2010 年第 10 期。

② 钱炳：《声誉、重复博弈与双边市场合作均衡——以淘宝在线交易平台企业为例》，《电子科技大学学报》2010 年第 4 期。

③ 陆岷峰、王虹：《互联网金融与金融互联网的监管研究》，《天津商务职业学院报》2014 年第 2 期。

门槛的设立、监管流程的规范，应该采取现场监管和非现场监管相结合的方式，以期取得良好的监管效果。郭全中、郭凤娟（2013）[①]侧重分析了互联网金融与传媒领域的关系，并从媒体商业角度探讨了加强平台经济监管的必要性。类似的研究还有刘英、罗明雄（2013）[②]等。

韩亚菲（2016）[③]对于"股权众筹"这个特定平台经济的监管作了研究，认为股权众筹平台是否能够规范运行直接影响融资人与投资人的利益，进而会影响行业的健康发展以及我国金融行业的稳定。他指出目前股权众筹平台存在的最突出问题在于相关法律法规不健全，行业经营存在法律风险，政府应该尽快对此建立相应的法律法规以及行业经营规范。谢润风（2012）[④]从河北省融资平台的发展现状出发，系统地探讨了河北省融资平台经济发展过程中的影响因素以及当前存在的一些问题。重点研究了当地政府对融资平台的监管，并从融资平台监管模式、政策法规配套、风险管控等方面阐述了政府对平台应有的管控措施。

（二）分享经济平台的监管

"分享经济"一词最早是由马丁·威茨曼[⑤]提出，他认为劳动报酬的分享分配可以解决经济滞胀，实现充分就业。这种分享实际上指微观企业所有权、管理权和利润的分享。目前被广

① 郭全中、郭凤娟：《平台经济与媒体商业模式变迁》，《青年记者》2013 年第 9 期。

② 刘英、罗明雄：《互联网金融模式及风险监管思考》，《中国市场》2013 年第 43 期。

③ 韩亚菲：《我国股权众筹平台监管制度完善研究》，华东政法大学 2016 年硕士学位论文。

④ 谢润风：《河北省地方政府融资平台监管问题研究》，天津大学 2012 年硕士学位论文。

⑤ 马丁·威茨曼：《分享经济》，林青松等译，中国经济出版社 1986 年版。

泛认知的分享经济指的是基于协同消费模式的分享，其定义源于博茨曼和罗杰斯（Botsman 和 Rogers，2010）[①]，他们将分享经济定义为“人们以低廉的门槛和成本获得所有权带来的好处，同时将对环境的影响降至最低”。尽管这一概念出现不足十年，但这类现象早在 20 世纪 90 年代就已经出现萌芽，之后随着数字技术的迅猛发展，分享经济在 2016 年呈现爆发式增长。

从政府监管的角度来看，分享经济重新定义了消费边界以及劳动力边界，对传统产业影响很大，且改变了原有的经济性进入壁垒，因此需要政府进行综合评估而不是冒进（Swarthmore 和 Sparks，2015）[②]。是否需要政府监管主要有正反两种观点。米尼菲和威尔特郡（Minifie 和 Wiltshire，2016）[③]认为，分享经济可以帮助建立陌生人之间更加信任和高效的经济行为，因此政府应该推动更多的分享经济形式使其变得合法化并出台更具弹性。反对方的研究认为，分享经济交易过程中的信誉积累可以替代政府保护买方，规避市场失灵，同时灵活的价格机制带来的利润可以替代法规的强制性并保证产品质量（Sundararajan，2012）[④]。整体而言，目前就政府是否应该对分享经济进行规制、如何规制等问题，在学术界仍存在较大争议。

---

① Botsman R.，Rogers R.，“What is Mine is yours：The Rise of Collaborative Consumption”，*Harper Business*，2010，pp.87-92.

② Swarthmore C.，Sparks K.，“The Sharing Economy：The Production，Consumption，And Regulation of Community in the Digital Economy Sociology and Anthropology Senior Honors Thesis”，*Swarthmore College*，2015，pp.72-89.

③ Minifie J.，Wiltshire T.，“Peer to Peer Pressure：Policy for the Sharing Economy”，*Grattan Institute*，2016，p.44.

④ Sundararajan A.，“Why the Government Doesn't Need to Regulate the Sharing Economy”，*WIRED*，2012，https://www.wired.com/2012/10，2017.10.18.

（三）电子商务平台的监管

电子商务平台具有信息不对称而引发的逆向选择问题，因此原有的税收监管颇具难度。与此同时，电子商务平台交易的虚拟化也为网络税收的征管带来了极大的挑战。

马兰（2015）[①]认为，政府对电子商务平台上的企业进行征税不能简单地套用传统单边市场的政府征税理论，否则不但难以有效增加政府的财政收入，而且对电子商务平台的发展有损害。曲振涛、周正和周方召（2010）[②]发现，当不存在法律强制时，C2C 电子商务平台不愿意与税务部门合作和配合税收监管，原因是税收会降低市场份额和利润。金鹏和蔡淑琴（2008）[③]等认为“通过网络中介信息共享可以降低税务机关与纳税人之间的信息不对称，从而有效解决电子商务税收遵从与征管问题”。

李晓青（2016）[④]通过构建理论模型发现，在双边市场的电子商务平台上，竞争市场比垄断市场的勒纳指数要高，两种市场都实行非对称的价格结构。即一方面对价格弹性较高的买方收取较低价格甚至免费，另一方面对价格弹性较低的卖方收取较高的价格，这种价格结构和价格补贴行为在双边市场属于正当行为，不应该进行规制。但是，对于许多电子商务平台的搭售行为而言，尽管有

---

① 马兰：《基于电子商务平台双边市场特征的网络税收征管研究》，《中国商论》2015 年第 32 期。

② 曲振涛、周正、周方召：《网络外部性下的电子商务平台竞争与规制——基于双边市场理论的研究》，《中国工业经济》2010 年第 4 期。

③ 金鹏、蔡淑琴：《C2C 电子商务平台的税收征管参与行为分析》，《工业技术经济》2008 年第 9 期。

④ 李晓青：《基于双边市场的电子商务平台反垄断与规制分析》，山东财经大学 2016 年硕士学位论文。

一少部分可以提高消费者效用和社会福利水平,但有些搭售却损害了消费者的利益和选择权。所以政府在进行规制时,应该结合双边企业的市场势力,明确判定标准后进行反垄断调查。

总的来看,目前学术界对于双边市场以及平台经济的研究都较为简单,大多围绕平台经济本身的特征、定价等方面,对于平台经济监管方面的研究更是处于起步阶段,缺少对平台经济监管的系统研究。随着支付工具、交易中介、软件、媒体等平台经济的发展壮大,未来关于平台经济的研究将会增加,对平台的监管研究将成为重点,这也是本书研究平台经济监管问题的意义所在。

第四章　平台经济定义和政府监管的理论基础

平台经济是传统抽象市场的具化形态（徐晋，2013）[①]。与传统市场相比，平台经济交易空间更加复杂，包含了参与层、规则层、数据层三个层级。这三个层级相互作用，一方面保持了平台经济的运行，另一方面也在呼唤监管理论的创新。

第一节　平台经济的定义与概念

平台经济和传统市场差异显著，平台经济从概念、分类到架构都与传统市场不同。下文从平台和平台经济的概念切入，对平台进行分类探讨，并结合平台经济的三个层级对平台经济组织架构进行详细阐释。

---

① 徐晋：《平台经济学》（修订版），上海交通大学出版社 2013 年版，第 5—8 页。

一、平台的定义

平台，原指船体结构中作为安装设备、人员工作等用途存在的局部水平板架。自从被应用于汽车制造业并产生巨大成效以后，平台的概念、思想和战略便逐渐推广（刘家明，2016）①。这是平台的最初概念，表明平台具有可提供解决问题载体的功能。随着人类社会的进步，平台概念也有了新的解释。从旧时的市集到现代的购物商场，包含完善交易规则、互动环境、多方参与主体的，均可称之为“平台”（徐晋，2013）②。将现实和虚拟结合在一起的定义有“平台是一种现实或虚拟空间，该空间可以导致或促成双方或多方客户之间的交易”（徐晋、张祥建，2006）③。

当下人们对平台的理解应该源自“双边市场”的概念，诺贝尔经济学奖得主罗切特在 2001 年首先提出此词（Rochet、Tirole，2001）④。阿姆斯特朗将双边市场定义为：存在两组需要通过网络型平台实现互动的用户，其中一组用户加入平台的收益取决于加入该平台的另一组用户的数量（Armstrong，2006）⑤。这个“平台”即具有“网络平台”的雏形，其理论应用也从传统的现实平台向互联网的虚拟平台转型。后来有学者研究发现，一些平台的应用群体种类多于两种，因此对应于多边平台，提出了“多边市场”的概念，但双边平台与多边平台的实质是一样的（刘家明，2015）⑥。

---

① 刘家明：《双边平台战略研究综述》，《江苏商论》2016 年第 1 期。

② 徐晋：《平台竞争战略》，上海交通大学出版社 2013 年版，第 18—20 页。

③ 徐晋、张祥建：《平台经济学初探》，《中国工业经济》2006 年第 5 期。

④ Rochet J. C., Tirole J., “Platform Competition in Two-Sided Markets”, *Journal of the European Economic Association*, Vol.1, 2001, pp.1-45.

⑤ Armstrong M., “Competition in Two-Sides Markets”, *Rand Journal of Economics*, Vol.37, 2006, pp.668-691.

⑥ 刘家明：《公共平台战略：来自企业多边平台的启示》，《福建行政学院报》2015 年第 4 期。

后续研究者依然使用的是“平台”一词，但是研究的对象已经逐渐具化为网络平台。网络平台就是网络产业中一种平台化经营模式，即由专业的平台开发商或运营商以互联网为基础、以网络技术为依托构建一个平台架构，为网络用户提供集认证、支付、物流、客服于一体的“一站式”服务，吸引买卖双方参与到平台上来达成交易的一种商业模式。

二、平台经济概念

以平台概念为基础，我们可以给平台经济下这样的定义：平台经济是以标准化、数字化、信息化、智能化平台为支撑，能为交易双方或多方提供现实或虚拟交易空间或场所，并能引导促成双方或多方交易的经济模式。平台经济自身会从各方对其空间或场所的使用中收取恰当费用，追求自身收益最大化（徐晋，2013）[①]。

本书将平台的概念大部分等同于平台经济，作为整体经济模式的简称，个别处等同于平台企业，如京东平台，特指京东这家企业，而不包括其上附着的商家、消费者。关于二者的混用，是根据具体的语境需要灵活安排的，每处都可以通过上下文和该语句的意思判断其具体含义。

第二节　平台的具体分类

平台的出现意味着对市场的传统认知被颠覆，传统市场依据

① 徐晋：《平台经济学》（修订版），上海交通大学出版社 2013 年版，第 10—12 页。

地域、竞争程度及内部组织结构的分类标准在市场具化为平台之后也有了极大的转变。平台的分类更加细化,由于不同平台特性、形态千差万别,平台的分类方法也更加多样。以下从平台的开放程度、连接性质、功能用途、演化形态四个方面入手,对平台类型进行具体划分。

一、以平台的开放程度划分

以平台开放程度为分类依据,可以将平台分为开放平台、封闭平台和垄断平台。开放平台具有自由进出的特征,平台上的各交易方无须考虑交易成本要素和身份审核或验证就可以自由进出市场。这一类平台有很多,如门户网站平台、电视报纸媒体平台等。封闭平台具有相对封闭的特征,它是相对于交易的一方而言的。比如一些有会员制的社交平台,对先进入成为会员的人而言,平台是开放平台,但对需要身份验证才能进入的后进入者就是封闭平台。垄断平台指的是平台由一个垄断者控制,这种平台较少。

二、以平台的连接性质划分

平台连接的是双边市场,据其连接性质不同可分为横向平台、纵向平台及观众平台三类。横向平台通过相似匹配将具有相似特征的成员聚集在同一个现实或虚拟空间中,生活中比较常见的横向平台是通信平台,如移动、联通、电信等。纵向平台通过发挥中介作用为买卖双方提供现实或虚拟的交易空间,纵向平台不参与交易过程,淘宝网购平台就属于典型的纵向平台。观众平台通过给观众提供免费服务来获取目标客户,平台提供的服务和商品并不是平台自有的,往往来自商户赞助或资助。

三、以平台的功能性质划分

平台的本质是中介,但在具体的市场行为中,中介功能被细化为市场制造者、观众制造者、需求协调者。市场制造者指的是平台通过挖掘分析创造新的市场追求,如房屋销售中介平台、婚恋交友平台,平台发挥的都是市场制造者功能。观众制造者指的是平台可以发挥匹配作用,将广告商与观众进行匹配。如门户平台可以向浏览自己网页的观众提供商家的产品宣传信息。需求协调者指的是提供交易平台满足双边用户的需求,在金融行业和互联网行业此类平台比较多见。

四、以平台的演化形态划分

平台作为一个生态系统,其形态也会经历从低级到高级的演化过程。根据平台不同演化阶段,可将其分为寄生平台、共生平台和宿主平台。寄生平台指的是某类平台发展之初只能依靠其他平台生存,他们以这种寄生生存方式逐渐获得市场认可,慢慢扩大自身平台容量。共生平台指的是两种平台相互依存,共同发展。苹果的 iPhone 和 iTunes 就属于共生平台。宿主平台指的是平台演化成熟后发生垂直化裂变,变成了母体平台。腾讯 QQ 就是从通信平台逐渐变成宿主平台的典型,它在演化成熟后开始衍生推出腾讯 QQ 游戏平台。

五、平台经济的组织架构

平台经济的组织架构可以发挥平台的中介功能和创造商业价值。要达成这一目的,核心在于两点:其一,充分利用各种技术手段整合双边或多边市场资源,构建供需双方的沟通和买卖桥梁;其二，制定规范平台交易全过程的规则，对平台经济各参与方进行有效调控（胡强，2017）①。技术手段能够将信息资源统一起来，规则能够促成市场参与方的交易行为，二者缺一不可。

平台经济运行的目的是满足双边或多边市场需求，它以实现利益最大化为目标。在分析平台经济的组织架构时，要以这个目标为前提，同时要兼顾参与方的利益。本书以参与层、规则层、数据层三个层级进行平台经济组织架构分析。通过不同层级的相互作用，可以充分保障双边或多边市场利益相关者的利益，确保平台经济平稳运行。

（一）架构包含双边或多边参与方的参与层

参与层的参与方指的是平台经济的所有利益相关者，包括平台企业、监管方、平台商家、平台消费者、平台相关合作伙伴等。这些参与方在不同利益诉求下相互作用，派生出各类信息。这些信息因平台经济组织内部生存发展需求而产生，给平台经济的发展提供了内生动力（张鹏，2014）②。

第一，平台监管者。平台监管者的主要职责是制定可以对平台经济双边或多边参与者进行约束和管制的制度。制度必须要适应平台经济的市场变化，与不同平台经济的商业模式匹配，只有这样才能实现市场资源的优化合理配置和多边利益平衡，保证平台经济畅通运行。现阶段平台经济的监管者主要是政府，政府对平台经济的监管主要体现在两个方面：其一，政府拥有许可权。政府的许可权既是政府收入的来源，也是政府维护平台经济竞争秩序

① 胡强：《网络自出版的平台经济分析与启示》，《合肥师范学院学报》2017 年第 2 期。
② 张鹏：《发展平台经济　助推转型升级》，《宏观经济管理》2014 年第 7 期。

的手段。其二，政府保证信息沟通渠道的畅通。与平台企业相比，公共权力是政府监管的后盾，政府有能力保证平台上信息的实时传递和准确获取，确保平台经济参与方实现安全可靠对接。

第二，平台企业。平台企业是平台经济的内部管制者，是构建平台经济的主体。平台企业对于平台经济的管制能力主要体现在以下三点：其一，平台企业是价格管制者。如果卖方一边具有超越买方一边的市场能力，买方通过加入平台仅仅获得很少的利益，那么平台经济就会有机会去关注或通过对买方进行补贴等方法来增加买方收益，促使他们乐于加入平台经济。其二，平台企业是许可授权者。最终用户常常不仅关心定价问题，同样关心质量问题。从这个角度说，平台企业就成为具有许可授权能力的管制机构，以规定运营的最低标准来尽可能消除客户的负外部性。其三，平台企业是竞争策划者。当价格管制显得复杂或无效时，平台企业可能会通过鼓励市场一方的竞争而使自身对另外一方更有吸引力。

第三，平台商家。平台商家通过平台经济的影响力和强大的吸附力将消费者聚集起来，为其提供商品和服务。消费者购买了商品和服务之后，商家就获得了利益。平台企业在商家销售商品和服务中发挥着重要作用，平台企业对商家的作用主要是为其架通销售渠道和信息传递渠道。一方面，平台商家借助平台企业先进的计算机通信技术和信息服务技术等实现商品和服务信息的快速扩散；另一方面，平台商家借助平台企业的大数据[1]技术，分析消费者的搜索、购物痕迹，整合消费者信息资源并对这些资源进行

① 大数据指无法在一定时间范围内用常规软件工具进行捕捉、管理和处理的数据集合，是需要新处理模式才能具有更强的决策力、洞察发现力和流程优化能力的海量、高增长率和多样化的信息资产。

解构，从而发现消费者的购物习惯和偏好，掌握消费者的消费心理。有了平台企业提供的这些信息，平台商家可以快速定位不同消费者群体，掌握每个销售节点，推进销售进程，最终实现赢利。此外，平台企业还为平台商家和消费者提供了互动交流平台。商家和消费者在这个平台上反馈彼此的信息，消费者反馈的信息可以给商家的产品和服务提供参考，继而为消费者提供个性化的产品或服务。通过消费者和平台商家的互动，也会增加销量，从而提高平台商家的利益。

第四，平台消费者。没有消费者，平台企业将枯竭。消费者的参与，使平台经济得以快速发展。同时，平台经济也能够为消费者提供多样化的选择渠道，满足消费者个性化的消费需求。其一，平台企业为消费者提供多种查询方式。消费者可以通过平台组织的检索功能，检索商品和服务信息，扩大选择范围。其二，平台企业为消费者提供个性化定制服务。消费者可通过平台直接与商家取得联系，将自己的需求反馈给商家，向商家定制商品或服务。平台企业的这些功能改变了消费者的角色，也改变了消费者被动消费的局面，有效提高了平台消费者的参与度。

第五，其他参与者。他们参与平台的目的与监管者、商家和消费者不同，或出于获得经济收益的目的，或出于获得声誉的目的，或出于履行企业社会责任的目的等。他们之所以能参与到平台经济中并能达成自己的目的，得益于平台经济强大的集聚效应，他们也被称为平台经济的“寄生者”。在平台经济发展演变的过程中，这些参与者的实力也随之发展壮大，他们甚至可以衍生成单独的新平台，分享更多的平台利益。

（二）架构对应不同数据结构的规则层

不同的数据结构传递不同的信息规则，规则层就是要针对不同数据结构制定不同类型的规则，继而形成一个完善的规则系统。正是这个规则系统的存在，使平台经济得以有序运行。按照不同规则的功能，可将规则层划分为基础规则、动态规则和衍生规则。

第一，基础规则。平台经济的基础规则有两层含义，其一指的是自然规律，其二指的是人类社会在长期发展中形成的约定俗成的规则。平台经济的基础规则具有普遍性和指导性，同时，又具有笼统性和模糊性。基础规则调节范围较广，但是在解决具体问题时相对较弱。基础规则还具有稳定性和静态性，不会轻易随着平台经济的发展而发生改变（杨涛，2014）①。基础规则的作用在于整合交易时空秩序，匹配平台数据及搭配需求与供给，这是平台规则的基础。

第二，动态规则。动态规则建立在基础规则之上，结合平台经济发展中出现的具体问题不断形成新的规则，它是买卖双方基于各自利益目标长期博弈而形成的具体规范，随着经济价值和经济流动的不断变化而发生改变。动态规则是一个由浅入深的发展过程，它也是基础规则由笼统化、模糊化向具象化不断演变的过程。动态规则的发展分为三个时序：第一个时序是买卖双方在长期的平台交易中形成的交易习惯，属于约定规则；第二个时序是约定规则不断明晰化、具体化、规范化的过程，它是由基础规则在不断地加入买卖双方经济利益、买卖双方的人格化欲望及社会利益之后

① 杨涛：《从平台经济理论看清算组织创新》，《上海证券报》2014 年第 11 期。

形成的具体规则，在这个过程中动态规则不断进行着自我修正（史普润，2014）[①]。换言之，第二个时序是自然规则受人的主观意识影响不断变化的过程；第三个时序是加入了信息技术之后，由交易主体和大数据技术相互作用形成的自发规则。动态规则可以理解为平台经济的竞争规则和运行规则，平台经济是在不断发展变化的，平台经济的竞争规则和运行规则也会随之深化、演变，以保证平台的正常平稳运行。平台经济运行初期，市场双边或多边参与者遵循的是自然形态的约定规则，随着双边或多边参与者赢利目标的凸显，平台规则中开始加入人格化欲望。为保证参与各方利益的合理分配，规则被不断修正。在平台经济参与层欲望目标和技术层数据信息等的共同作用下，平台经济的竞争规则、运行规则保持动态演变。

第三，衍生规则。衍生规则指的是动态规则随着平台经济不断发展进化而衍生出的更加细致化的规则。平台经济从诞生到成熟，会不断进行横向裂变和纵向专业化发展。平台经济的每次发展变化，都会影响平台经济的数据结构变化，而数据结构的变化促使平台规则不断衍生进化。换言之，平台经济的发展变化促使衍生规则发生变化，从更深层次的角度来讲，衍生规则的出现是平台经济参与层的行为变化和心理积累的结果（高志全，2014）[②]。

（三）架构多维定向解构数据的数据层

数据层的主要功能是对平台经济上产生的各类数据进行多维

① 史普润：《基于平台经济的机场定价机理研究及管理启示》，南京航空航天大学 2014 年博士学位论文。

② 高志全：《平台经济可做一种发展模式研究》，《东莞日报》2014 年 7 月 2 日。

定向解构,其目的是彰显平台的商业价值和社会价值,依据数据层中不同数据的作用,可将大数据分为以下四类:

第一,骨干数据。骨干数据是基于自由市场下平台参与方最原始、最基础的需求产生的数据。平台经济上买卖双方的交易行为信息、平台容量信息等都是构成骨干数据的重要指标。骨干数据是平台经济的基础数据,最能反映平台经济上多边参与方的行为特征。

第二,外围数据。外围数据是对影响平台经济的各种市场环境因素进行解构得到的大数据,这些市场环境因素包括政策环境、社会经济环境、产业环境、消费习俗等。对这些数据进行挖掘,就是在挖掘平台的价值。与骨干数据不同,外围数据会随着市场环境的变化而不断表现出扩大和深化的特点。外围数据虽然不能发挥主导性作用,但它会渗透、消融于平台,并对平台的骨干数据产生作用。在骨干数据内力和外围数据外力的共同作用下,平台经济的行为会发生相应的变化。

第三,清洁数据。大数据是由原始信息解构后形成的,在原始信息解构的过程中,会形成大量能够及时反映平台经济多边参与方交易行为和交易过程的真实、可靠的大数据。其具有正反馈作用,能够对平台商业活动产生积极影响,促进利益的获取,这种数据被称为清洁数据。清洁数据不是一成不变的,会随着不同平台经济商业模式、发展阶段、竞争主体而发生相应改变(许鹿鹏,2016)[①]。表现为:在这种平台经济商业模式下属于清洁数据,在另一种平台经济商业模式下可能就是虚假、不可靠的肮脏数据;在

① 许鹿鹏:《互联网平台经济——以游久时代为案例》,上海交通大学 2016 年硕士学位论文。

平台经济现阶段发展中是清洁数据，在平台经济未来发展中可能就是肮脏数据；对平台经济“寄生者”而言是清洁数据的，可能就会成为干扰平台经济母体性能的肮脏数据。

第四，肮脏数据。平台经济多边参与方和交易行为的复杂性，会产生大量的原始信息，对这些原始信息解构会形成庞大的大数据。真伪难辨的数据源头和处理技术的局限等因素使原始信息在解构中产生了一些不正确的、有重复或遗漏的数据，这些数据被称为肮脏数据，如平台上部分参与者的虚假营销、非法营销，部分参与者恶意攻击对手的恶性竞争等行为信息。这些信息进入规则层形成数据结构，最终被解构为大数据。与清洁数据的正反馈作用不同，肮脏数据会产生不良反馈作用，影响平台赢利和平台的健康发展。如影响平台经济参与者对平台经济消费者市场需求的把握，造成平台经济供需失衡，影响平台经济消费者的消费理念，引发炫耀性消费等不良行为，影响政府对平台经济的监管等。

总而言之，大数据本身的属性并不是一成不变的，伴随着其在平台经济发展中所处地位和发挥机能的改变，大数据也会发生相应的变化。平台经济参与方进入平台后就开始不断涌现原始信息，这些原始信息经现代计算机技术采集、存储和加工处理后形成数据结构，最后进入技术层被组建成大数据，为平台经济参与层制定规则提供参考。

由上述可知，平台经济从外到内依次是参与层、规则层和数据层。这种由外到内的结构构成与地球结构极为相似。地球由外到内由地壳、地幔和地核三部分组成。以地球结构来理解平台的组织形态和三个层级之间的逻辑关系，更能清晰展示平台经济的运行机理。平台经济的参与层就像地球表层的地壳，地壳上有丰富多样的生态系统，生态系统中有各种动植物，这些动植物以不同的姿态在地壳上进行活动，从而使地壳呈现形态各异的姿态。平台经济参与层中不同角色和身份的多边参与方为了各自的利益目标进入平台经济，并在平台上展开合作、竞争和博弈，给平台经济提供源源不断的能量，使平台发生各种变化。平台经济的规则层和地幔相似，地幔位于地球的中间，规则层处于平台经济的核心位置，规则层制定的各种规范对平台经济参与层的行为、心理等起着主导作用，它同时又下通技术层，受技术层数据解构的影响表现出各种不一样的规则（朱庭蕙，2013）①。平台经济的数据层和地核相似，地核内部具有高温高压和高密度的特点，不断向外提供动力流，数据层是平台的动力核心，为平台经济提供源源不断的动力，促使平台经济不断发展演变。

第三节　政府监管平台经济的理论基础

本节将通过演化博弈论的分析奠定平台经济监管的理论基础，同时引入协同治理理论，为未来监管理念和监管措施的变革提供理论依据。

一、演化博弈模型基本概述

目前平台经济监管中主要涉及政府和平台企业两大主体，其

① 朱庭蕙：《双边平台定价理论分析与发展》，《珠江论丛》2013 年第 2 期。

他主体虽然也参与监管，但势力相对较弱，因此，分析政府和平台企业之间的博弈是重新梳理监管关系的基础。基于此，本节采用演化博弈理论，从静态和动态两个角度分析政府和平台企业的行为互动模式，构建出两方博弈且“协同进化”的模型，为平台监管提供理论支撑。

演化稳定策略是一个生物学概念（ESS），最早由史密斯和普尔斯在1973年的《动物冲突的逻辑》一文中提出，它主要分析动植物之间的冲突和协同进化。该理论基于生物本能或基因的自然选择过程——适者生存，即适应度较高的物种具有较高的繁殖速度，适应度较低的物种具有较低的繁殖速度。如果自然选择的动态过程最终收敛于一个以高适应度为主导的稳定均衡状态，相对于低适应度来说，高适应度便成为演化稳定策略。

演化稳定策略虽然是一个生物学上的概念，但是它同样可以用于解释各种人类行为。我们可以将在社会生活中的传统习惯或已经确立起来的行为准则视为人类社会的演化稳定策略。比如，平台企业的内部控制模式可以视为某种人类群体既定的规则，而个别平台企业的内部控制改进就被认为是“突变”。如果这些平台企业的收益比没有“突变”的平台企业高，就会生存和发展得更好，否则它们就会在残酷的市场竞争中被淘汰。

在上述分析框架下，可以进一步得到不同参与主体的最优反应策略。这种最优反应策略主要是指参与主体在不同的环境下可以通过相互学习彼此之间的策略，获得正确的评估，并对自己的行动和策略作出不同情形下的调整。各个参与主体都可以通过学习能力对其他参与者的行动作出反应。如果这种反应策略相对于参与主体而言是最优的，那么这种反应策略就是最优的。通常情况下，可以通过复制动态方程去刻画参与主体的最优反应策略。

二、静态博弈中的政府与平台企业

按照博弈论的观点，某个系统中的各参与主体间的博弈，可以分为静态博弈与动态博弈两类，博弈方式不同，产生的结果也有所不同。下面将运用静态博弈的方法来分析政府和平台企业的策略选择，并运用演化博弈模型探究不同状态条件下政府与平台企业参与平台经济监管的整个过程的策略变化情况。

在静态博弈过程中，由于政府与平台企业所掌握的信息资源的不同，导致在监管活动中的策略选择趋于保守，均期望短期性的收益。依照静态博弈论的行动规划，各主体在不了解对方行动策略选择的情况下分别选择策略或者同时选择策略，均会朝着利己的方向驱使（易轩宇，2014）[①]。

（一）一般模型假设

政府博弈方既可以选择合作监管策略，如制定有关平台经济法律法规、市场规则和税收红利等，也可以选择非合作监管策略。平台企业既可以选择合作监管策略，如积极响应政府行动、配合政府监管平台经济等，也可以选择非合作监管策略。由于参与平台经济监管主体均为有限理性经济人，其行为目的是追求自身利益最大化，因此各参与方选择单方行动或是不行动策略才是最佳选择方案。基于理性经济人假设条件，政府希望达到权威监管的效

① 易轩宇：《社会协同治理中社会组织的博弈评价与优化对策》，《甘肃社会科学》2014 年第 6 期。

果,能够满足政府部门利益以及突出政绩;而平台企业则期望减少政府干预企业行为,独立享有自身发展的权利。

(1)平台企业与政府合作监管可以获取的收益为0.5。(2)当平台企业选择与政府合作处理事务,而政府不选择合作监管时,平台企业无法得到任何反馈,平台企业所获得的收益为0,政府独立进行监管,所获得的收益为0.9。(3)当平台企业选择不与政府进行合作,而政府选择合作监管,此时平台企业对于自身事务决策力较大,收益获取值为0.7,政府获取反馈较少,收益获取值为0.2。(4)如果双方均选择不合作监管策略时,因信息不对称,无法实现资源及时有效共享,从而导致平台经济监管效率和资源配置效率低下,此时双方获取收益值均为0.4。

根据上述平台企业与政府假设的收益取值,得到收益矩阵如表4-1所示。

表4-1 静态博弈收益矩阵

博弈方		平台企业	
		合作监管	不合作监管
政府	合作监管	0.5,0.5	0.7,0.2
	不合作监管	0,0.9	0.4,0.4

(二)收益矩阵分析

(1)政府的策略选择。当平台企业选择合作监管策略时,政府如果选择合作监管策略,此时获得的收益为0.5;政府如果选择不合作监管策略,此时获得的收益为0.9。当平台企业选择不合作监管策略,如果政府选择合作监管策略,此时获得的收益为

0.2；政府如果选择不合作监管策略，则所获得的收益仅为0.4。综上所述，在静态博弈过程中，当平台企业选择合作监管策略，政府选择不合作监管策略，此时收益0.9大于0.5；当平台企业选择不合作监管策略，政府选择的也是不合作监管策略时，此时收益0.4大于0.2。据此判断，不管平台企业是否会选择合作监管策略，不合作监管策略都将会是政府的最优选择策略。

（2）平台企业的策略选择。当政府选择合作监管策略时，平台企业如果选择合作监管策略，此时获得的收益为0.5；如果平台企业选择不合作监管的策略时，此时获得的收益为0.7。当政府选择不合作监管策略时，平台企业如果选择合作监管策略时，此时获得的收益则为0；如果平台企业选择不合作监管策时，此时所获得的收益为0.4。因此，在静态博弈过程中，政府选择合作监管策略时，平台企业选择的策略则为不合作监管，获取收益0.7大于0.5，政府选择不合作监管策略时，平台企业选择的策略也是不合作监管，获取收益0.4大于0。由此判断，在任何情况下，不合作监管策略都将是平台企业所选择的最优化策略。

由上述分析可知，无论对方如何选择合作监管策略，不合作监管策略都会是双方的最优选择策略，此时的收益值组合为（0.4，0.4），收益值总和为0.8。通过比较发现，平台企业与政府均选择合作监管策略时的收益结果要比纯策略均衡点所得到的收益高，且结果达到帕累托最优。而在其余策略组合条件下，监管主体为提高自身的收益，都将会使合作监管中的其他监管主体的收益减小。此时平台企业与政府这种追逐自利的零和博弈，将会使平台经济监管深陷一种"囚徒困境"。

三、动态博弈中政府与平台企业合作监管的演化博弈

（一）利益矩阵设定与均衡分析

设定 p 和 q 分别表示平台企业与政府选择合作监管策略的概率；π_1 和 π_2 分别代表平台企业与政府采用不合作监管策略时所获取的收益；C_1 和 C_2 分别表示平台企业与政府选择合作监管策略时所支付的成本；$\Delta\pi_1$ 和 $\Delta\pi_2$ 分别表示平台企业与政府选择合作监管策略时所获得超额收益（$\Delta\pi_1>0$, $\Delta\pi_1>0$）。根据平台企业与政府间不同的博弈策略组合，构建相应的利益矩阵如表 4-2 所示。

表 4-2　平台经济下多元合作监管中演化博弈的收益矩阵

博弈方		平台企业	
		合作监管	不合作监管
政府	合作监管	$\Delta\pi_1 - C_1 + \pi_1, \Delta\pi_2 - C_2 + \pi_2$	$\pi_1 - C_1, \pi_2$
	不合作监管	$\pi_1, \pi_2 - C_2$	π_1, π_2

在上述矩阵中，平台企业选择合作监管和不合作监管策略时的收益期望函数 α_{11}、α_{12} 以及平均期望收益 α_1 分别为：

$$\alpha_{11} = q(\Delta\pi_1 - C_1 + \pi_1) + (1-q)(\pi_1 - C_1)$$

$$\alpha_{12} = q\pi_1 + \pi_1(1-q)$$

$$\alpha_1 = p\alpha_{11} + (1-p)\alpha_{12} \tag{4-1}$$

得到平台企业复制动态方程为：

$$F(p) = \mathrm{d}p/\mathrm{d}t = p(\alpha_{11} - \alpha_1) = p(1-p)(q\Delta\pi_1 - C_1) \tag{4-2}$$

令 $F(p) = 0$ 解得：

两个驻点 $p_1 = 0$ 和 $p_2 = 0$ 是复制动态方程的可能的两个稳定

状态点，且 $q^* = c_1/\Delta\pi_1$。

同理可得，政府选择合作监管和不合作监管策略时的收益期望函数 β_{11}、β_{12}，以及平均期望收益 β_1 分别为：

$$\beta_{11} = p(\Delta\pi_1 - C_1 + \pi_1) + (1-p)(\pi_1 - C_1)$$

$$\beta_{12} = p\pi_1 + \pi_1(1-p)$$

$$\beta_1 = q\beta_{11} + (1-q)\beta_{12} \tag{4-3}$$

得到政府复制动态方程为：

$$F(q) = \mathrm{d}q/\mathrm{d}t = q(\beta_{11} - \beta_1) = q(1-q)(p\Delta\pi_2 - C_2) \tag{4-4}$$

令 $F(q)=0$，解得：

两个驻点 $p_1=0$ 和 $p_2=0$ 是复制动态方程的可能的两个稳定状态点，且 $p^* = c_2/\Delta\pi_2$。

由上述计算过程可得到博弈矩阵的 5 个局部均衡点：O(0,0)、E_1(1,0)、E_2(1,1)、F_3(0,1)、F(p^*,q^*)。其中，O(0,0)、E_1(1,0)、E_2(1,1)、F_3(0,1)为 4 个纯策略均衡点；F(p^*,q^*)点为混合策略均衡点。dp/dt 表示平台企业实施合作监管策略情形下的变化率。所以，当 dp/dt > 0 成立时，得到平台企业实施合作监管策略的比例会逐渐增加；反之，当 dp/dt < 0 成立时，得到平台企业实施合作监管策略的比例会逐渐减少。同理，dp/dt 表示政府实施合作监管策略情形下的变化率。所以，当 dp/dt > 0 成立时，得到政府实施合作监管策略的比例会逐渐增加；反之，当 dp/dt < 0 成立时，得到政府实施合作监管策略的比例会逐渐减少。

（二）演化博弈的均衡分析

由 $F(p)=0$ 得出两个驻点 $p_1=0$ 和 $p_2=1$ 是复制动态方程的

可能的两个稳定状态点，且 $F(q) = dq/dt = q(\beta_{11} - \beta_1) = q(1-q)(p\Delta\pi_2 - C_2)$，可以得出各点的稳定状态如下：

(1)当 $p* = C_1/\Delta\pi_2$，如果满足 $0 < C_1/\Delta\pi_1 < 1$，则不论 p 为何值时，恒有 $F(p) = 0$，即对所有的 p 水平都是稳定状态，平台企业的策略的动态演化路径如图 4-1 所示。由动态演化路径图可知，政府以 $C_1/\Delta\pi_1$ 的概率选择合作监管策略时，平台企业选择合作监管和不合作监管，平台经济两种策略的收益不会发生任何变化。即所有的 p 水平都是平台企业的稳定状态。

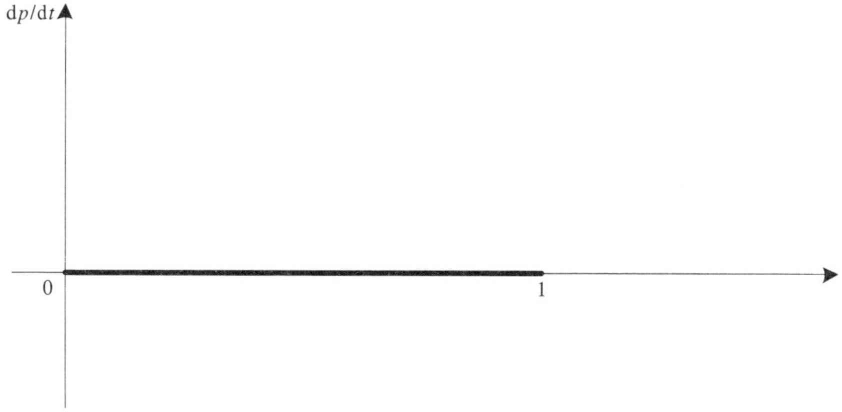

图 4-1　当 $p* = C_2/\Delta\pi_2$ 时，平台企业的动态演化路径

(2)当 $p > p* = C_2/\Delta\pi_2$ 时，此时仅有两个可能的稳定点 $p_1 = 0$ 和 $p_2 = 1$，由于，$f'(1) < 0$，$f'(0) > 0$，，所以 $p_2 = 1$ 是系统稳定演化策略，平台企业的动态演化路径如图 4-2 所示。由动态演化路径图可知，政府以高于 $C_1/\Delta\pi_1$ 的概率采取合作监管策略时，此时平台企业策略选择由不合作监管逐渐向合作监管策略转移，即选择合作监管策略是平台企业的最终演化稳定策略。

(3)当 $p > p* = C_2/\Delta\pi_2$ 时，此时只有两个可能的稳定点：

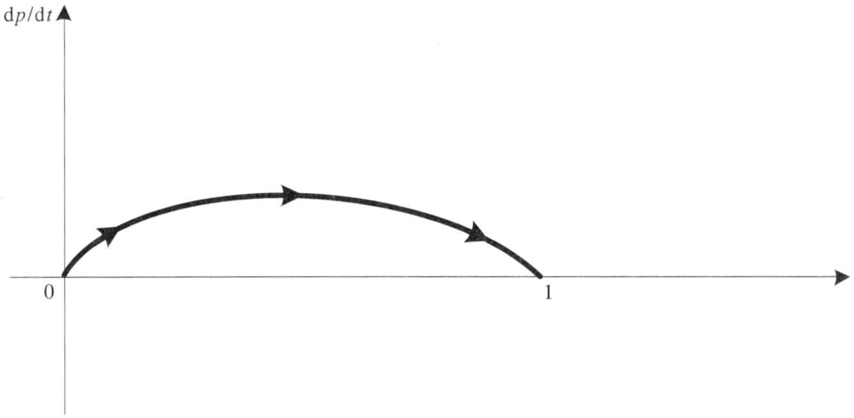

图 4-2 当 $p>p*=C_2/\Delta\pi_2$ 时，平台企业的动态演化路径

$p_1=0$ 和 $p_2=1$，由于 $f'(1)>0$，$f'(0)<0$，，所以 $p_2=1$ 是系统稳定演化策略，平台企业的动态演化路径如图 4-3 所示。由动态演化路径图可知，政府以低于 $c_1/\Delta\pi_1$ 的概率采取合作监管策略时，平台企业策略由合作监管逐渐向不合作监管转移，即选择不合作监管策略是平台企业的演化稳定策略。

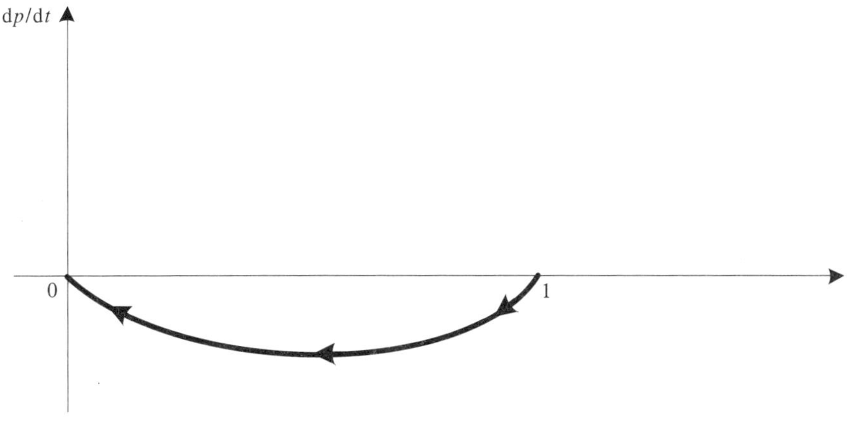

图 4-3 当 $p<p*=C_2/\Delta\pi_2$ 时，平台企业的动态演化路径

由 $F(q)=0$ 得出两个驻点 $q_1=0$ 和 $q_2=1$ 是复制动态方程的可能的两个稳定状态点，$F(p)=\mathrm{d}p/\mathrm{d}t=p(\beta_{11}-\beta_1)=$

$p(1-q)(q\Delta\pi_2-C_2)$，可以得出各点的稳定状态如下：

(4)如果满足 $0 < C_2/\Delta\pi_2 < 1$，则不论 q 为何值时，恒有 $F(q)=0$，即对所有的 q 水平都是稳定状态，政府的策略的动态演化路径如图 4-4 所示。由动态演化路径图可知，平台企业以 $c_2/\Delta\pi_2$ 的概率选择合作监管策略时，政府选择合作监管和不合作监管平台经济两种策略的收益不会发生任何变化，即在所有的 q 水平上都是政府的稳定状态。

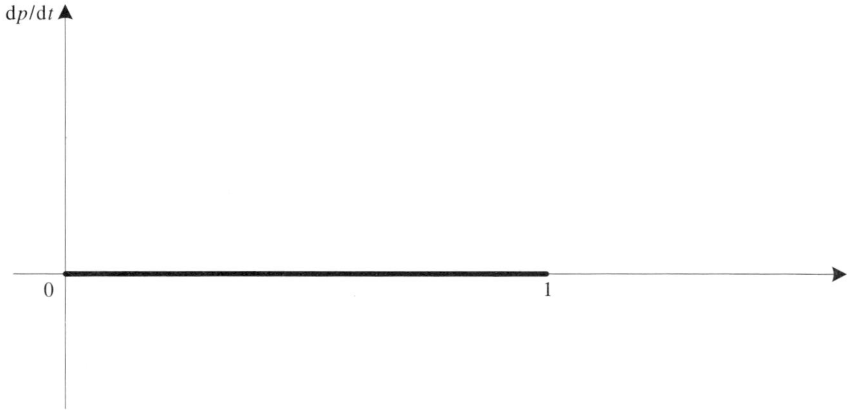

图 4-4　当 $p<p*=C_2/\Delta\pi_2$ 时，政府的动态演化路径

(5)当 $p > p* = C_2/\Delta\pi_2$ 时，此时仅有两个可能的稳定点 $q_1=0$ 和 $q_2=1$，由于 $f'(1) < 0$，$f'(0) > 0$，所以 $q_2=1$ 是系统稳定演化策略，政府的动态演化路径如图 4-5 所示。由动态演化路径图可知，平台企业以高于 $C_1/\Delta\pi_1$ 的概率采取合作监管策略时，此时政府策略选择由不合作监管逐渐向合作监管策略转移，即选择合作监管策略是政府的最终演化稳定策略。

(6)当 $p < p* = C_2/\Delta\pi_2$ 时，此时只有两个可能的稳定点 $q_1=0$ 和 $q_2=1$，由于 $f'(1) > 0$，$f'(0) < 0$，，所以 $q_2=1$ 是系统稳

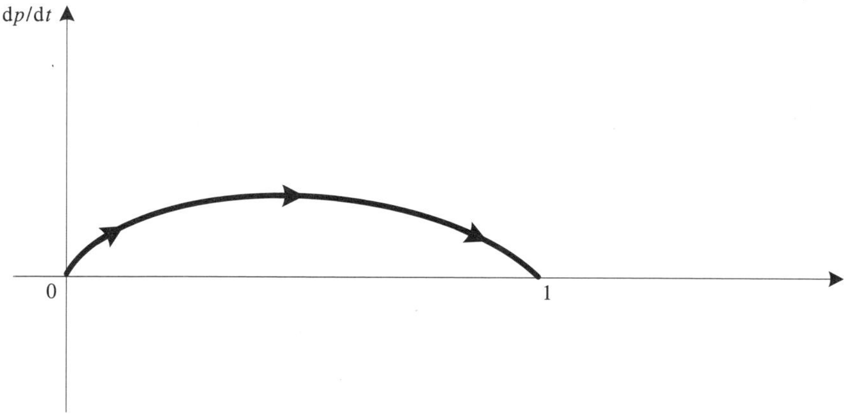

图 4-5 当 $p<p*=C_2/\Delta\pi_2$ 时,政府的动态演化路径

定演化策略,政府的动态演化路径如图 4-6 所示。由动态演化路径图可知,平台企业以低于 $C_1/\Delta\pi_1$ 的概率采取合作监管策略时,政府策略由合作监管逐渐向不合作监管策略转移,即选择不合作监管策略是政府的演化稳定策略。

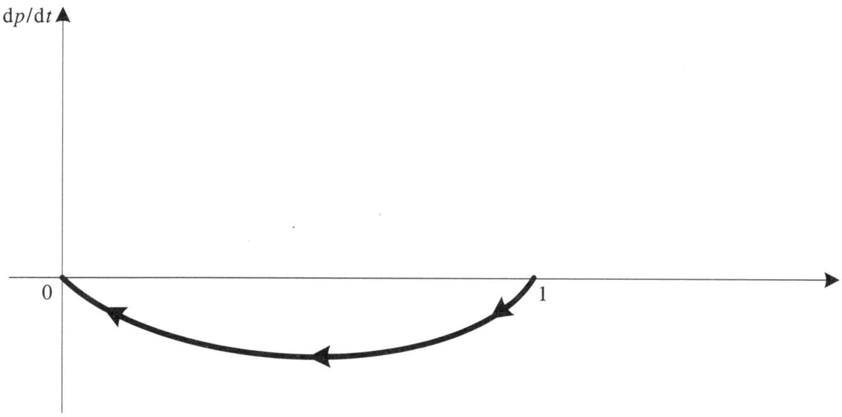

图 4-6 当 $p<p*=C_2/\Delta\pi_2$ 时,政府的动态演化路径

(三)演化博弈的稳定均衡分析

函数式 $F(p)$ 和 $F(q)$ 构成了平台经济下合作监管的动态复

制系统，该系统的局部均衡点构成演化博弈均衡，即演化均衡。现通过雅可比式（Jacobian）矩阵的局部稳定性来判断该系统均衡点的稳定性，并根据弗里德曼（Friedman）提出的分析方法，检验五个均衡点的性质。

其雅可比矩阵为：

$$J=\begin{bmatrix} dF(p)/dp & dF(p)/dp \\ dF(q)/dp & dF(q)/dq \end{bmatrix} \tag{4-5}$$

这里令 $F(p) = dp/dt$，对平台企业的复制动态方程求导，得到：

$$\begin{cases} dF(p)/dp = (2p-1)(q\Delta\pi_1 - C_1) \\ dF(p)/dp = p(1-p)\Delta\pi_1 \end{cases} \tag{4-6}$$

另 $F(q) = dq/dt$，对政府的复制动态方程求导，得到：

$$\begin{cases} dF(q)/dq = (2q-1)(p\Delta\pi_2 - C_2) \\ dF(q)/dq = q(1-q)\Delta\pi_2 \end{cases} \tag{4-7}$$

如果同时满足以下两个条件，就可以实现复制动态方程的均衡点就是演化稳定点。条件之一是，雅可比矩阵为 J 的 trJ 小于零，雅可比行列式大于零，即：

$$\begin{cases} \text{tr}J = dF(p)/dp + dF(q)/dq < 0 \\ \det J = \begin{vmatrix} dF(p)/dp & dF(p)/dq \\ dF(q)/dp & dF(q)/dq \end{vmatrix} = dF(p) \times dF(q)/dq - dF(p)/dq \times dF(q)/dp > 0 \end{cases} \tag{4-8}$$

此时，可以得到 5 个局部均衡点处，$dF(p)/dp$、$dF(p)/dq$、$dF(q)/dp$、$dF(q)/dq$ 以及它的具体取值。假定点在二维相位图中的坐标为（M,N），则 5 个点的局部均衡处的不同取值如表 4-3 所示。

表 4-3　局部均衡点处的不同取值

均衡点	$dF(p)/dp$	$dF(p)/dq$	$dF(q)/dp$	$dF(q)/dq$
(0,0)	C_1	0	0	C_2
(0,1)	$C_1 - \Delta\pi_1$	0	0	$-C_2$
(1,0)	$-C_1$	0	0	$C_2 - \Delta\pi_2$
(1,1)	$\Delta\pi_1 - C_1$	0	0	$\Delta\pi_2 - C_2$
$(p*,q*)$	0	M	N	0

假设 $p* = C_2/\Delta\pi_2$，$q* = C_1/\Delta\pi_1$，显然，在局部均衡点 $(p*,q*)$ 处，$trJ = dF(p)/dp + dF(q)/dq < 0$，因此均衡点(E，F)肯定不是演化稳定性，因为只有满足雅可比矩阵 J 的 $trJ < 0$ 以及雅可比行列式 $detJ > 0$ 两个条件才是系统的演化稳定性。所以，只需要考虑其余 4 个均衡点的情况就可以找到系统的演化稳定性。根据之前的方法，可以得到上述雅可比矩阵 J 的 trJ 和行列式 $detJ$，进而判断均衡点(0,0)、(0,1)、(1,0)、(1,1)的稳定性，具体如以下命题所示：

(1)当 $\Delta\pi_1 - C_1 < 0$，$\Delta\pi_2 - C_2 < 0$ 时，局部均衡点稳定性分析如表 4-4 所示。

表 4-4　局部均衡点稳定性对照表(1)

(p,q)	trJ	$detJ$	取值范围	稳定性
(1,1)	$C_1 - \Delta\pi_1 + C_2 - \Delta\pi_2$	$\Delta\pi_1 - C_1 + \Delta\pi_2 - C_2$	>0	不稳定
(1,0)	$-C_1 + (\Delta\pi_2 - C_2)$	$C_1(\Delta\pi_2 - C_2)$	不确定	鞍点
(0,1)	$-C_2 + (\Delta\pi_1 - C_1)$	$C_2(\Delta\pi_1 - C_1)$	不确定	鞍点
(0,0)	$-C_1 - C_2$	$-C_1 - C_2$	<0	ESS

表 4-5 局部均衡点稳定性对照表(2)

(p,q)	trJ	$detJ$	取值范围	稳定性
(1,1)	$C_1-\Delta\pi_1+C_2-\Delta\pi_2$	$\Delta\pi_1-C_1+\Delta\pi_2-C_2$	<0	ESS
(1,0)	$-C_1+(\Delta\pi_2-C_2)$	$C_1(\Delta\pi_2-C_2)$	>0	不稳定
(0,1)	$-C_2+(\Delta\pi_1-C_1)$	$C_2(\Delta\pi_1-C_1)$	>0	不稳定
(0,0)	$-C_1-C_2$	$-C_1-C_2$	<0	ESS

根据表 4-4 结果,由于均衡点(0,0)同时满足 $det>0$ 和 $trJ<0$ 两个条件,则均衡点(0,0)为 ESS。均衡点(1,0)和(0,1)处于稳定与不稳定点中间的鞍点。当平台企业与政府合作监管平台经济所产生的超额收益小于所支付的成本时,即 $\Delta\pi_1-C_1<0$,$\Delta\pi_2-C_2<0$ 时,由于博弈双方采取不合作监管策略所获得的收益大于采取合作监管策略所获取的收益,博弈方更愿意选择不合作监管策略。在这种情形下,博弈方的动态策略演化向(0,0)点,即(不合作监管,不合作监管)策略组合是系统的演化稳定结果。

为了进一步论证上述均衡点并反映不同初始值点向均衡点的演化轨迹路径,运用 Matlab 演化仿真具体参数变化,假设 $p=0.5$,$q=0.5$,$\Delta\pi_1=4$,$C_1=6$,$\Delta\pi_1=5$,$C_2=7$,满足 $\Delta\pi_1-C_1<0$,$\Delta\pi_2-C_2<0$ 要求。根据仿真程序得到的系统博弈演化趋势模拟如图 4-7 所示,经过一段时间的博弈学习,政府与平台企业选择合作监管平台经济策略所占的比例不断减小,最后二者互动行为演化的稳定点为(0,0)。

(2)当 $\Delta\pi_1-C_1>0$,$\Delta\pi_2-C_2>0$ 时,局部均衡点稳定性分析如表 4-5 所示。假设 $p=0.85$,$q=0.8$,$\Delta\pi_1=6$,$C_1=5$,$\Delta\pi_1=7$,$C_2=3$ 满足 $\Delta\pi_1-C_1>0$,$\Delta\pi_2-C_2>0$ 条件要求。根据仿真程序

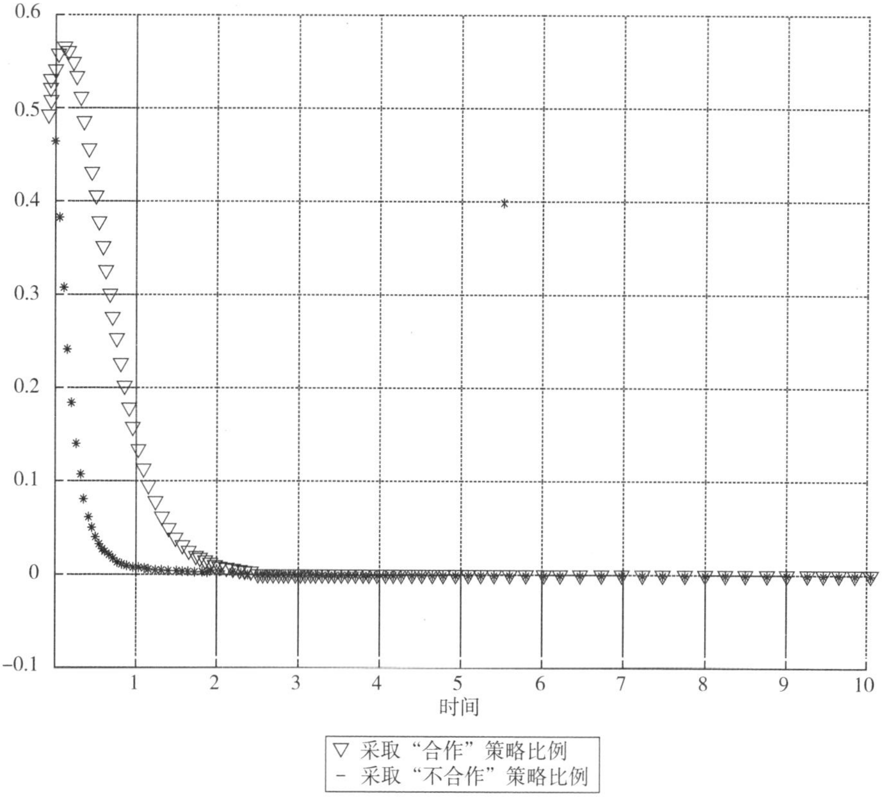

图 4-7　稳定点(0,0)演化仿真结果

得到的系统博弈演化趋势模拟如图 4-8 所示,经过一段时间的博弈学习,政府与平台企业选择合作监管平台经济策略所占的比例不断增大,最后博弈系统演化稳定策略为(1,1)和(0,0)。

根据表 4-5 可知,由于均衡点(1,1)和(0,0)同时满足 $detJ > 0$ 和 $trJ < 0$ 两个条件,则(1,1)和(0,0)均为 ESS,(1,1)表示政府与平台企业都选择合作监管策略;(0,0)表示政府与平台企业都选择不合作监管策略,而且因不同的初始值点(p,q)而趋向两个各异的均衡点。当初始值点(p,q) 的 p 与 q 都较大时,它们趋向均衡点(1,1);当初始值点(p,q) 的 p 与 q 之和不大时,它

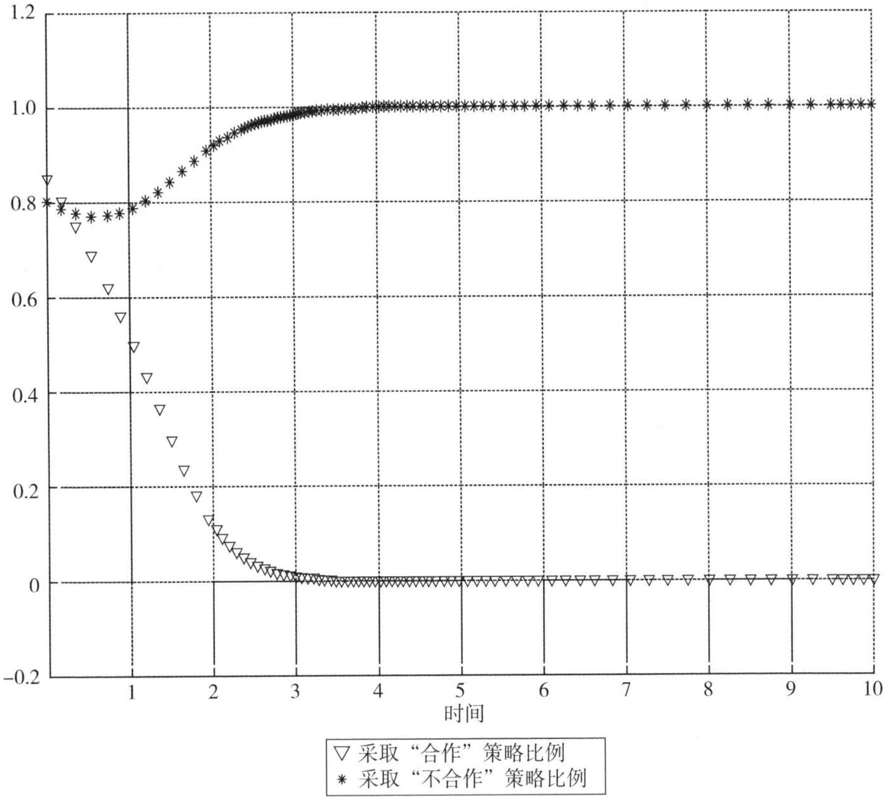

图 4-8　稳定点(0,0)和(1,1)演化仿真结果

们趋向均衡点(0,0),也就是究竟趋向哪一个平衡点,p 与 q 值的大小较为关键。因此,最终要走向平台经济合作监管的双赢局面,参与平台经济监管的政府(主导方)和平台企业(合作方)都必须有较高的合作意愿。当 $\Delta\pi_1 - C_1 > 0, \Delta\pi_2 - C_2 > 0$ 时,F 均衡点取值为 $[(p,q) | 0 < p,q < 0.5]$,此时 F 均衡点逐渐远离均衡点(1,1),两者向(1,1)收敛的概率不断扩大,选择合作监管成为最优策略选择。当 $\Delta\pi_1 - 2C_1 = 0, \Delta\pi_2 - 2C_2 = 0$ 时,F 均衡点取值为 $[(p,q) | 0 < p,q = 0.5]$,即(0.5,0.5),表示动态演化趋势向两个 ESS 收敛的概率相等,因此选择两种策略的概率相当。当 $C_1 < \Delta\pi_1 <$

$2C_1$，$TC_2 < \Delta\pi_2 < 2C_2$，F 均衡点取值为 $[(p,q)|0.5 < p,q < 1]$，此时 F 均衡点逐渐远离均衡点(0,0)，两者向(0,0)收敛的概率不断增大，此时更趋向于选择不合作监管策略。

假设 $p = 0.85$，$q = 0.8$，$\Delta\pi_1 = 6$，$C_1 = 5$，$\Delta\pi_1 = 7$，$C_2 = 3$，满足 $\Delta\pi_1 - C_1 > 0$，$\Delta\pi_2 - C_2 > 0$ 条件要求。根据仿真程序得到的结果如图 4-8 所示，随着演化迭代的步数增加，政府选择不合作监管平台经济策略所占的比例不断增大，平台企业采取合作监管策略所占的比例不断减小，最后博弈系统演化稳定策略为(1,1)和(0,0)。

进一步地，针对不同情形我们也可以给出相应的二维相位图。这里只说明当 $\Delta\pi_1 - C_1 < 0$，$\Delta\pi_2 - C_2 < 0$ 时的情形，即将政府与平台企业的复制动态关系用一个坐标平面图表示，如图 4-9 所示。

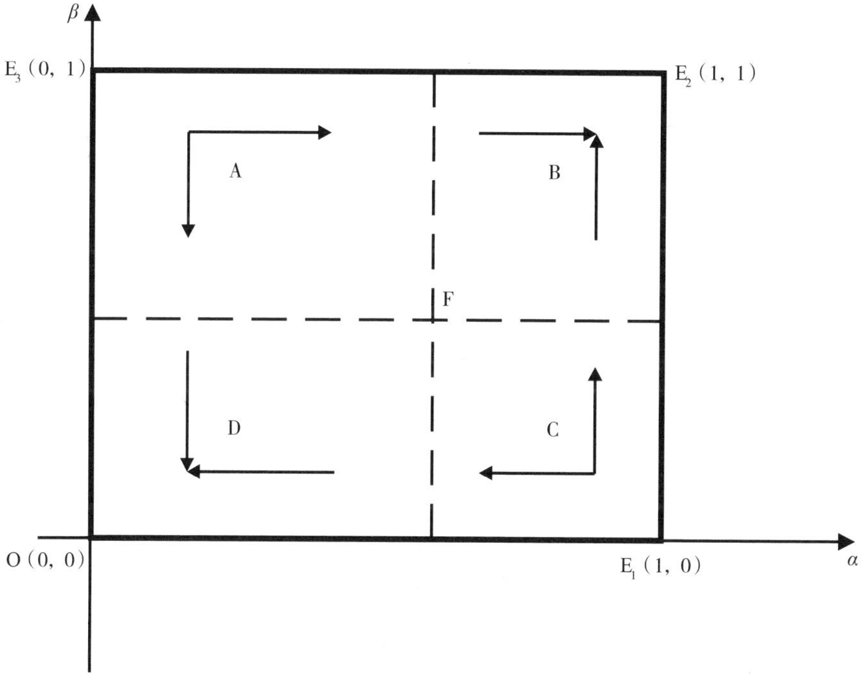

图 4-9　当 $\Delta\pi_1 - C_1 < 0$，$\Delta\pi_2 - C_2 < 0$ 时的二维相位图

在5个均衡点中,点$(C_2/\Delta\pi_2, C_1/\Delta\pi_1)$是不稳定源出发点,点(0,1)和(1,0)是鞍点,点(0,0)和(1,1)是进化稳定状态,分别对应于政府与平台企业实施(不合作监管,不合作监管)与(合作监管,合作监管)策略。在该博弈的复制动态演化过程中,如果初始状态处于D范围内,会收敛于进化稳定状态(0,0),即政府与平台企业均实施不合作监管策略。如果初始状态处于B范围内,会收敛于进化稳定状态(1,1),即政府与平台企业均实施合作监管策略。如果初始状态处于A范围和C范围内,最后的演化状态就会受到政府与平台企业的调整策略影响。比如,如果初始状态处于A范围内,此时进一步考虑政府演化至$\beta=0$的速度低于平台企业演化至$\alpha=1$的速度,那么政府与平台企业的演化博弈结果将落入B范围内,得到政府与平台企业的演化稳定状态是(1,1),即政府与平台企业实施的策略组合为(合作监管,合作监管)。相反,如果平台企业演化至$\alpha=1$的速度低于政府演化至$\beta=0$的速度,那么政府与平台企业的演化博弈结果将落入D范围内,得到政府与平台企业的演化稳定状态是(0,0),即政府与平台企业实施的策略组合为(不合作监管,不合作监管)。所以,在A范围内,E_3F连线左下方区域为不合作监管区域,即三角形E_3FO显示的白色区域面积为不合作监管区域;而E_3F连线右上方区域为合作监管区域,即三角形E_3FE_2显示的灰色区域面积为合作监管区域。类似地,我们对C范围内的均衡点进行分析也可以得到E_1F连线左下方区域为不合作监管区域,即三角形E_1FO显示的白色区域面积为不合作监管区域;而E_1F连线右上方区域为合作监管区域,即三角形E_1FE_2显示的灰色区域面积为合作监管区域。具体结果如图4-10所示。

当 $\Delta\pi_1 - C_1 < 0, \Delta\pi_2 - C_2 < 0$ 时，图 4-10 中只包含合作域，(1,1)是演化稳定状态，即政府与平台企业的长期演化博弈结果是实施策略集（合作监管，合作监管）。

当 $\Delta\pi_1 - C_1 > 0, \Delta\pi_2 - C_2 > 0$ 时，图 4-10 中只包含非合作域，(0,0)是演化稳定状态，即政府与平台企业的长期演化博弈结果是实施策略集（不合作监管，不合作监管）。

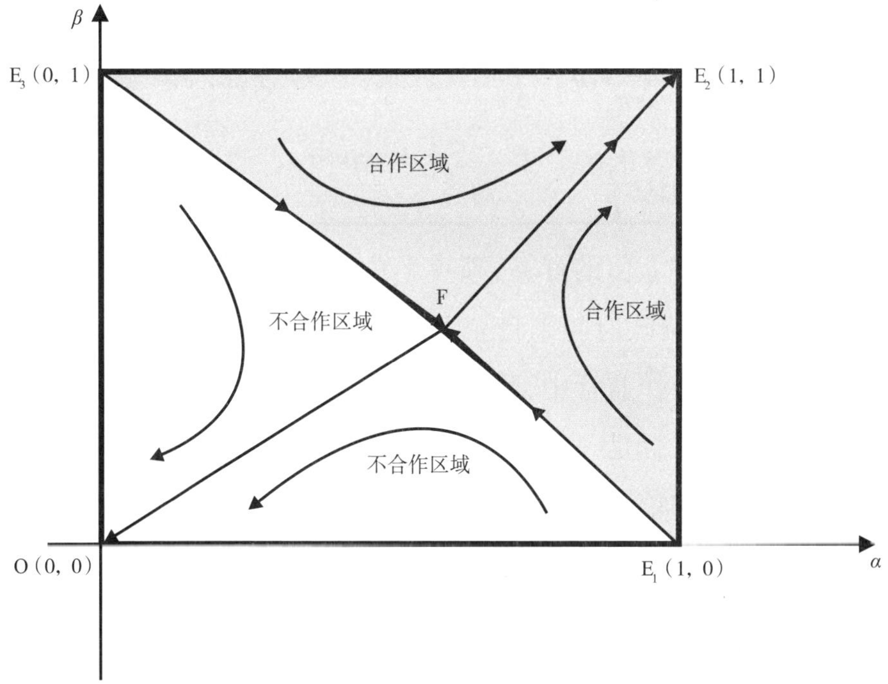

图 4-10　政府与平台企业合作监管的演化稳定状态

从政府与平台企业的演化博弈关系可以看出，博弈双方的最终选择将随系统的初始状态和学习调整情况的变化而发生改变，因而政府与平台企业在合作监管时应该重视系统的初始状态，根据不同的初始状态而采取不同的策略。演化博弈的长期稳定策略会受到合作监管过程中所获取的超额收益及成本影响，同时也受博弈开始前以及博弈过程中某些因素及其变化的制约和影响。这里我们将其他制约和影响因素统一设定为固定参数 σ ,将参数 σ 考虑到动态演化博弈方程中。具体函数表达式如下：

$$\Delta\pi_1 = \Delta\pi \times \frac{\sigma(1-\sigma_1)}{1-\sigma_1\sigma_2}, \Delta\pi_2 = \Delta\pi \times \frac{1-\sigma_1}{1-\sigma_1\sigma_2} \tag{4-9}$$

通过式(4-9)可以看出固定参数 σ 的变化与超额收益和成本同样影响着系统向不同的 ESS 收敛。

然后,将 $p = \frac{C_1}{\Delta\pi_1}, q = \frac{C_1}{\Delta\pi_1}$ 代入式(4-9)可得：

$$p = \Delta\pi \times \frac{1-\sigma_1\sigma_2}{1-\sigma_1} \times \frac{C_2}{\sigma}, q = \frac{1-\sigma_1\sigma_2}{\sigma_2(1-\sigma_1)} \times \frac{C_1}{\sigma} \tag{4-10}$$

通过对 p 和 q 值的计算,鞍点 F 的位置就可以确定处理。因此,F 点也是影响政府与平台企业的策略选择的重要参数。在现实的平台经济合作监管中,政府与平台企业间的合作监管与不合作监管的策略选择是一个动态、持久的过程,要真正实现监管主体之间资源互补和信息共享,就必须探明影响博弈主体的动态策略向 ESS 收敛的主要因素以及其他深层次的原因。

四、政府与平台企业协同治理的演化博弈评价

通过上述分析,政府与平台企业合作与否的策略选择主要取决于三个方面:合作所获取的超额收益、成本以及影响博弈策略选择的其他因素。

(一)政府与平台企业合作的超额收益

超额收益主要包括在平台经济合作监管过程中所获取的政治、

经济、文化等收益。通过$p = \frac{1 - \sigma_1\sigma_2}{1 - \sigma_1} \times \frac{C_2}{\sigma}, q = \frac{1 - \sigma_1\sigma_2}{\sigma_2(1 - \sigma_1)} \times \frac{C_1}{\sigma}$式求得超额收益 $\Delta\pi$ 函数的导数：

$$p'(\Delta\pi) = -\frac{C_2(1 - \sigma_1)}{\Delta\pi^2(1 - \sigma_1\sigma_2)} < 0, q'(\Delta\pi) = -\frac{C_1\sigma_2(1 - \sigma_1)}{\Delta\pi^2(1 - \sigma_1\sigma_2)} < 0 \quad (4-11)$$

由式(4-11)可以看出，$\Delta\pi$ 的取值随着 p、q 逐渐增大而逐渐减小，反之则 $\Delta\pi$ 取值逐渐增大。由此看出，当 F 点向轴心靠近时，系统更容易向 ESS 点收敛，此时选择合作监管策略所获取的超额收益逐步增大，这表明政府与平台企业为争取更多的超额收益将会更愿意选择合作监管策略共同监管平台经济。目前政府与平台企业合作监管平台经济的机制尚未建立健全，双方所掌握的信息量存在差异且信息不对称，平台监管资源利用率低、监管收益低，导致政府与平台企业不得不放弃选择合作监管策略，而转向选择不合作监管策略。另外一种情况，政府与平台企业都认为选择合作监管策略具有一定的收益空间。但这种收益往往具有滞后性，需要平台企业具备较强的资金实力和判断力。

（二）合作监管的成本

合作监管的成本主要包括投入平台经济监管过程中的人力资源、物力和财力等。同样用上述求导方式，得到政府与平台企业合作监管成本 C 的导数：

$$p'(C) = -\frac{1 - \sigma_1\sigma_2}{\Delta\pi(1 - \sigma_1)} > 0, q'(C) = -\frac{1 - \sigma_1\sigma_2}{\Delta\pi\sigma_2(1 - \sigma_1)} < 0 \quad (4-12)$$

由式(4-12)可以看出,参数 C_1、C_2 伴随 p、q 增大而增大,反之 C_1、C_2 相应减小。由此看出,当 F 点向轴心靠近时,平台企业与政府的策略选择趋向合作监管 ESS 收敛的概率逐渐增大,此时选择合作监管策略所投入成本减少。这表明政府与平台企业为降低监管成本更愿意选择合作监管策略。

在平台经济合作监管过程中所耗费的成本主要与监管系统本身和外部环境相关。监管系统自身主要涉及信息传递、资源整合、行动统筹以及检查反馈等,平台企业与政府互动博弈过程的每个阶段都会产生一定的成本。目前整体合作环境也较差,合作环境主要涉及制度环境、社会环境以及文化环境。在制度环境上,没有相应的法律和制度保障平台企业参与合作监管的身份合法性和程序规范性;在社会环境上,平台企业作为社会经济发展的主力军,未能达到其他监管主体广泛认可和信任的程度;在文化环境上,平台企业的文化、员工素养还达不到合作监管的要求,而且整个社会大环境的价值取向也未能取得统一,意识形态存在裂痕。因此,合作监管需要平台企业支付足够多的成本才能够达成。

(三)影响政府与平台企业合作监管的其他因素

影响政府与平台企业合作监管其他因素包括:平台企业、政府、第三部门、商家等主体各自所掌握的可控资源和时效信息;主体之间的信任度以及资源配置效率等。根据 $\omega_{\mathrm{n}} = \Delta\pi_n\sigma^{n-1}$ 可以判断,参与平台经济监管的博弈主体的收益不仅受到超额收益的影响,而且还受到其他因素 σ 的影响。设定超额收益和成本不变,$\Delta\pi_1$ 和 $\Delta\pi_1$ 的取值同样也能够影响各平台企业和政府的策略朝不同方向的 ESS 收敛。当 σ 取值越大时,表明平台企业、政府、第三部门、商家等监管主体能够充分掌握信息资源，此时博弈各方合作监管所产生的预期收益也就越大；当 σ 取值越小时，表明政府和平台企业在合作监管过程中存在信息不对称，合作监管收益率低，最终阻碍合作监管局面的形成。

五、政府与平台企业合作的主要方法

通过上述分析可以发现，对于政府和企业而言，合作是最优解。为了促成合作的实现，需要从以下几个方面入手。

（一）增强政府与平台企业的合作意识

合作监管需要强化政府与平台企业的合作意识，加强信用监管和联合处罚。政府要为平台经济发展创造宽松环境，妥善处理平台企业创新而引发的利益均衡矛盾。平台企业在发展过程中形成的准入制度、交易规则、质量与安全保障、风险控制、信用评价机制等自律监管体系，为政府监管提供数据支撑。强化平台企业对政府执法办案的支持，协助配合政府相关部门查处网上违法经营行为，提供在其平台企业内的违法违规线索以及主体信息、消费者信息和有关交易数据等证据资料。同时，对违法违规用户及其商品、服务等，采取强制性的下架、屏蔽、停止服务等措施。

（二）建立政府与平台企业之间的高效衔接

建立政企合作监管机制是保证平台企业与政府之间高效衔接的关键。政府应及时修改已经过时和不适用的法律法规。平台企业应履行政府制度和规范的法定义务，建立政府与平台企业在法律上的有效衔接。充分发挥新科技在平台经济监管中的作用，建立完善网络交易平台监管系统、互联网广告监测系统、12315互联网平台等，加强与有关政府平台的对接，提升网络平台经济监管效能。通过角色变换与渠道搭建的方式，有效地提高政府与平台企业的沟通效率。

（三）推动政府与平台企业之间的信息共享

建立成熟完善的公共信息平台，提高政府与平台企业之间的沟通效率，使双方的联动更具时效性和有效性。鼓励平台企业、征信机构等依法采集平台企业用户信用信息，并在平台用户经营页面进行公示，以发挥消费提示的作用。强化平台企业的数据信息报送义务，合理确定平台企业的数据信息报送范围，对平台企业报送的数据信息进行关联比对，并将可公开的主体数据信息与各个平台企业进行共享。

第四节　协同治理理论

通过上述分析可见，互联网经济条件下政府与平台企业的合作是增进双方福利的最优解，协同治理是构建政府与平台企业之间新型关系的有效路径。

一、协同治理理论的基础概述

协同治理理论是协同论与治理理论的融合。协同治理理论目前还没有明晰的理论框架，因此，需要从协同学和治理理论的角度分析协同治理的概念。

“协同学”(Synergetics)一词,本质的含义为“协调合作之学”,研究的对象实际为不同类型或形态的系统在发展和变化的过程中所普遍体现的规律,尤其是远离平衡态的开放系统在与外界物质或能量交换的情况下,如何通过自己内部协同作用,自发地出现时间、空间和功能上的有序结构。在社会科学领域,有国外学者以“多重部门”“互惠价值”“共同协力”“集团目标”等作为协同的关键词(Rosemary 等,2006)①。通过在共同治理复杂公共事务过程中多元主体之间相互关系的探寻,从而建立资源共享、结构优化和联合行动的整体治理体系(刘伟忠,2012)②。

协同理论的内容主要包括三个方面:一是协同效应,即复杂开放系统中大量子系统相互作用而产生的整体效应或集体效应;二是伺服原理,主要是从系统内部稳定因素和不稳定因素间的相互作用方面描述了系统的自组织的过程;三是自组织理论,这也是协同理论中最重要的概念。自组织是一个与他组织相对应的概念,他组织特指组织行为是发生在来自系统外部的指令及能力的组织行为,而自组织正好相反,是系统内部各个独立的子系统通过相互间的作用。在既自主运动又能够互相协同的状态下促使整体系统形成一定的结构或类型,而这种组织形式是不以外部的指令及组织能力为发生基础的,呈现出了明显的内生性特征(陈彦丽,2016)③。

“治理”(Governance)一词原本指的是与国家公共事务相关的

① Rosemary O., Gerard C., Bingham B., “Introduction to The Symposium on Collaborative Public Management”, *Public Administration Review*, Vol.6, 2006, p.7.

② 刘伟忠:《协同治理的价值及挑战》,《江苏行政学院学报》2012 年第 5 期。

③ 陈彦丽:《协同学视阈下我国食品安全社会公治研究》,经济科学出版社 2016 年版,第 88—90 页。

管理活动或者政治活动，原意是控制、操纵和引导。本节主要采用全球治理委员会对治理的定义：治理是或公或私的个人和机构经营管理相同事务的诸多方式的总和。这是一个使相互冲突或不同的利益得以调和并且采取联合行动的持续的过程（格里·斯托克，1999）①。全球治理委员会认为，治理具有以下四个特性：（1）治理同时关系到公共和私人两大类部门；（2）治理是一个过程，而不是一套规则、一些条例，也不是一种活动；（3）治理的建立不是以支配和控制为基础，而是以调和、调解为基础；（4）治理长期依赖于持续不断的相互作用，而并不是一种正式制度。

总体而言，协同治理理论的基础或者核心思想就是来源于上述两大理论，尽管相关的国内外研究很多，但核心要素基本上是一致的。本节也主要基于这样一些要素，对平台经济协同治理的概念、内容做较为清晰的界定，从而为下文的研究奠定基础。

二、平台经济协同治理的概念与特征

协同治理理论是在协同理论和治理理论的核心要义基础上，随着网络技术和信息技术的不断完善所形成的一种新的治理理论。结合平台经济的发展现状与趋势，笔者认为平台经济协同治理是指在互联网技术和信息技术的支持下，以增加全社会整体福利、推动平台经济的有序发展为目标，以大数据等信息技术为治理工具，以多元主体协同、规则协同、利益协同、信息资源协同为基本路径，形成政府、平台企业、第三方机构、消费者等主体相互合作、共同参与平台经济治理的新型公共管理模式。

---

① ［英］格里·斯托克：《作为理论的治理：五个论点》，国际社会科学（中文版）1999年版，第2页。

协同治理实际上是一个过程，在这个过程中，政府与企业、社会组织以及公民等利益相关者为解决共同的问题，以正式的方式进行互动和决策，并分别对结果承担相应责任。归纳起来，平台经济的协同治理包括以下六个方面的特征。

（1）公共性：目的是解决公共问题，对应到平台经济就是解决平台经济发展过程中的秩序问题。

（2）多元性：对平台经济治理的参与者，包括政府、企业、社会组织以及公民等多个主体。

（3）互动性：各参与者为了实现共同的目标积极地互动，包括信息、资源、优势的共享、议题和解决方案的协商、行动实施时的分工合作等。这一点也要求政府未来要加强与平台企业等主体直接的合作，形成良性互动关系。

（4）正式性：为确保运作规范，提高各方的投入程度，各参与者之间的关系、职责应通过比较正式的制度确定下来。即政府可以利用其主导地位，为建立相应的合作治理关系制定一系列政策措施。

（5）主导性：政府不是唯一的责任主体，但仍然在治理中处于中心位置，具体表现在议程的制定、责任的承担等方面。

（6）动态性：协同治理并没有统一的运作模式，而且平台经济发展速度快，需要一定灵活性。政府需要根据具体的情况，做动态的调整，包括组织构架、协同规则等各方面都要适应平台经济的快速发展。

总体而言，协同治理理论为解决平台经济政府监管的问题提供了参考。平台经济作为一个开放的系统，涉及政府、平台企业、商家、消费者等多个主体，在此情况下，单一的政府监管日益乏力，需要治理主体的多元化。而单纯依靠政府管控就容易产生“管不了”,或者“一管就死”的局面。因此平台经济需要多个主体共同制定规则,形成政府设置底线监管、平台设置自律规则、消费者设置监督规则的管理局面。可见,协同治理的理念对平台经济政府监管的改革创新具有一定的指导意义和参考价值。

三、平台经济协同治理的主要内容

一是多元主体协同。多样化的治理主体是协同治理概念产生的基础。如果将宏观社会作为整体系统,各个子系统可以包括政府、市场、社会组织等。其中,规模最庞大的公民、社会团体构成了治理参与者的最主要部分,而政府是起核心协同治理作用的子系统。在当代社会的运作体系中,独立掌握实现特定目标的全部资源及信息的治理主体是不存在的。即使政府被普遍认为在社会协同治理的过程中起到了核心作用,其权威也不是绝对的。由此产生了多元治理权威主体,各种类型的权威主体均在与其特性相关的特定范围内发挥其权威性。由于不同治理主体的价值或利益需求存在差异,各类型子系统所处的环境及所掌握的资源也各不相同,因此多元治理主体间同时形成了合作与竞争的双重关系。协同主体的多元化强调各类型子系统之间平等性及利益均衡性,并且在法律、市场、自制、行政等多种机制的引导保护下持续发展,最终进入有序且富有活力的多元治理状态。

二是行为规则协同。协同论强调了序参量[①]在协同过程中的核心作用。将其类比到协同治理理论中,序参量实际上就是参与

① 当系统在接近不稳定点或临界点时,系统的动力学和突现结构通常由少数几个集体变量决定,这些变量被称为序参量,系统其他变量的行为由这些序参量支配或规定。

协同的各类主体均能够认可的行为规则,而协同治理的过程就是参与主体共同制定行为规则的过程。如同序参量决定了协同的质量和效果,共同制定的行为规则同样决定了协同治理的最终效果。在共同行为规则的制定过程中,通常情况下作为规则最终决定者的政府组织对规则的最终确定具有较大的影响,但更重要的是参与协同的各组织之间的合作与竞争。从本质上讲,协同治理的实现基础是宏观社会的各个参与主体或子系统均是理性的,理性是化解系统或组织间差异的核心要素。然而,若原则或利益的冲突超出了理性所能承载的极值时,冲突则无法避免,协同治理的运作机制也无法再继续发挥效用。

三是利益协同。平台经济是一个多元主体共同参与的系统,每个主体都有自己的利益诉求,在理性经济人假设的基本前提下,如何有效协同各个主体间的利益,就成为政府治理的重要挑战。协同治理将这些具有不同目标的主体集合在一起,追求利益最大化,使各个主体间形成冲突。更为复杂的是,在目标实现过程中,各方初始目标的偏离或异化在所难免,这在政府主导下建立的协同治理网络中表现得尤为明显。尽管政府可以引导和激励各方将个体利益与公共利益兼容,但各方利益固有的竞争性以及价值理念的差异化使政策目标难以达成一致。因此,利益协同也是政府在平台经济治理中的挑战。

四是信息资源协同。信息不对称是平台经济治理过程中政府面临的重要难题,尤其是在使用大数据等治理工具的时候,如果没有平台企业的密切协作,政府将无法获取有效的数据。因此良好的沟通与协调也成为协同治理成功的重要保障。在工业经济模式下,政府部门习惯由单一组织承担某项具体的任务,组织内部结构关系和沟通渠道足以满足信息流动的需求。而在多元主体参与的协同治理网络中,分权式组织结构和非制度化传播途径会给平台经济的治理带来种种障碍,不同参与主体间建立的信息壁垒进一步加剧了问题的严重性。基于此,信息协同也成为平台经济治理的重要路径和基础。

第 二 编

我国平台经济的发展现状及主要监管问题

第五章　我国平台经济的政府监管现状

以互联网和大数据为依托的平台经济的加速发展，推动了大批平台型企业的发展壮大。这些平台型企业在发展中形成了巨大规模，其中，有不少平台型企业已经成功上市。总体来看，当前我国平台经济发展势头较好，未来我国平台经济市场规模将进一步扩大，市场结构也将得到优化。市场竞争也会更加激烈，进入壁垒将越来越高。

第一节　我国平台经济的发展状况

我国平台经济起步晚但发展速度很快。2013 年，我国平台经济在 GDP 中的比重还只有 3.3%，但是从 2014 年起，我国平台经济占 GDP 的比重不断上升，据统计，截至 2020 年 12 月，我国互联网网民人数达到 9.89 亿，平台经济规模达 39.2 万亿元，占 GDP 比重为 38.6%。

一、我国平台型上市企业不断增加

近几年，我国平台经济的发展如日中天，以阿里巴巴在美国成功上市为起点，我国已经有几百家平台型企业先后上市。这些上市的平台型企业市值规模已经达到惊人的7.85万亿元。在这些上市的企业中，有四家上市企业在全球互联网公司十强中占据了重要席位，它们分别是阿里巴巴、腾讯、百度和京东。其中阿里巴巴市值最高，达到38669.26亿美元。[①] 除了这些大型的平台型企业外，还有很多金融类、理财类的平台型企业成功上市，如海吉星金融网、中国平安陆金所、民生银行的民生易贷电商平台等。此外，平台企业的市值变动幅度很大，且不说电商美妆平台——聚美优品，如今已经退市私有化，曾经稳居平台公司排名前三的百度市值在2020年的统计结果仅排名第九位。这说明平台经济的发展已进入深水期，各种商业模式的创新、调整和重新洗牌的现象瞬息万变。

二、我国平台经济发展规模巨大

随着信息技术的普及，以互联网为代表的平台经济加速发展，涌现出了一系列平台型企业，掀起了新一轮平台经济发展浪潮。同时，互联网平台的发展，推动企业运营模式发生变革，经济发展呈现出新变化。2016年中国电子商务交易额超过20万亿元，网民7.1亿，互联网普及率达到51.7%。截至2020年12月31日，中国境内外上市互联网企业总市值为17.8万亿元，前十企业总市值达14.99万亿元，均为平台型企业，占上市互联网

① 网经社电子商务研究中心：《2020年中国电商上市公司市值数据分析报告》，见https://www.100ec.cn/zt/2020ssszbg/。

企业总市值的84%。全球十大平台经济体总市值已超过十大传统跨国公司(见表5-1)[①],平台经济已成为推动全球经济发展的重要引擎。在我国经济新常态背景下,平台经济在产业结构优化调整、提高经济发展质量方面发挥了重要的驱动作用,为经济增长提供了不竭动力。

表5-1 全球十大平台经济体汇总

平台经济体				跨国公司			
名称	国家	市值（亿美元）	成立时间	名称	国家	市场（亿美元）	成立时间
苹果	美国	7808	1976	伯克希尔哈撒韦	美国	4341	1956
谷歌	美国	6491	1998	强生	美国	3596	1886
微软	美国	5619	1975	埃克森美孚	美国	3322	1882
Facebook	美国	4841	2004	摩根大通	美国	3277	1859
亚马逊	美国	4721	1995	富国银行	美国	2697	1852
阿里巴巴	中国	3946	1999	雀巢	瑞士	2623	1867
腾讯	中国	3811	1998	沃尔玛	美国	2455	1962
Priceline.com	美国	997	1998	美国电话电报公司	美国	2394	1877
百度	中国	784	2000	宝洁公司	美国	2325	1837
Netflix	美国	781	1997	通用电气	美国	2233	1892

注:市值基于2017年7月31日收盘价格计算。

三、我国平台经济成为拉动社会就业的新引擎

平台经济发展之初,主要集中于电商平台。但互联网技术日趋成熟之后,平台经济产业领域也开始呈现多元化发展态势,逐步渗透到日常生活的各个领域,在为我国经济增长作出卓越贡献的

① 《阿里与德勤联合发布报告:平台经济协同治理三大议题》,阿里研究院,见 http://www.aliresearch.com/blog/article/detail/id/21402.html,2017年10月。

同时，还有力地拉动了我国就业率。截至 2020 年 3 月，网约车从业者达到了 3809 万人，加上众包模式、即时物流等领域，平台经济提供的灵活就业机会达 1.23 亿个。[①] 除了这些平台外，还有诸如美团、饿了么等外卖平台、P2P 网贷平台等，它们都为增加我国的就业率作出了重要贡献。在我国处于经济结构转型升级的特殊时期，平台经济的蓬勃发展，将会创造更多新的产业链，激活更多就业领域，吸纳大量下岗职工和待业人员，为供给侧结构性改革保驾护航。

四、未来我国平台经济的发展趋势

未来在大数据技术和国家政策的推动下，平台经济势必迎来更大的发展。市场规模进一步扩大、市场结构逐渐优化、市场竞争趋于激烈。

（一）市场规模进一步扩大

顺应第四次工业革命的发展趋势，信息技术水平加速提高，与人工智能、工业互联网、物联网技术结合，平台经济将得以更快发展，互联网平台的营收规模也将实现几何式突破。据有关专家保守估计，到 2030 年我国平台经济总规模可以实现 70 万亿元的总量，将成为支撑我国国民经济的主要力量之一。未来十年，如果政府针对平台经济提供更加宽松的发展环境，尤其是制定相应的容错容缺机制，并确保相应的扶持政策及时到位，预计到 2030 年我

① 杭州工猫科技有限公司新经济研究中心：《2020 年平台经济解读报告》，见 https://baijiahao.baidn.com/s? id=1684311853525536322 8wfr=spider&for=pc。

国平台经济将达到100万亿元的体量。①

(二)市场结构逐渐优化

未来,传统行业和平台经济的融合将进一步加快,传统行业的跨界发展也将进一步加速。平台经济将在广度和深度上进一步延伸,与各类经济体也将结合得更为紧密,平台经济的市场结构也将会通过市场化自发调节机制得到进一步优化。

一方面是线上线下的融合,新兴经济与传统经济的深度融合。我国实施和推进“互联网+”行动计划以来,各类传统线下企业积极拓展线上发展空间、开通相应的渠道、顺应互联网发展大趋势、打造新的商业模式,为线上线下融合创造了条件。可以预见未来平台经济的线上线下融合发展将不会再局限于简单的网络业务拓展,而是更多地体现在网络新兴经济与传统经济形式、内容的联系与互动上。

另一方面是不同行业的跨界融合。随着资源共享范围越来越广、程度越来越深,不同行业之间的边界日益模糊。新技术的发展,将进一步推进新业态、新模式的产生。在平台经济中,各方参与主体勾勒出了一个共享、普惠的关系网,构建了一个合作、互利、共赢的生态圈。在此基础上,不同行业之间会打破原有的体系壁垒,实现跨界融合。

(三)市场竞争趋于激烈

平台经济的本质在于数据信息资源。围绕数据信息的争

① 中国信息通信研究院:《互联网平台治理白皮书》2017年12月。

夺,市场的公平竞争将受到一定冲击。在传统经济模式中,厂商通过产品价格、产品差异等方式实现市场竞争,政府对于传统市场竞争通常采用价格监管、质量把控等市场准入方式进行过程监管。但是,随着平台经济的兴起,平台经济依托信息通信技术形成的数字化信息成为平台企业展开竞争的核心内容。在信息技术水平日益发展的当下,人类社会已进入以数据为生产要素的时代,平台企业之间的竞争将会更为激烈,同时在一定程度上表现为"赢者通吃"的局面,进而演化成市场垄断、寡头垄断的竞争局面。

为了鼓励平台经济这一新兴业态的发展,2013 年以前,我国政府在监管上一直采取较为包容的态度,监管力度相对较弱。2013 年以后,随着平台经济的快速发展,各种负面消息频出,政府对平台经济监管的力度也有所加大,随之出台了一系列的监管措施。

第二节 平台经济的管理制度

从 2013 年开始,我国政府陆续出台针对平台经济的法规和管理办法。2014 年 3 月实施的新版《中华人民共和国消费者权益保护法》针对电商平台问题增加了众多条款,其中第二十五条规定消费者拥有网购反悔权,第二十九条增加了保护消费者个人信息的规定,第四十四条则对平台连带责任事项等进行了说明。[①] 这

① 陈光、周大铭:《加强我国互联网平台管理刻不容缓》,《中国经济时报》2014 年 6 月 11 日。

些法律条文，为规范电商平台提供了依据。管理规范和政策意见方面，为肃清微信平台上信息杂乱良莠不齐问题，2014 年 8 月，我国政府出台了《即时通信工具公众信息服务发展管理暂行规定》，该办法被形象地称为“微信十条”。2016 年 7 月，我国政府出台了《网络预约出租汽车经营服务管理暂行办法》，对车、人、平台提出了具体的监管措施。2016 年到 2017 年，我国政府出台的平台经济管理规范达到十余件。2016 年 5 月到 6 月，出台了针对移动游戏的《移动游戏内容规范（2016 年版）》、针对互联网信息服务的《互联网信息搜索服务规定》和针对移动应用程序的《移动互联网应用程序信息服务管理规定》。[①] 2016 年 8 月到 9 月出台了针对借贷平台的《网络借贷信息中介机构业务活动管理暂行办法》和针对众筹募捐平台的《公开募捐平台服务管理办法》。2016 年 9 月，针对电信诈骗犯罪层出不穷、社会影响恶劣的问题，政府出台了《关于防范和打击电信网络诈骗犯罪的通告》。2016 年 10 月中旬，《互联网金融风险专项整治工作实施方案》出台，表明政府整改互联网金融风险的强硬态度，该文件对支付平台、借贷平台、股权众筹平台和互联网广告平台等多个平台提出了具体的整治措施。[②] 2017 年 5 月政府出台了《互联网新闻信息服务管理规定》，明确指出论坛、公众号等向公众提供新闻信息的平台必须要在获得互联网新闻信息服务许可的情况下才能向公众提供相应服务。这些管理措施的出台，在一定程度上规范了平台经济的运行。

① 李康：《我国电子商务的监管机制研究》，吉林财经大学 2016 年硕士学位论文。

② 沈岿：《互联网经济的政府监管原则和方式创新》，《国家行政学院学报》2016 年第 2 期。

表 5-2　我国现已出台的平台经济的法规和管理办法

平台经济的法规和管理办法			
序号	发布时间	法规	目的或作用
1	2013 年 10 月	《中华人民共和国消费者权益保护法》	第二十五条规定消费者拥有网购反悔权。第二十九条增加了保护消费者个人信息的规定。 第四十四条则对平台连带责任事项等进行了说明
2	2014 年 8 月	《即时通信工具公众信息服务发展管理暂行规定》	加大微信平台信息服务管理。肃清微信平台上信息杂乱良莠不齐问题
3	2016 年 7 月	《网络预约出租汽车经营服务管理暂行办法》	对车、人、平台提出具体的监管措施
4	2016 年 6—7 月 2016 年 5—6 月	《移动游戏内容规范（2016 年版）》 《互联网信息搜索服务管理规定》 《移动互联网应用程序信息服务管理规定》	《移动游戏内容规范（2016 年版）》对移动游戏的出版服务、联合运营主移动终端生产商等主体在移动游戏运营中的义务规范做了明确。 《互联网信息搜索服务管理规定》主张针对搜索服务提供者制定相应的行业自律制度和行业准则。 《移动互联网应用程序信息服务管理规定》要求提供者落实信息安全管理责任，对用户信息安全负责，保护用户的知情权、选择权
5	2016 年 8—9 月	《网络借贷信息中介机构业务活动管理暂行办法》《公开募捐平台服务管理办法》	《网络借贷信息中介机构业务活动管理暂行办法》指出网贷监管要采用中央和地方双负责制，对网贷机构进行适度、协同和依法监管。 《公开募捐平台服务管理办法》围绕管理范围、募捐平台行为规范和各个部门应负监管职责进行详细规定
6	2016 年 9 月	《关于防范和打击电信网络诈骗犯罪的通告》	提出公安机关、人民检察院、人民法院联动对电信网络诈骗依法进行快侦、快捕、快诉、快审、快判等，并对电信企业落实用户身份信息登记进行了明确
7	2016 年 10 月	《互联网金融风险专项整治工作实施方案》	对支付平台、借贷平台、股权众筹平台和互联网广告平台等多个平台提出了具体的整治措施
8	2017 年 5 月	《互联网新闻信息服务管理规定》	指出论坛、公众号等各种向公众提供新闻信息的平台必须要在获得互联网新闻信息服务许可的情况下才能向公众提供相应服务

资料来源：笔者根据网络资料整理。

第三节　类型化的监管办法

针对网购平台，政府提出约谈、警告、限期整改和严重者断网处理的办法。在网购侵权行为高发的紧迫形势下，商务部、工业和信息化部、公安部、中国人民银行、海关总署、国家工商行政管理总局、国家质量监督检验检疫总局、国家新闻出版总署（版权局）、国家知识产权局九部门联合下发了《关于进一步推进网络购物领域打击侵犯知识产权和制售假冒伪劣商品行动的通知》。根据该通知的内容，如果发现网购平台有销售假冒伪劣产品等不良行为，将会立即对其启动整改工作；如果发现网购平台有侵犯知识产权行为且情节严重者，要根据相关法律法规要求对其实施约谈、警告和限期整改等监管办法；如果在规定时限内整改不到位，可以请求通信部门协助，对其进行断网处理。此外，国家工商行政管理总局还提出了网购平台必须要尽到的四项审查义务，包括商家准入审查、商家经营行为审查、商家退出平台时的审查和发生纠纷时的审查。

针对 P2P 等网络借贷平台，政府明确了相应的准入标准、四条红线和多项监管原则。2013 年，政府首先发布了 P2P 网贷行业指数，并在这一标准基础上出台了一系列监管办法，随后又提出了网络平台的准入标准。2014 年，中国银监会结合网络借贷平台的发展状况提出了四条红线标准，要求网络借贷平台要明确自身的中介性，并且不提供担保、不搞资金池、不非法集资。2017 年，国家互金协会在征求多方意见及反复论证基础上，提出搭建“一揽子”监管政策体系的设想，积极推进相关标准体系的建设工作，并着力制定针对网贷平台云计算、资金存款和债务催收等方面的标准,由此对网贷行业进行全面整改。① 在国家新一轮整改的推动下,网络借贷平台进入深度整合期。

针对第三方支付平台,政府提出收紧牌照、取缔打击无资质机构和建立分类监管制度等办法。针对近几年频繁发生的第三方支付机构"跑路"的问题,政府采取了多项举措。从 2015 年开始,政府不断调整第三方支付监管政策,先是通过收紧牌照行为严格其市场准入,接着又于 2017 年 8 月作出不会再发放新的准入牌照的决定。在此期间,有近 50 家第三方支付机构被处罚。但一些公司却通过无资质或滥用资质的方式继续开展第三方支付义务。为加大对互联网金融的监管力度,打击第三方支付领域的非法行为,由国家互联网应急中心、中国互联网协会共同成立了互联网金融法律专业委员会(以下简称"互金委"),其主要职责是监控互联网金融风险。同时,针对一些非金融机构支付行为,政府也出台了新的管理办法,明确规定只有经中国人民银行批准的非金融机构才能开展支付业务。并指出如若这些非金融机构有涉嫌违法犯罪的活动,交由公安机关采取立案侦查等手段,对已经构成犯罪的,按照《中华人民共和国刑法》等法律条文追究其刑事责任。2015 年 7 月之后,政府还出台了针对第三方支付平台的分类监管制度和针对个人银行账户的分类管理机制等。2017 年 5 月,互金委在全网平台巡查中点名了 5 家平台,并对其采取了调查清理工作。

针对互联网保险平台,政府提出鼓励创新和防范风险相结合的办法。办法的核心思想是鼓励创新、防范风险。具体内容

---

① 段锐:《我国 P2P 网贷平台监管模式研究》,《中国商论》2017 年第 25 期。

是结合互联网的特点和不同险种的实际情况，开放部分险种经营区域限制。办法对第三方网络平台业务边界进行了明确规定，指出其业务范围是为保险机构开展网络保险业务提供辅助支持，必须在取得保险业务经营资格的前提下才能参与保险业务的办理。

针对公众号平台、群组，政府提出健全注册、加强审核、建立安全防护等办法。国家互联网信息办公室针对公众号平台出台了相应规定，以应对当前网民权益被损害、公民个人信息安全无法得到有效保护等问题。规定对公众号信息服务提出了具体的管理办法，如设立对信息内容安全负责的总编辑岗位、建立较为完善的用户注册制度、平台信息审核制度、平台紧急情况应急处置制度和安全防护制度等。针对跟帖评论管理提出凡不能向网站提供真实身份信息的用户，网站不得为其提供跟帖评论服务。对认证了真实身份信息的用户，要先审核其评论内容。同时，规定还指出，网站必须不断开发安全保护技术、信息管理系统，及时对平台上的垃圾信息进行处置，对平台上发生的安全隐患和漏洞进行补救，主动向主管部门报告。此外，针对群组信息服务管理，国家互联网信息办公室也作出了相应的规定，对互联网群组进行了概念界定，指出微信群、微博群或 QQ 群等都属于互联网群组，各种群组的群主，负有相应的平台管理责任，需要对用户实名认证信息进行审核和对用户进行分类管理。

此外，政府还出台了一些针对媒体平台、互联网订餐平台、互联网广告平台等的管理办法，不断加大对各类平台的监管力度。

第四节　已有的前期探索

政府在探索新的监管措施的同时，也在不断创新监管手段和监管工具。政务微博、政务公众号、大数据监控等都是国家监管手段、监管工具创新的表现。在微信平台谣言治理中，出现了政府公众号的影子，如广州网警、天津网警等，他们针对微信平台上的谣言开展过滤、肃清工作，为维护微信平台良好生态作出了贡献。政府还积极通过政务微博在互联网平台开展监管工作，发布最新的监管信息。此外，政府在平台监管中还部分采用了大数据技术。例如，宁波市监管部门在大数据基础上研发出一套可以对该市网上订餐活动进行监管的智能化监控系统。[①] 高效的自动化监控使监管部门可以及时采集、保存和识别订餐平台上的商户信息，能够对网络订餐平台上发生的缺证、假证等违法行为进行快速查处。同时，这套大数据系统还具有全方位的统计分析能力，能对同时段发生的各个平台上的行业共性问题进行快速汇总归类，可为监管部门开展专项检查提供精准可靠的大数据报告，提高监管的精准度和效率。

总之，随着平台经济的发展壮大，政府的监管也经历了一个从无到有、从小到大的过程。

① 国家食品药品监督管理总局：《宁波市运用“互联网+大数据”建成智慧监管平台遏制网络订餐乱象》，见 http://www.sda.gov.cn/WS01/CL0005/174956.html，2017 年 7 月 12 日。

第六章　我国平台经济面临的主要监管问题

政府对平台经济监管带来巨大成效的同时，也出现了不少问题。典型的如个人信息泄露、产品质量、侵权等，这对政府的监管带来了新的挑战。综合起来，目前我国政府对于平台经济的监管主要存在以下三个问题：平台企业的法律责任界定难题、税收征缴困难问题和政府监管技术手段落后。

第一节　平台企业的法律责任界定难题

一、平台企业的法律主体地位不清晰

不同于传统企业有着清晰的法人主体地位，平台由于性质多样、经营性质复杂，很难简单将其归于某一类主体，适用特定领域的法律条文。如果平台是以卖家身份直接销售商品，那么在法律上应与平台上的其他卖家一致，与线下销售商承担相同的权利义务，比如苏宁、京东等。如果平台是作为第三方交易主体，不参与

买卖双方的交易而仅提供相关的网络服务，那么其行为就类似于传统的商场、购物中心，比如淘宝、敦煌网等（刘春泉，2016）[①]。因此，在具体的法律平台认定过程中，要具体到个案才能判断平台的法律主体地位。因为主体地位不明确，所以具体的法律适用过程存在较大困难。现有适用法律有《网络交易管理办法》《中华人民共和国反不正当竞争法》《中华人民共和国消费者权益保护法》《中华人民共和国商标法》《中华人民共和国广告法》等。多样化的法律适用加大了审查与管理的难度，容易造成具体案件的判定不一和法律监管空白。

二、平台企业的民事责任认定难

一方面，现行法律条文对平台企业应负民事责任定义不准确、规范不清晰。以《中华人民共和国侵权责任法》为例，对“通知”“知道”的界定存在不清晰的情况（高雪，2017）[②]。在遇到具体平台纠纷时，如何准确判定被侵权人发出的“通知”合格有效、是否存在特殊情况、平台“知道”的具体含义是什么、平台采取的“必要措施”具体如何解释、平台要承担的民事责任具体有哪些等问题都有待进一步明晰确定，而正是因为这些法律条文的不完善影响了实际操作中对平台民事责任的认定。

另一方面，对平台民事责任的认定是采用“避风港原则”还是“红旗原则”尚无定论。避风港原则起源于美国。在互联网发展的起步阶段，为了鼓励互联网平台的发展，美国提出了避风港原

① 刘春泉：《电子商务平台性质与法律责任》，《重庆邮电大学学报》2016 年第 4 期。

② 高雪：《“引导交换型”网络平台民事责任认定问题研究——以三个典型案例为视角》，贵州民族大学 2017 年硕士学位论文。

则，目的在于给平台免责或限制侵权责任。该原则被引入我国之后，最初主要用于解决互联网平台和著作权人之间的纠纷，为法院审理案件留足了空间。其后，在《信息网络传播权保护条例》中对避风港原则的内容进行补充细化。2009年，《中华人民共和国侵权责任法》第三十六条中正式出现了避风港原则，这也意味着该原则在我国以法律形式被确定下来（徐畅，2016）①。此后，在著作权之外的其他民事权益法律责任认定中也开始出现“避风港原则”的身影。我国法院在“避风港原则”的适用中，主要依据平台提供者的身份地位判定其是否有效通知、是否采取必要措施阻止损害扩大。如果平台本身只是作为中介服务的提供者存在，不属于卖家，没有参与买卖行为本身，在发生侵权后没有收到合格有效的通知，或收到后已经及时采取了必要的删除侵权链接等措施，那么就可以适用“避风港原则”，使平台免负连带民事赔偿责任。但不可否认，该原则在某种程度上充当了某些平台的“保护伞”，一些平台置自身义务于不顾，利用平台“身份”认定的难点，逃避侵权责任。为解决避风港原则的过度适用问题，“红旗标准”诞生了。它以平台提供者的主观状态判断其是否侵权（何矿，2016）②，如果侵权行为本身达到被“理性人”明显察觉的标准，平台却视而不见，没有及时采取措施对侵权内容进行处理，那么就认定平台提供者存在主观过错，需要承担相应过错责任（龚建群，2015）③。

① 徐畅：《避风港原则中网络服务提供者的侵权认定》，《长春市委党校学报》2016年第5期。

② 何矿：《“避风港原则”和“红旗原则”法律问题的评析》，广东外语外贸大学2016年硕士学位论文。

③ 龚建群：《避风港原则在我国网络商标侵权案件中的适用与立法完善》，华南理工大学2015年硕士学位论文。

三、平台企业与政府的行政责任划分不清晰

行政责任不清晰突出表现为政府监管与平台监管的责任边界模糊,使监管重叠和监管空白时有发生,导致政府和平台无法开展有效的监管。目前的一个趋势是政府将一部分监管责任转移到平台,试图强化对平台经济的监管。但责任的转移是存在缺陷的,平台监管由于成本、技术以及缺乏权威性等因素的制约,难以达到公共监管机构的监管效果,而且会产生很多副作用。具体来说,我国平台经济行政责任认定难题主要表现在以下方面。

首先,缺乏指导或保障平台义务的相应制度。我国现行的行政法规中对平台应承担的安全保护义务进行了诸多设定,但是对平台具体如何履行这些义务、达到什么样的标准才算履行了义务,缺乏明确的规定和保障制度。如此一来,在认定平台的行政责任时就会遇到问题。例如,我国行政法规规定了平台具有全面审查义务,但平台全面审查的内容包含什么、如何才算是全面审查、需不需要向相关行政机关提交审查报告等都没有详细规定(宋西桐,2016)①。当前行政机关一般要求网络平台能够提供侵权方的有效联系方式,但在实际操作中可能出现诸多问题,比如侵权方利用身份证进行了实名认证,也留下了有效的电话号码,但之后如果他更换手机号码,平台记录的仍然是旧的手机号码,那么平台提供给行政机关的联系方式是否能算有效。另外,关于平台协助行政机关执法的义务也缺乏具体规定,只是规定了平台提供侵权者经营资料等义务,但对提交程序、提交的资料能否达到协助执法的义务履行标准等并没有明确的规定。这些问题最终都会影响平台是

① 宋西桐:《网络食品交易第三方平台责任研究——以新〈食品安全法〉为视角》,中国计量学院2016年硕士学位论文。

否履行义务的认定,造成行政责任认定难点。

其次,对平台性质的界定存在边界不明问题。目前,我国网络运营平台种类愈加丰富,平台到底是经营者还是网络服务提供者,尚未有明确的法律对其角色进行界定,这就造成了平台角色混乱问题。如网约车平台追责时就把平台界定为承运人,而对淘宝进行追责时则将其判定为网络服务提供者。对于身份复杂的公益性质众筹平台、社会服务性质的知识共享平台等如何界定其性质,目前尚未有明确定论,这种边界上的模糊影响了对平台行政责任的认定。相比较民事责任认定,平台行政责任认定面临的问题更为突出。

最后,对平台行政责任范围的界定不明确。我国现行行政法规中虽然给平台规定了各种义务,但对其具体的行政责任范围却没有明确说明,也缺乏相应的免责条件规定。这将会给实际操作增加难度,不易认定平台行政责任。同时,也不利于网络平台的可持续发展。

四、平台企业刑事责任认定难

首先,关于刑事责任认定的法律法规不完善且呈碎片化特征。目前,我国对平台刑事责任认定主要依据《中华人民共和国刑法修正案(九)》第二百八十六条的相关规定,但该法律条文存在孤立性,不能够与其他部门法紧密衔接。在实际操作中,会增加平台刑事责任认定难度。

其次,关于平台刑事责任的认定缺少类型化划分。我国当前网络平台类型多样,但是现行法律法规中并没有对网络平台进行类型化划分,缺乏基于类型化视角的法律法规,无法达到“主体到行为到责任”的统一。

最后,关于“帮助犯或共犯”的界定存在争议。我国现行法律中判定帮助犯成立的一个重要条件就是“明知”,但如何对平台主观方面是否明知进行合理界定目前还有争议。例如,在快播案件的审理中,就有不少学者提出异议。他们认为“快播”不属于主观上“明知”,只是在“被告知”违法后没有及时采取相应的防范措施阻止危害后果,不能将其在2014年后的传播行为界定为“明知”。这种争议会影响对平台企业帮助犯或共犯刑事责任的认定。

第二节 平台企业的税收征管难题

商事主体分散化、小型化、碎片化是平台经济当前的主要特征,平台经济的交易活动也变得更为隐匿、频繁。在创造大量就业机会、推动经济发展的同时,也为政府税收管理带来新的挑战。

一、纳税主体认定难,税收流失严重

在电商平台领域,B2B① 和 B2C② 两种模式下,纳税主体是企业,而企业接受税务部门的线下监管,纳税主体非常明确。问题主要出在 C2C③ 模式下,这种模式下有大量的未在税务机关登记的个体经营者在从事经济活动。传统的纳税人需要依托一定的实

① B2B(也有写成BTB,是Business-to-Business的缩写)指企业与企业之间通过专用网络或Internet,进行数据信息的交换、传递,开展交易活动的商业模式。

② B2C(Business-to-Customer),中文简称“商对客”。“商对客”就是通常说的直接面向消费者销售产品和服务商业零售模式。

③ C2C(Customer to Customer)意思就是消费者个人间的电子商务行为。

体存在，而平台上的个体经营者依托网络存在。既没有工商登记，也没有税务登记。这就打破了实体和地域的限制，更容易隐匿身份，使税务机关很难寻找纳税主体（吴涵，2015）[①]。现行税收制度有属地认定的原则，但在网络世界中，这一认定非常困难（王文清、王鲁宁，2015）[②]，甚至对于一些跨境平台还存在属国的认定难题。截至2020年年底，全球至少有23个国家立法征收数字税，但更多是标准简单的过渡性方案。如何找到数字税的全球共识方案，重新协调各国税收管辖区的征税权，使消费者/使用者所在地获得更多征税权，同时避免贸易战、逆全球化和各国对同一笔收入重复征税等问题已经成为关乎全球经济复苏的重大课题。

二、平台征税金额认定难

平台征税金额的多少与平台销售收入直接相关，但当前税务机关很难准确掌握平台的真实销售情况，造成平台纳税金额认定难。其一，当前平台交易对象既包含有形资产，还有大量无形资产，如电影、音乐、视频、图书和各类软件下载资源等。尤其是近几年，平台交易中开始涌现出很多新的无形产品，如游戏币、游戏装备等虚拟物品。这些无形产品的交易具有虚拟性特征，对无形产品、虚拟的交易如何准确计量、计价成为让税务机关无法准确核定平台税收金额的障碍。其二，平台商家在线上销售时会采用五花八门的促销手段，如“满就送”“秒杀”等折扣促销手段，若平台商

① 吴涵：《C2C模式下征税问题研究》，《对外经贸》2015年第5期。

② 王文清、王鲁宁：《“互联网+”电子商务税收征管的国际借鉴与制度改革》，《税收经济研究》2015年第4期。

家在采用促销手段时做两套账或干脆不做账,其真实销售情况会被掩盖,税务机关就无法知晓平台的真实销售收入,也就无法准确认定平台应纳税金额(王文清、梁富山、肖丹生,2016)[①]。其三,平台消费者缺少开具发票的消费习惯。消费者对发票的不积极态度给平台商家少报、漏报销售收入提供了空间,使税务机关难以掌握这部分"不开票"收入,也就无法对平台总体销售收入进行准确计算。

三、"事前防范"的征管理念滞后

当前,在税收管制中采用的仍然是"以票控税"的制度,这属于典型的"事前防范"征管思维。它以纳税人在生产经营活动中使用的税务发票作为征收依据,需要纳税人根据当月实际营业额对下月应纳税额度进行预算估算并申请发票。这种传统的税收征管思维难以适应平台经济。平台交易模式中,资本、信息和劳务等的流动和变动速度较快,前置的税收征管方法会限制平台商家的生产经营活动。尤其是对一些小微平台经营者而言,传统的税控门槛会影响其发展。

四、平台税收征管技术手段落后

平台交易活动中,交易信息的电子化趋势明显,如发票、财务账簿、销售凭证等信息基本都是采用电子数据形式。而一些金融平台上的借贷业务也都是在线上进行的,加之当前税务机关在平台税收信息化监管方面存在明显不足,既没有针对平台企业的信

① 王文清、梁富山、肖丹生:《电子商务税收征管问题研究》,《税务研究》2016 年第 2 期。

息采集系统、信息反馈系统，也没有有效的信息共享系统（张炜、叶陈刚、徐伟，2014）①。多重因素叠加给平台商家提供了可乘之机，通过技术手段不留痕迹地隐藏或修改交易信息。如此一来，税务机关就无法对平台商家的资金进出情况、项目结算情况和坏账率等进行全面的、实时的监测，自然也就无法全面准确地掌握平台交易情况。

第三节　平台经济的反垄断难题

垄断判定标准影响政府对平台经济的监管，但平台经济与传统行业相比具有特殊性，现行的适用于传统行业的反垄断判定标准并不能完全适用于平台经济，主要表现在：互联网的公共物品属性导致对平台垄断的监管更加复杂，传统标准和方法难以适应对平台垄断的界定等。

一、平台经济垄断的表现形式及其成因

传统行业的垄断通常是通过占据行业支配地位进而获得价格控制权，通过提高产品价格获得超额利润。平台经济因其提供的服务大部分是免费的，因此也不存在通过提高价格来获取超额利润，因此平台滥用市场支配地位的表现形式更为多样，也更具隐蔽性，具体包括以下几种形式。

一是互不兼容引起的“二选一”问题。从“3Q 大战”，到微信

① 张炜、叶陈刚、徐伟：《对 C2C 电子商务税收征管问题研究》，《税务研究》2014 年第 10 期。

封杀淘宝客,再到阿里、京东间的“二选一”问题,平台领域的竞争越来越激烈。互联网平台为了获取更大的市场份额、拥有更多的使用者,通过不兼容其他平台等技术手段,迫使消费者作出选择,这些行为已经涉嫌滥用市场支配地位,不利于创新。

二是捆绑销售问题。尤其是一些票务销售平台,在销售各类票务的同时,通过捆绑的形式,迫使消费者购买保险等并不必然相关的产品,损害了消费者利益,有些平台还在消费者下载软件的同时,强行要求消费者下载其他的软件。[①]

三是竞价排名问题。互联网平台广泛的使用群体,使网络广告市场规模逐年递增,这些广告由于缺乏有效的监管,违法率是传统媒介的 3 倍以上。[②]

除了以上几种形式外,一些平台还会通过滥用标准、签署排他性垄断协议等形式滥用市场支配地位。平台经济的垄断形式与传统行业具有显著的差异,而且很多形式在法律上是没有被明确禁止的,即使出现问题,也很难追究责任,在现实的一些案例中也可以看出法律的空白。但这些行为都有一个共同的特征,就是严重地损害了消费者利益,这也是未来监管的重点领域。

平台经济与传统行业的区别决定了平台经济的垄断具有独特的表现,这也决定了政府对平台经济垄断监管难以套用既有的标准和方法。首先,平台打破了既有边界的限制,一方面突破了地域的限制,使传统的属地监管变得更为复杂化;另一方面平台突破了

---

① 《360 起诉百度恶意捆绑案宣判:360 胜诉》,法制网,见 http://tech.sina.com.cn/i/2014-07-29/11599523041.shtml,2017 年 11 月 3 日。

② 《竞价排名脱缰,搜索引擎成导火索》,法人,见 http://finance.sina.com.cn/roll/2016-06-06/doc-ifxsvenx3357423.shtml,2017 年 11 月 4 日。

边际成本[①]界限，使资源的稀缺性无法对平台经济形成有效约束，供给方规模趋向于无穷大，这为平台形成垄断地位提供了重要的基础。其次，平台经济具有“赢者通吃”的特征，供给方和需求方是平台经济两大主要的利益主体，平台经济的独特之处在于只要能够提升其中一方的数量，另一方的数量就会随之增加，反过来又会提升原来一方的数量，形成良性的循环，随着买卖双方数量的不断增加，转换平台的成本高昂，使双方都会对平台产生“黏性”。最后，平台经济垄断的外部性特征，从成本的角度看，一个行业里只有一家企业提供服务，整个市场是最有效的，也就是经济学所定义的自然垄断，就平台经济领域，表现为大量的细分领域通过合并等形式形成“一家独大”的局面。

二、传统反垄断方法和标准的不适用表现

2021年2月国务院反垄断委员会正式发布了《关于平台经济领域的反垄断指南》，总体上为互联网平台经济的垄断行为自查、市场监管部门对平台经济的反垄断监管提供了可操作性。但是不同于传统经济的垄断特征，互联网平台经济的垄断复杂性高、隐蔽性强，技术和模式更迭快易导致法律法规滞后。总体来看，现阶段互联网平台经济反垄断存在“监管什么（垄断范畴界定）→如何监管（监管技术制约）→怎么处罚”三个方面的监管难点。

（一）实际操作中的认定难度大

随着互联网平台经济的不断沉淀，每个平台的用户存量高、黏

① 边际成本指的是每一单位新增生产的产品（或者购买的产品）带来的总成本的增量。

性大，已形成了较稳定的流量，这就使平台经济在推广产品或调整业务时，很难界定其是否滥用了市场支配地位、是否低于市场价格销售等。例如，2017 年京东诉阿里“二选一”限定交易的案件，直到 2020 年 11 月才展开审理，调查难度和周期之长可见一斑。

（二）监管部门技术制约，实时监控难度大

平台企业大多数是国内数一数二的互联网科技企业，这些企业拥有大批互联网技术性人才，可以通过设计智能化算法支持新业务、新生态，进而产生新型的市场垄断行为，破坏市场竞争秩序。例如，平台企业可以通过技术屏蔽竞争对手，通过搜索权重设置打击竞争对手，或者设置不同时间段弹窗等销售模式。

（三）制度和法律体系面临挑战

国务院虽然发布了《关于平台经济领域的反垄断指南》，但对于最新推出的新模式、新领域准备不足，也并未对垄断行为的处罚标准做明确说明，易使一些互联网平台在巨大利益面前铤而走险。

三、传统反垄断标准不适用的原因分析

目前的反垄断法律以及界定垄断的标准都是基于传统的行业构建的，平台经济与传统行业的经营模式、赢利模式都有显著的差异，传统的反垄断标准难以有效适用于平台经济。

首先，理念不同。传统的行业以提供产品、控制价格作为赢利的主要模式，而扁平化的平台经济往往是以免费的形式提供服务，这使既有的价格判断标准失去效用。其次，市场边界不同。按照传统的反垄断标准，需要从产品、地域等角度界定市场范围，互联

网平台的特征打破了产品、地域、时间的限制，很难去界定其所在行业的边界。界限不明确，也就意味着对平台垄断的界定不明确。最后，属性不同。平台经济及其商业特征尽管不会单独引发BEPS[①]（税基侵蚀和利润转移）问题，但它的虚拟性、网络性、流动性等关键特征会加剧 BEPS 的产生风险，并极大挑战现有各国的跨境税收体系，例如网络商家可以通过设定“镜像站点”的方式达到国际避税效果。

总之，平台经济与传统行业具有本质上的区别，平台经济的特征也决定了对平台经济的垄断监管和界定要采取全新的标准和方法。外部性、中立性等特征使平台更有可能占据市场垄断地位，如果依靠传统的标准去界定平台垄断，那么平台事实上已经构成了垄断地位。但反垄断重点在于平台是否滥用了这一市场支配地位，如果像“3Q 大战”那样，强迫消费者进行二选一，严重损害消费者利益，那么显然政府应该严格监管。但大多数的平台目前流量增长比较稳定，没有滥用市场支配地位，反而为消费者和商家带来了更多的利益，这种情况下对平台垄断的监管就需要综合考虑经济发展与社会福利等因素。

第四节　平台监管的技术工具难题

一、不适用于平台经济的线上运作模式

政府目前的监管理念和监管手段大多是基于线下交易模式而

① BEPS：世界经济合作与发展组织（OECD）提出了 BEPS——税基侵蚀和利润转移，意指跨国企业到低税率国家避税。

创设的。传统的线下监管理念和监管手段越来越难以适应以互联网平台线上为主的平台经济运作模式的监管。且传统监管的人海战术要消耗极大的人力、物力、财力和时间成本,也很难对体量如此庞大的平台经济进行全面实时监控。此外,监管机构监管手段滞后,目前还是以传统的线下监管工具为主,这种做法在实践中遭遇大量问题,突出表现为技术难题、信息难题和成本难题。

技术难题是目前政府在平台监管中遇到的较为紧迫的问题。平台经济是伴随互联网技术,尤其是移动互联网技术的成熟而产生的,是一种知识密集型、技术密集型的商业模式。因此,技术创新是政府监管的基础,直接关系到政府能否有效取得第一手证据,为法律责任的认定以及纳税等问题提供基础的支撑。但目前政府的信息基础设施建设、监管工具创新能力以及监管人员的综合素质还有待进一步提升。

信息难题是目前政府监管过程中的一个重要障碍。政府和平台企业之间存在严重的信息不对称。在没有平台企业有效配合的情况下,政府在执法过程中由于信息不足很难有效开展监管活动,这也是协同治理理论中信息资源协同的重要意义所在。互联网思维下的监管,最重要的因素就是信息和数据,离开了这两点,就失去了监管的基础。因此,解决信息不对称问题,实现政府与平台之间信息的有效衔接,直接关系到政府监管政策的效力。

成本难题主要涉及协同治理下的利益协同。政府的监管也需要统筹考虑成本效益问题,现有的人员受知识结构等因素的制约,无法满足平台经济监管的需求。平台经济是技术密集型行业,高效精准的监管需要以数据为基础,以云计算、大数据等为技术手段,建立体系完备的信息平台,但这无疑需要大量的时间成本和财务成本。由此可见,在由工业经济监管思维向平台经济监管思维转变过程中,成本问题将是短期内制约政府监管的重要因素。

这三个问题是相辅相成的。受成本效益的影响,政府需要在监管技术和工具上进行创新,而监管工具的创新要求有数据、信息的基础支撑,这些资源和方法的获取反过来又需要更多的成本投入。

二、政府技术监管滞后的表现

尽管政府在监管技术创新方面做了大量的工作,但受制于平台经济的发展规模和速度,政府在监管技术方面仍然严重滞后,主要表现在以下几个方面。

第一,数字化监管的理念尚未确立。线下监管的模式已经深入监管人员的思维中。从实践层面看,无论是对传统行业还是对平台经济,市场监管人员往往是以现场检查等为主,对数据信息的重视程度较低。市场监管人员并没有树立数字化监管理念,也不重视同平台之间的合作。

第二,人员监管技能及相关知识匮乏。平台经济是一种新型的商业模式,对行业从业人员的综合能力要求较高。而政府监管机构属于行政编制,受制于既定的薪酬体系和招聘流程,较难从行业内招聘到合格的技术人才。而现有的工作人员由于专业知识以及对平台监管相关问题的认知度有限,无法适应平台经济监管的需求。

第三,监管工具的更新和维护滞后。政府部分监管系统立项时间早,随着平台的快速发展,传统的功能模块无法满足新的需求。政府监管系统中硬件滞后,受制于资金不足,无法购买先进的硬件设备，软件模块代码也亟须重新开发。此外，政府监管中的技术建设长期依赖财政拨款，后期运维经费严重短缺。总而言之，较为单一的资金来源造成政府监管系统功能更新缓慢，难以适应新形势下平台经济监管的需要。

第四，监管主体分散。目前形成的是一种功能相对单一、运维主体分散、技术标准不一的技术手段体系。资金、技术分散在政府内部相关司局业务处室，难以互通，无法发挥监管合力。从中央和地方联动来看，各地结合属地监管而自建的系统也没有与内部系统有效对接，省际间也缺少互利互通的平台。

第七章　我国平台经济监管问题产生的原因

法律不适用、纳税问题以及监管技术滞后等问题的产生，根源在于平台经济的运行基础、产业价值链和角色分工与传统工业经济具有本质上的差异。而现行的监管模式、工具、规章制度都是基于工业经济的运行特点产生的，与平台经济所需要的监管方式不相匹配。

第一节　平台经济的运行基础

土地、劳动力、资本是工业经济运行的基本要素。建立在这些生产要素基础上的行业构成不同类型的行业分类，企业依托这些有形的资源组织生产，构建起以生产者为中心的商业模式。平台经济的运行基础则与之完全不同，其初期的运行基础是信息技术、互联网技术、知识创新，后期的运行基础逐步增加了数据、流量等要素。与传统经济学要素相比较，平台经济的基本要素有一个共同的特征，即虚拟性。这种虚拟性具体表现在两个方面：一是平台经济赖以生存发展的互联网是虚拟的；二是数据和信息，这些平台企业的主要财富和生产要素也是虚拟的。

工业经济时代政府的监管对象非常明确，通过从劳动力、土地、资本等角度切入，依托既有的工具方法，对相关企业开展“现场”监管，包括纳税、法律责任追究等。这些既有的工具手段难以适用于对平台经济下虚拟的生产要素的监管。

第二节　平台经济的产业价值链重组

平台经济与传统经济最大的不同在于，它塑造出了全新的产业模式。比如出版业在近年因为平台经济的冲击发生了重大变革。图 7-1 显示了传统出版业的产业价值链，是一种单向的、直线式的价值链。当一位作者酝酿出自己的作品之后，通过经纪人将作品递交给出版社。然后出版社在众多书稿之中筛选他们认为能获得市场青睐的作品，经过修改、编辑、封面设计等加工程序后，由印刷厂印制成书。之后再由经销商将成书运往各地的零售书店、便利店等场所，最终才得以被读者购买。在这种单向、直线式的配置过程中，产业链中的前一个环节都在为过度满足下一个环节而努力，各个环节的成本与利润层层增加，最后体现在书本的零售价格上。

图 7-1　传统出版业的线性产业价值链

而平台经济出现之后，传统的产业价值链被完全打破。以专攻小说市场的起点中文网为例，它在互联网上提供了一个虚拟平台，导致原本处于传统产业链两端的作者群和读者群直接互动接触，从而弯曲了传统价值链（见图 7-2）。

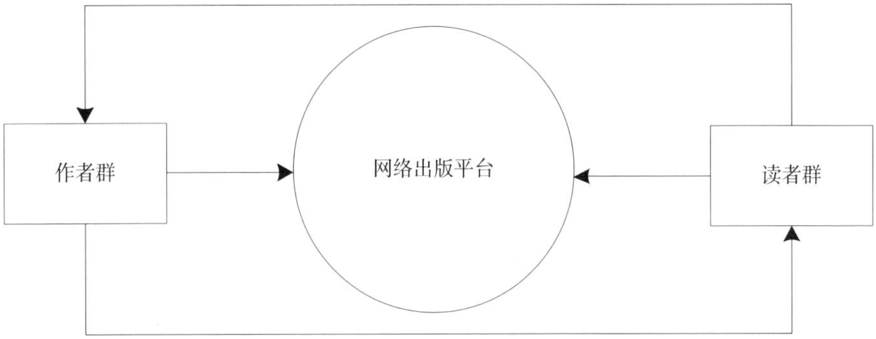

图 7-2　上阅读平台“弯曲”出版业的价值链条

如果说传统的工业经济是一种线性的、简单的、封闭的运作模式，平台经济则是一种网络状、复杂、开放的运作模式（见图 7-3）。从主体结构对比看，工业经济模式下各个主体之间关系是单向的，从 B 端到 C 端，生产者决定了生产。基于链条式的运作模式，政府的监管重点是 B 端，从而形成了一种科层式、“金字塔”型的监管模式。

平台经济的结构则与之完全不同，平台经济模式下，各个主体之间形成一种网络状结构。在这个网络体系中，每一个主体都是一个节点，彼此都有互动关系。这就整体上形成一种多链条、多元主体双向互动的模式。这也使平台经济的主体关系变得异常复杂。如果传统的工业经济是“B（商家）→C（消费者）”的模式，那么平台经济则是“B（商家）⟷P（平台）⟷C（消费者）”的模式。C 端消费者不再被动地接受市场秩序，而变为主动地参与监管

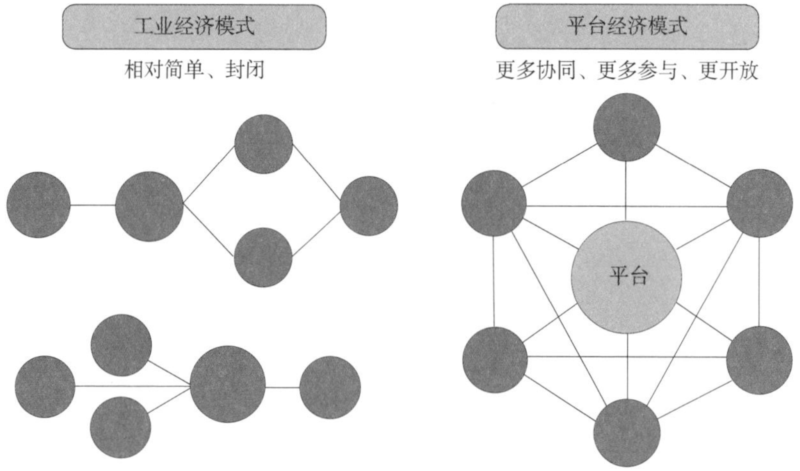

图 7-3　工业经济模式与平台经济模式

资料来源:德勤研究:《平台经济协同治理三大议题》,2017 年 10 月 11 日。

过程。

在这样复杂的产业链中,法律责任关系复杂,使得政府的监管难度大幅提高。表面上看起来这需要政府进行全产业链的无缝监管,牢牢把控平台经济产业链运行过程中的每一个关键点,但其实这种全覆盖的监管方式政府是无法做到的。无论是从平台经济对多行业的跨界融合,还是多地域的跨省发展,抑或是多链条的上下游整合,都是政府原有条块分割式管理方式力所难及的。

第三节　平台经济的角色分工

相较于工业经济,平台经济多了一方主体,即平台企业。而平台企业是有能力也有意愿对平台经济进行监管的。

罗切特和蒂罗尔(Rochet 和 Tirole,2004)[①]提出平台企业对于平台经济的发展有如下规制职能。

首先,平台企业是价格管制者。平台企业可以通过对商家收取一定的费用补贴消费者,或者指定一定的价格上限限制商家对消费者的剩余攫取,以此来制定平台经济的合理价格水平和定价结构。

其次,平台企业是许可授权者。平台企业类似于一个管理委员会,他对于商家施加一个最低标准来使消费者免受负的外部性威胁。

最后,平台企业是竞争管理者。当价格管制过于复杂或者失效时,平台企业可以通过鼓励一方用户群的竞争来使平台对另一方用户群更加具有吸引力。同时,平台企业也有意愿去维护平台经济的正常运行秩序。对于提供的服务和产品,平台企业有动机去监管商家保证质量,同时方便不同商家间的交易,减少交易成本,加快交易速度。

由此可见,与传统工业经济中政府单方监管的局面有很大的不同,平台企业的私序监管已经在平台经济中发挥重要作用,这就需要政府改变原来公序监管本位的思想,积极与平台企业进行协作。

本节主要从运行基础、价值链构成、角色分工上对比了传统工业经济与平台经济之间的差异(见表 7-1)。当前的政府监管模式是建立在传统工业经济运行模式基础上的,平台经济则与之全然不同。因此,传统的政府监管模式难以适用于平台经济,需要政府

① Rochet J.,Tirole J.,"Two-sided markets: An overview",*Toulouse*,2004.

创新理念和模式。基于平台经济的多元主体共同参与特征，政府要打破既有监管思路，实现从监管到治理的转变；基于平台的网络化等特征，政府监管的核心应该是采取协同治理。打破既有的单向监管思维，强化与不同主体间的合作互动，培育服务、市场、共享的治理理念，从增加全社会福利的角度出发，对平台经济开展有效的治理。

表 7-1　工业经济与平台经济特征比较

特点	工业经济	数字经济
发展核心	工业制造	信息化、全球化
基本要素	劳动力、自然资源和资本	信息技术、知识和网络
发展原动力	资本积累	技术创新
商业模式	制造侧重 B2C——以厂商为中心	制造侧重 C2B——以消费者为中心
基本准则	标准化、规模化、模式化	差异化、网络化、速度化
经营理念	追求规模效益，依靠扩大生产规模，追求资源优化配置和有效利用；努力实现资源供给、产品生产和产品销售的稳定增长	追求创新效益，依靠技术、体制创新；追求创新的速度和经营灵活性；努力提高产品技术含量和领先程度

资料来源：德勤研究：《平台经济协同治理三大议题》，2017 年 10 月 11 日。

协同治理主要通过以下几个方面实现：一是多元主体的协同，重新定位政府在平台治理中的角色和地位，强化合作意识；二是法律规则协同，吸收既有的平台规则，结合平台经济的特征，重新梳理既有的法律体系，从宏观层面做整体的协同，对平台经济的标准、法律责任认定作出统一的规则体系；三是利益的协同，平台经济虽然实现了各方的“共赢”，但在理性经济人的假设条件下，各个主体在这个网络中都有追求利益最大化的诉求，政府治理的很重要一点是以追求全社会福利最大化为目标，有效协调各方的利益，尤其在纳税问题上，协同线上线下公平的竞争环境是未来的重要治理方向；四是治理工具的创新与协同，政府要适应平台经济的发展模式，努力创新监管工具，尤其在大数据方面，要强化与平台间的合作，构建先进的监管工具和网络。

第 三 编

我国平台经济政府监管的理念创新

第八章　政府监管协同治理架构

第一节　治理架构

构建平台经济协同治理模式,需要各个治理主体对平台经济治理有较高的价值观认同。价值观协同为理念转变和政策创新奠定了基础,从而可以形成一个完整的治理体系。结合平台经济的互联网思维,本书初步提出了“核心价值观—治理理念—实现路径”的多层级架构体系。

核心价值观层主要包括创新、开放、协同三部分内容。其中创新是核心驱动力,没有创新也就不会有平台经济的快速发展。开放是平台经济的客观要求,互联网的“去边界化”打破了政府传统的分行业、分地区的治理格局,为各个行业的跨界融合以及资源的高效整合利用提供了有效的渠道。协同是政府治理平台经济的根本理念和落脚点。有效协同各个主体的价值观、利益、行动,是互联网思维的必然要求,而协同治理也将成为政府推动平台经济治理的核心理念。

图 8-1　平台经济监管价值观协同体系架构

治理理念层主要包括多中心治理理念、网络化治理理念、数字治理理念。多中心治理理念是未来平台经济治理的基本格局，监管的权力也将伴随多中心结构的形成而逐步分散。网络化治理是一种多中心的、扁平化的治理结构。数字治理理念是从技术层面落实政府治理的有效工具。

实现路径层主要包括规则体系的协同创新、利益和目标的协同创新以及治理工具的协同创新三个方面的内容。其中规则体系是从顶层设计出发，对平台经济的责任认定、规则体系和法律体系的协同、反垄断规制问题进行统筹规划。利益和目标协同主要是通过税收制度的协同，为线上和线下的经济发展创造公平的竞争环境，缓解经济转型升级过程中带来的矛盾。治理工具主要是通过大数据、云计算等治理工具的运用，实现政府对平台经济的高效、精准监管。

在市场经济条件下，政府应实现从监管到治理的理念变迁。

政府的管理重心要由管制功能转向服务功能、激励功能、导向功能和调节功能（张占斌、冯俏彬，2016）[①]。为实现协同治理目标并确保治理过程有序，政府需要对其他参与主体进行适当干预，鼓励各个主体积极参与到对平台经济的治理中。

第二节　协同治理的必然性

首先，政府单一监管不适用于“流动空间”。卡斯特（2000）[②]在《网络社会的崛起》中将网络社会作为不同于工业社会的社会形态，信息技术和其他因素通过作用于网络相互联结的节点，从而构造出新的时间空间类型。网络社会从工业社会的有边界走向了一种无边界的“流动空间”，将过去、现在和将来重新再统一到信息空间里进行整合和互动。在“流动的空间”以及“无时间性的时间”的市场形态下，依靠政府单一监管，难以实现市场交易的秩序性。一方面，对于平台经济的虚拟性，线下交易市场中所形成的区域化监管明显失效；另一方面，平台经济的复杂主体、高频交易以及网上支付等技术手段，使目前有限且不成熟的传统政府监管体系束手无策，一些交易欺诈因为小额度、匿名性、技术性的特点，无法通过正常的规制手段进行监管。

其次，监管的主体与客体之间的严格界限被打破。协同治理的本质是通过在共同处理平台经济发展过程中的相互关系协调，

① 张占斌、冯俏彬：《创新政府监管方式加快发展新经济》，《行政管理改革》2016 年第 9 期。

② ［美］曼纽尔・卡斯特：《网络社会的崛起》，夏铸九等译，社会科学文献出版社 2000 年版，第 27 页。

实现参与主体之间共同行动、结构耦合和资源共享。从表 8-1 中可以看出,协同治理与政府监管最大的区别是以“治理”打破了主体与客体之间严格的区别,强调社会多元主体的共同管理。在这种模式下,尽管政府承担“元监管”的角色,依然是平台经济治理功能和责任的承担者,但是平台、消费者等不同行为主体以“管理者”的身份参与平台经济的治理。

表 8-1　政府监管与协同治理的区别

	政府监管	协同治理
主体	政府为主的单一主体	政府作为“元监管”角色的多元主体共治,消除了主客体的区别,所有主体以“管理者”的身份出现
客体	市场上大大小小各类机构组织	
特点	单向、强制、刚性	双向互动、协作、共赢
主要工具	事前管理:工商登记、行政许可、商品检验、年检等; 事后管理:消费者维权、司法救济、行政处罚、刑事责任、专项行动	交易前:实名审验、网站备案、消保基金、大数据风险预警; 交易中:建立买家和卖家博弈制度,在商品售卖过程中进行信用评价、社交网络、网规约束、第三方支付担保交易
组织形式	“金字塔”型结构	扁平化结构
思维基础	工业经济思维	互联网思维

最后,治理是政府改革的重要方向。从两者的特点来看,“监管”是一种单向、强制、刚性的理念,“治理”则强调多元化、网络化、共治,是一种双向互动、协作、共赢的理念。协同治理更符合平台经济的发展特征。“推进国家治理体系和治理能力现代化”是《中共中央关于全面深化改革若干重大问题的决定》中的一大亮点,也是未来政府改革的重要方向,治理能力的现代化在平台经济的发展中尤为重要。

第九章　政府监管协同治理指导思想

第一节　协同治理理念的指导思想

协同治理理念的主要内容有两点：一是坚持以政府为主导，引进平台经济其他参与主体，通过协商机制，完善平台经济的市场规则与秩序内容，提高平台经济市场行为的监管效率，实现多元协同、共管共建；二是政府在协同治理的过程中，应当对市场失灵采用“底线”监管，出台相应的法律法规，建立统一标准，确保公平竞争的市场秩序（韩明华，2007）[①]。

一、多元主体共建共管

多元主体共治意味着权利责任的均衡匹配，需要在政府、平台主体、第三方、消费者、商家诸多利益相关方之间寻求平衡点，实现

① 韩明华：《网络经济环境下的政府规制创新》，《宁波大学学报》2007 年第 20 卷第 4 期。

激励相融[①]。平台企业是平台经济治理的运维者,在整个协同治理系统中起直接监管作用。通过执行政府的治理措施,承接政府的转移职能、完善互联网运行机制、运用技术手段来发现平台中各商家的违法违规问题,从而规范各方参与主体的行为(郁建兴、朱心怡,2017)[②]。平台商家是主要监管对象,在承担对平台规则秩序完善的同时,平台企业为政府协同治理贡献重要的市场治理力量,是政府监管的有益补充(郁建兴,2016)[③]。通过行业组织协会等形式,可以规范商家的市场行为,营造公平的市场环境,提高平台的运行效率。平台经济的消费者是平台治理中的重要一环,扮演监督者的角色。消费者在消费之后,可以通过公众舆论压力、举报、诉讼等形式监督协同治理的有效运行。同时,随着互联网等新兴经济形式的发展,消费者信用评价机制不断完善,也将对平台经济的持续发展产生重要的影响(见图9-1)。

二、底线监管

底线监管是政府对平台经济协同治理理念的重要内涵,这一理念主要包括以下两方面内容:其一,借鉴负面清单模式,设定平台经济的监管底线。政府应创造良好的环境,让市场在资源配置

① 在市场经济中,每个理性经济人都会有自利的一面,其个人行为会按自利的规则行为行动;如果能有一种制度安排,使行为人追求个人利益的行为,正好与企业实现集体价值最大化的目标相吻合,这一制度安排,就是"激励相容"。这也是平台经济治理中价值观协同的重要意义,通过价值观协同,使主体之间实现利益的协同。

② 郁建兴、朱心怡:《"互联网+"时代政府的市场监管职能及其履行》,《中国行政管理》2017年第6期。

③ 郁建兴:《在循序渐进中,实现市场监管的"全面质量管理"》,《中国市场监管研究》2016年第2期。

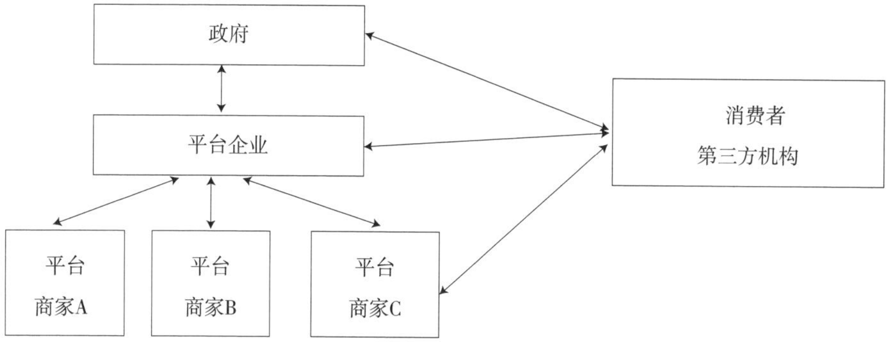

图 9-1　多元主体治理体系与路径

中发挥主导作用，尊重平台的自治功能，由平台对商家与消费者进行“软法之治”①。坚持底线思维有利于保障用户权益，对于与消费者生命财产安全、社会稳定、文化安全、金融风险等密切相关的业态和模式，严格规范准入条件。这一理念要求监管部门建立和完善补位性、底线性和保障性的制度规范新体系。其二，用底线思维妥善处理利益矛盾。政府要妥善处理平台经济创新所引发的利益矛盾，尤其是在平台经济发展初期，多数企业和产业发展仍处在探索创新阶段，政府可以建立和完善补位性、底线性和保障性的制度，及时修改已经明显不适用于平台经济的法律法规，研究制定以用户安全、隐私有保障为底线的创新准入政策。

三、网人治网

平台经济被诸多学者认为是自我治理的最好试验场，如何充分调动消费者的集体力量也成为网络监管领域的重要课题。从实践情况看，几家大型平台企业已探索出网络空间纠纷解决和市场

① 冯涛、郁建兴：《走向监管型政府：“互联网+监管”与“监管+互联网”的融合》，《中共宁波市委党校学报》2017 年第 39 卷第 1 期。

治理的新模式——“网人治网”。具体而言，坚持自愿原则，在平台企业建立一个由具备不同专业知识的消费者组成的专家库。当发生交易纠纷时，双方当事人可从专家库中选择一人或多人组成专家组对纠纷进行裁决，自愿承担裁决任务的专家组成员往往是经营类似产品的卖家或资深消费者，他们对交易纠纷中常见的假货认定、失信行为判断、邮资承担等问题具有丰富的判断经验和一定水平，由其作出的裁决往往也具有极强的说服力。目前，数以万计的裁决案例充分表明，“网人治网”模式获得了95%以上的满意度，可以有效弥补平台治理中的公权力资源缺失问题。

第二节　平台经济协同治理理念的实践路径

平台经济协同治理理念实现的关键在于整体政府跨界协同治理。整体政府着眼于政府部门间、政府间的整体性运作，强调公共管理与服务机构为了完成共同目标而展开跨部门协作，主张政府管理“从分散走向集中，从部分走向整体，从破碎走向整合”。政府所运行的文化、结构和能力不是以管理过程而是以问题为取向，不是按照管理职责而是公民需求提供服务，按照公民的生活轨迹整合服务职能，从而建立起纵横交错、内外联结的协作机制，统一设计服务路线，系统配置服务资源，力求从根本上解决政府管理碎片化和服务空心化问题，提升政府部门整体治理能力。

整体政府跨界协同治理，是一个含义广泛的概念，凡政府组织通过“联合”“协调”“协同”和“协作”方式，实现国家政策和政府管理职能与活动的整合，都属于“整体政府跨界协同”的内容。在内容上包含中央政府和地方政府之间的“上下合作”、中央或地方同级政府之间的“水平合作”、同一政府不同部门之间的“左右合作”、政府与企业和社会之间的“内外合作”。在形式上又分跨界政策议题下多个政府部门之间的合作、同一政策下不同政府之间的合作、同一政策同一政府中不同层级之间的合作、不同政策同一服务提供机制下的政府部门之间的合作、同一政策或不同政策下的政府与企业和社会组织之间的合作（孙迎春，2014）[1]。这一概念与平台经济的特征完全契合。

平台经济活动涉及的对象分布极为广泛，因而对统一开放的市场环境要求很高。在众多因素的集中影响下，我国当前的地区分割现象还比较突出，所以加强各地区政府间的协作十分必要，具体包括中央政府和地方政府之间的协同、地方与地方政府之间的协同。组织层面的横向、纵向协同是推动平台经济治理的有效保障。平台经济涉及的部门较多，除工商行政监管之外，还有海关、财税、保险等相关部门。各部门的职权有显著的差别，因而很有必要制定出统一的法律、政策框架将各部门协调统一起来，为实现相应的监管目标营造规范有序的制度环境。

总体而言，整体政府跨界协同治理的核心思想是打破部门间的分割。这一制度的落实需要政府在组织流程、体制、法律等各个层面进行有效的变革，为理念的贯穿落实提供有效的保障。尤其是在涉及不同部门之间利益分配的问题上，更需要政府从宏观层面予以有效的协调。

---

① 孙迎春：《现代政府治理新趋势：整体政府跨界协同治理》，《中国发展观察杂志社》2014年第9期。

第十章　从科层制监管转向网络化治理

在科层体制内部,每一个个体单元被分割成各自独立的部分,组织管理的权力建立在一整套为所有组织成员共同认可和严格履行的正式规则基础之上。平台经济的发展中参与主体之间关系复杂,科层制的单元独立分割特性显然难以适用于平台经济。因此,需要基于平台经济扁平化的结构,运用网络化治理理论,综合考虑参与主体间的关系。

第一节　从科层制监管转向网络化治理的必然性

科层管理是一种权力依照职能和职位分层并以规则为管理主体的管理方式。该结构主要有五大基本特征:专门化(清晰分工,具体岗位划分精细)、等级制(上下级等级明确,职责清晰)、规则化(组织运作规则成熟,组织运行受规则限制)、非人格化(管理者不能滥用职权)和技术化(人员晋升依照工作成绩与资历条件)。

结合平台经济的特征分析,科层制不适用于平台经济治理主要表现在以下几个方面:(1)明确的垂直等级分割难以适用于扁平化的平台经济治理。科层制是一种垂直的治理思维,平台经济则是平面的网络结构,两者难以有效匹配。(2)专门化的特征与平台的综合性、复杂性特征不匹配。平台经济的高度融合特性要求未来政府治理打破行业分割,开展跨行业的协同监管,这也是提高监管效率的有效路径(见图10-1)。(3)规则化、非人格化的治理理念无法满足平台经济的快速发展。规则化的治理结构下,层层审批,使政府很难对新事物作出快速的反应,对平台经济中出现的问题也难以作出及时的回应,导致一些局部的问题放大。

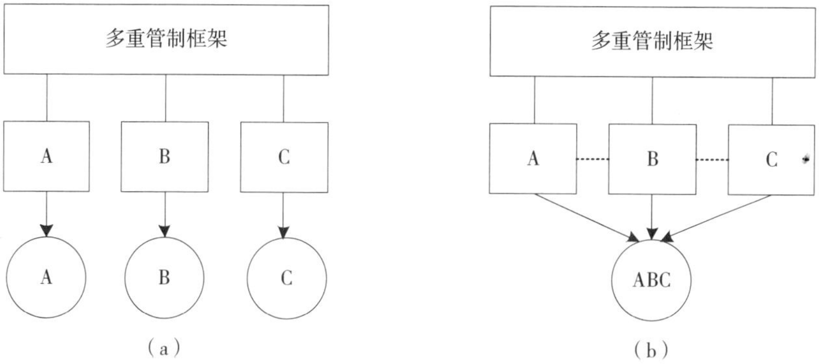

图10-1　产业分立与产业融合背景下的多重管制框架

网络化治理理论是一种政府与社会互动的治理模式,参与主体通过彼此之间的互动行为,相互信任、协商合作、交换资源与信息,构建一套内部正式或非正式的、自我规范的规则。网络化治理理论,强调多个主体之间的良性互动,在平等合作的基础上,实现多方互利互补的合作。目的在于动员分散的资源,形成相互依存、较为稳定的结构,实现互动、协调与沟通。网络组织是由活性节点的网络联结构成的有机组织系统,介于传统组织形式与市场运作模式之间,同时具备传统组织形式的目标明确性与市场组织的灵活机制,强调组织要素的协作与创新,表现为自组织、自学习与动态演化的特征。在网络组织的运行过程中,网络组织协议保证网络组织的正常运转,整个组织通过重组适应外部环境,网络组织成员通过合作创新,实现网络组织目标。

科层治理是建立在企业理论基础上的一种治理形式,是一种正式的组织,且具有较为权威的组织结构,这种治理形式表现出了一定的滞后性,且治理渠道较单一、成本较高,对行为的治理具有被动和消极的特征,是一种较为典型的企业内部的制度安排。网络化治理则是基于中间组织理论[①]形成的一种治理形式,组织形式既可以是正式的也可以是非正式的,依靠关系进行链接,扁平化的网络化治理时效高,且治理渠道多、成本低,治理行为主动积极,组织形式上可根据参与主体的关系进行合理安排(彭正银,2002)[②]。

表 10-1 科层治理与网络化治理的比较

比较对象	科层治理	网络化治理
理论基础	企业理论	中间组织理论
组织形式	正式组织,权威结构	正式与非正式组织,关系链接
治理时效	滞后	及时
组织结构	单一中心	多中心
治理渠道	少	多
治理成本	高	低
治理行为	被动与消极	主动与积极
制度形态	企业内的制度安排	参与者间的关系安排

资料来源:根据相关资料整理。

① 中间性组织是一种制度安排,中间性组织介于市场和科层组织之间,兼有二者的特征。中间性组织出现的目的是使交易(这种交易包括组织间和组织内部的交易)的规制成本降到最低。

② 彭正银:《网络治理理论探析》,《中国软科学》2002 年第 3 期。

第二节　平台经济网络化治理理念的实践路径

瓦尔特(Walter,1997)认为,网络化治理包含三个基本内容:(1)由各类行动者构成的,每个行动者都有自己的目标,且在地位上是平等的;(2)网络之所以存在是因为行动者之间的相互依赖;(3)网络行动者采取合作的策略活动来实现自己的目标。[①] 在网络中每个行动者都是一个节点,有效地打破了层级节制的科层体系,行动者之间相互作用、平等交流。因此,平台经济网络化治理理念的主要内容就是基于共同的价值观和目标体系,围绕平台经济治理体系中的各个节点,重新梳理各个节点间的关系,发挥参与主体的中心地位作用,共同推动平台经济的治理,具体包括以下几点。

一、构建去中心化的治理结构

单一中心意味着政府作为唯一的主体对平台经济进行排他性管理;多中心则意味着在平台经济治理过程中,并非只有政府一个主体,而是存在包括中央政府、平台企业等在内的许多决策中心,在一定的规则约束下,以多种形式共同行使主体性权力。这种主体多元、方式多样的管理体制意味着要去中心,在平台经济治理中系统中有众多主体,每一个主体都是一个节点,每个节点都具有高度自治的特征。节点之间通过有效的渠道可以实现自由连接,形成新的

① Walter Julius Michael Kickert, Erik-Hans Klijn, Johannes Franciscus Maria Koppenjan, Managing Complex Networks: Strategies for the Public Sector, London: Sage Publications Ltd., 1997.

连接单元。任何一个节点都可能成为阶段性的中心,但不具备强制性的中心控制功能。主体与主体之间的影响,会通过网络形成非线性的关系。去中心化,不是不要中心,而是由节点来自由选择中心、自由决定中心。去中心的治理结构要求在公共事务领域中国家和社会、政府和市场、政府和公民共同参与,结成合作、协商和伙伴关系,形成一个上下互动,至少是双向度的、多维度的管理过程。

二、培育政府在网络治理中的服务意识

平台经济治理强调政府的治理理念从监管转变为服务。政府作为一种公共组织的最主要作用就是配套出台各项制度和措施,为平台经济的发展提供保障。平台经济的发展要求政府承担更多的服务职能,不再是基于自身的国家统治需求,而是从公众利益出发,对平台经济参与主体的各项利益进行有效的协调与平衡。对于平台企业而言,平台效应是其收益的重要来源;对于平台经济商家而言,其收入来源主要是提供商品或者服务收取合理报酬;对于平台经济下的消费者而言,购买商品满足个体效用需求是其个人利益的重要体现。对此,政府在平台经济的治理过程中,应当综合运用宏观调控手段,有效平衡平台经济参与主体各方的利益诉求,并以此作为重要的治理目标与内容,逐步弱化市场统治的治理目标。在监管手段方面,面对互联网新产品和新模式,改变查封、罚款、扣押等刚性手段,增加行政指导等柔性手段,建立事前、事中、事后全面协调监管的理念。

三、培育政府分权思维

政府对平台经济的治理离不开各个主体的有效支撑。公民组

织发展与公民积极参与公共事务的治理为分权奠定了基础。对平台经济引进消费者治理，在责任明确、公共责任全社会分担的趋势作用下，消费者参与治理将会成为政府治理的有机补充。一方面，消费者治理将会明显减少平台经济运行过程中的“搭便车”效应，各方围绕平台经济有效运行这个核心，结合自身市场实践经验，提出平台经济治理的重要内容；另一方面，消费者治理将会加强对市场参与主体的监督效用。由于政府通常是基于法律规定开展监管活动，而消费者更多出于社会道义层面对市场参与主体进行监管，可以对政府监管的内容进行有效的补充和深化。在平台经济的网络治理过程中，强调以社会为导向，政府应适度放松对平台经济等的过度管制，为新兴经济产业的充分发展提供足够空间，避免政府“一管就死”的局面；同时，也强调了社会利益主体对于平台经济治理的参与性，避免“不管就乱”的两难境地。

第十一章　从信息孤岛转向大数据治理

技术性问题是平台经济监管的重要难题之一，监管工具的创新须适应技术进步，通过必要的技术措施和技术标准改善平台经济监管方式。政府应鼓励各类专业监测和咨询机构的发展，借助这些机构为政府、平台及交易终端提供技术支持和咨询服务，以应对监管过程中的专业技术难题。与此同时，要加大信息化应用力度，包括但不限于大数据的开发和应用、政企合作构建的风险监测网络、信息共享平台、风险交流机制、信息追溯和查询系统以及强制信息披露等。

第一节　从信息孤岛转向大数据治理的必然性

对于大数据的运用，首先要保证足够的数据量，其次还要保证数据的即时有效性。目前的问题在于数据的割裂导致政府无法有效地开展监管工作，政府各个部门都有自己的数据收集系统，政务信息数据分别存储在不同部门的信息系统中，相互分割，形成一个个类似“孤岛”的数据群，既缺乏有效的沟通渠道又没有信息公开的条件。由于受部门利益、安全性等因素的制约，这些数据无法在不同部门之间实现互联互通、互相分享、整合利用，难以为民众、企业和社会组织等提供完整、高效、便捷的信息服务。

第二节　大数据治理理念的指导思想

大数据治理是基于数字治理理论发展起来的，这一理论被普遍视为网络化治理理论的前期基础，不仅丰富了公共治理内涵，也拓展了治理的手段。该理论的开拓者和代表人物英国学者邓利维认为有两种力量驱动着数字治理的产生：一是私营部门的 IT 实践，为了竞争和赢利而探索降低成本、提高效率的技术；二是政府部门的发展趋势，私营部门和公民社会的行为变化迫使政府管理模式转型升级。随着时间的推移，该理论研究的主题逐渐发生变化，以五年为时间段，本节将国外数字治理理论的研究脉络整理在表 11-1 中。

表 11-1　国外数字治理理论的研究脉络

时间	核心主题	问题
1995—2000 年	网络社会	数字治理理论与整体性治理理论的理论渊源
2001—2005 年	民主与网络；组织制度与信息技术	网络社会的民主问题；组织制度对技术应用与实施的影响
2006—2010 年	以需求为基础的整体主义和数字化变革	数字治理理论与整体性治理理论的区别
2011—2016 年	公民参与	创新公民参与方式

资料来源：根据相关资料整理。

数字治理理论包含三大主题:重新整合(Reintegration)、以需求为基础的整体主义(Needs-based Holism)以及数字化变革(Digitization Changes)。具体而言,重新整合是对政府服务的去碎片化,强调统一的协调治理,目标是节约资源、挤压成本、共享服务和网络简化(Dunleavy,2006)①。重新整合对传统的权力结构冲击较大,是构建扁平化的管理机构以及部门与部门、机构与机构之间的职能整合与业务流程再造。数字化变革是运用新信息技术实现行政事务管理,强调电子服务支付以及基于网络的政府—民众沟通与互动模式,目标是政府服务的去中介化和互联互通(见表11-2)。

表11-2 数字治理理论的核心要素

主题	核心要素
重新整合	机构化和碎片化的重新整合、协调治理、重建或重新巩固中央政府流程、从根本上挤压过程成本、重建具备后勤部门功能的服务提供采购的集中化和专业化、混合经济基础上的共享服务、网络简化
以需求为基础的整体主义	交互式信息查询与供给、基于顾客或功能的机构重组、一站式服务、数据仓库、重塑结果到结果的服务流程再造、灵活的政府过程
数字化变革	电子服务交付、基于网络的效用处理、国家指导的集中信息技术采购、自动化流程新形式、彻底的非中介化、渠道分流和顾客细分、减少受控渠道、促进权利均等主题的行政事务管理、走向开放的管理

资料来源:根据网络资料整理。

第三节 平台经济大数据治理理念的实践路径

大数据的应用是平台经济发展到一定阶段的产物,对数据的

① Dunleavy P., *Digital Era Governance: IT Corporations, The State, And E-Government*, Oxford: Oxford University Press, 2006, pp.227-229, 234, 237.

应用有一个不断积累的过程,其效用也随着数据体量的增长而得到更好的发挥。大数据理念主要包含以下几方面的内容。

一、数据的开放与共享

大数据既是一种技术,也是一种思维,而且这种思维的核心思想是“开放共享”(刘叶婷、唐斯斯,2014)①。“开放”是大数据利用的核心,政府监管的信息数据不仅要在行政部门流通,也要对平台企业、供应商及社会公众开放。政府要逐步改善目前数据碎片、数据割据和数据孤岛的困境,建立相应的大数据系统,设置网络“接口”和信息平台对接平台企业与公众,以一种可理解的、交互的方式将监管数据呈现出来。

开放与共享的特点表现为数据的可获得性、可利用性以及数据的平等获取与利用权力,平等获取与利用数据是保障公民信息权、减少信息鸿沟造成的社会差距的重要前提。大数据开放越来越多地涉及在不同系统、不同层级政府和政府部门之间的实时数据传递。因此,需要建立一个数据共享与互动的操作框架,利用协同分析技术实现数据收集与反馈系统的集成。

二、确保数据的时效性

政府利用大数据对平台经济开展监管的时效理念包括两层意义:一是数据的时效;二是决策的时效。数据的时效是指政府监管所依赖的信息更要注重实时性、动态性,尤其是平台企业的交易变动和消费者的行为轨迹。政府对平台企业的监管,应当实时关注

① 刘叶婷、唐斯斯:《大数据对政府治理的影响及挑战》,《电子政务》2014 年第 6 期。

消费者在交易平台和社交平台上的意见表达，建立更完善的网络诉求表达机制，对反映强烈的平台经济问题及时采取监管措施，及时解决消费者的相关问题，避免舆论恶化。

决策的时效是指当平台经济发生重大风险事件时，政府能够利用大数据分析和预测工具以最快的速度做出科学决策。一方面，大数据能提高政府对平台经济的科学认知。平台经济由于规模体量庞大且内部结构复杂，政府决策中常常因为信息缺失、信息量不足而导致决策定位不准。在这种情况下，动态实时的数据信息可为政府决策者提供并完善他们认知经验所缺乏的信息、知识，很大程度上改善了传统体制下政府对平台经济的模糊认知。另一方面，大数据及其分析促进了政府决策的科学化。大数据应用于政府动态决策过程能让决策主体减少对经验和直觉的依赖，通过大量、及时获取的实时信息，掌握平台经济的发展趋势或进展，对未来作出更准确的预测。

三、合理应对数据的智能化

基于大数据技术，政府对平台经济的监管需要更重视“智能化”。具体而言，在搜集平台经济数据方面，智能化能够挖掘多维多源的数据；在分析平台经济数据方面，智能化能够深度学习和挖掘数据的内在特征；在呈现平台经济数据方面，智能化能够使数据更加可视化、可理解、可操作性；在跟踪平台经济动态时，智能化能够同步整理、分析、反馈信息。树立智能化理念，就是将“机器思维”与“人类思维”相融合，在搜集数据、分析数据、呈现数据、跟踪监控方面都能让机器实现人的监管意愿。

树立智能化理念，一个重要的导向就是“精准治理”。精准治理以全面精准的个性化信息集成为治理基础，以科学严谨的信息挖掘分析为治理前提，以历史最佳的政策知识推理为治理参考，以相宜有效的政策匹配为治理目的（李大宇、章昌平等，2017）[①]。精准治理是政府监管的未来趋势，实现精准治理须树立智能化理念，以智能化工具提供精准定位和精准治理的解决方案。

平台经济政府监管的智能化理念，既是建立在人的智慧基础之上，也是建立在法律法规基础之上。这就是以人的判断为主，以机器判断为辅。若颠倒过来，以机器判断为主，则可能造成监管判断的结果不符合常识或常理。之所以强调合法，是因为智能技术在挖掘平台经济的数据时，可能会被滥用，侵犯到数据安全、商业秘密或个人隐私问题。智能化理念的前提必须是法治思维，把握好尺度，在法律红线的前提下合理地运用大数据技术。

平台经济的发展对政府履行市场监管职能既是机遇又是挑战。一方面，平台经济以及互联网经济的技术创新拓展了信息收集渠道，给政府带来了便利，同时也促使政府转换监管思路，实现从控制型管制到治理的重大转型；另一方面，随着新业态的发展，市场主体呈现多元化，并产生了众多虚拟经济体，监管客体打破了传统的线下实体监管范围，单纯依靠传统的控制市场准入、突击检查等手段，对市场秩序维护的效果不佳。

基于此，本章从价值观协同的角度切入，构建了“核心价值观—治理理念—实现路径”的体系。其一，梳理平台经济治理的

① 李大宇、章昌平、许鹿：《精准治理：中国场景下的政府治理范式转换》，《公共管理学报》2017 年第 14 期。

核心价值观，包括开发、创新、协同等；其二，在统一价值观的基础上，进一步从协同治理、网络化治理、数字化治理三个角度分析了平台经济治理理念的转变方向。总体而言，未来关于平台经济治理理念的转变主要是基于平台经济的特征，逐步构建起体系化的平台经济治理结构，具体的路径包括从单一治理主体到多元主体协同、从层级分割到扁平化、从单向到双向、从控制到治理、从粗放管理到精准治理等。

第十二章　平台经济政府监管的国际经验

相比我国而言，西方主要发达国家在平台经济的政府监管方面起步更早、实践经验更为丰富、成果也更为显著，在实践中已形成了一些成熟的监管模式，对我国具有重要的借鉴意义。本章主要对美国、英国、日本三个国家的平台经济监管进行考察，分析三个国家的共同做法以及成熟经验，总结对我国平台经济的政府监管的启示。

第一节　美国政府对平台经济的监管措施

美国是互联网发展最早的国家，互联网的发展为美国的平台经济发展提供了良好的基础和优势。随着平台经济的快速发展，美国政府构建了由政府、行业组织、平台、消费者为主体的全方位政府监管机构体系，形成了从法律到制度再到技术的完善监管体系。

一、基于过错责任认定的平台企业责任

美国对于平台责任的法律认定遵从过错责任原则，也就是说，在行为人违反法律规定，并对他人造成损害的情况下，需要依据相应的法律，界定行为人的责任。过错责任原则的含义包含两点重要内容：一是行为人具有故意或者过失的情况下，才可能承担责任；二是行为人过错的程度是责任认定的重要依据。依据过错责任原则，平台是否在知道平台上存在侵权物品时故意不采取相应的措施，是判定平台是否要承担连带责任的重要参考因素。"知道"包含两层含义：(1)明知，即平台非常清楚地了解平台上的事实或状况；(2)应知，基于行为人合理的注意即可了解事实，在法律推定过程中，会基于平台应该了解的事实而作出合理判决，而不论平台是否对这些事实知情。

Vimeo 的案例对这一原则做了最好的诠释。Vimeo 是美国一家高清视频播客网站，类似于我国的优酷等视频网站，用户可以将他们自己制作的视频上传至该网站，向公众公开传播。Capitol Records 是一家录音制作公司和音乐发行公司，拥有对音乐表演的录音作品的版权。该案件的起因是 Capitol Records 认为上传至 Vimeo 网站上的 199 部视频中所包含的音乐是自己享有版权的音乐作品，网站上播放这些含有自己音乐作品的内容构成版权侵权，遂向美国纽约南区地区法院提起诉讼。该案件最终以法院全面支持了 Vimeo 的主张，判决其不对用户上传内容承担侵权责任结束。[①] 本案判决中，法院主要有如下观点：(1)用户的侵权行为对视频平台是否显而易见，应当从一般普通人而非专业人员的视角

① 腾讯研究院：《平台经济兴起，从美国最新判例看如何为平台责任减负》，见 http://www.tisi.org/4710。

进行判断;(2)视频平台并没有主动严格监控,而且即使怀疑可能存在侵权,但只要侵权行为不是非常明显,就没有义务采取措施;(3)被告 Vimeo 个别员工观看或者鼓励上传侵权视频并不能导致 Vimeo 失去避风港庇护①。

首先,在这一案例中,依据过错责任原则对"知道"的两层解释。如果 Capitol Records 能够找到足够的证据证明平台应该知道这些行为,且平台之前已经收到投诉或被告知有侵权行为发生,但平台没有采取相应的措施,那么平台就必须承担侵权责任。

其次,平台是否提供增值服务,或者说是否参与到实质性的交易,是各国在进行平台分类或者认定平台责任时重点考虑的因素。就 Vimeo 的案例而言,平台仅仅是提供了上传的功能,Vimeo 并没有以 Capitol Records 的产品来赢利或者为其用户提供增值服务,只是提供中介平台服务,并没有对 Capitol Records 的利益造成损害。依据过错责任原则,美国法院在此案中的判决显然是合理的。在其他一些案例中,有些平台也提供了增值服务,但美国的监管机构依然倾向于认为平台是中立的角色,实践中虽然遵从过错责任原则,但由于具体案例的不同,责任认定存在一些不确定性,没有具体的标准。总体而言,平台只要没有鼓励侵权物品或内容借助于平台销售以获利,或者在发现相关违反规则的物品或内容时及时采取下架或屏蔽等措施,便无须为此承担连带责任。

最后,这个案例也说明了美国在平台责任认定中存在的一些问题。Vimeo 的案例中,美国法院虽然承认了平台的监管措施,以

① "避风港"原则是指在发生著作权侵权案件时,当 ISP(网络服务提供商)只提供空间服务,并不制作网页内容,如果 ISP 被告知侵权,则有删除的义务,否则就被视为侵权。如果侵权内容既不在 ISP 的服务器上存储,又没有被告知哪些内容应该删除,则 ISP 不承担侵权责任。

及为防止侵权行为的发生所采取的措施,但对于平台是否应该负有监管责任、是否有能力对侵权物品形成有效监控功能,法院没有作出深入的分析。结合其他的案例来看,美国对平台的监管是比较宽松的,没有赋予平台太多的监管责任,这也是目前我国在平台监管中存在的问题。政府需要在经济发展、技术创新和平台监管中作出合理的平衡。此外,美国对平台监管的宽松还表现在对产品真假判定方面,只要平台没有向消费者作出明确的保证,当发现假冒产品时,平台就可以免予承担虚假广告的责任。这就导致平台监管中对"避风港原则"的滥用现象,即使出现问题,如果平台能够快速作出回应,也可以逃避法律责任,逃避政府的监管。

二、保障公平竞争的税收政策

公平的税收政策是各国在对平台征税时通用的一个原则,这一原则也是保证线上线下公平竞争的基础,美国也不例外。美国对于互联网的税收政策同样适用于平台经济,由于美国互联网发展时间较长,基于互联网的税收政策也积累了较为丰富的经验,对我国具有较强的借鉴意义。

通过梳理美国互联网税收政策的发展历程,可以看出,美国政府首先是成立专业的机构来负责相关事务,授权该机构负责研究互联网经济,在此基础上确立征税的基本原则和目标。其次是立法,在基本原则和目标的指导下,政府着手制定相关的法律,并在实践中不断修正完善,以适应互联网经济的发展,保证了法律的确定性和灵活性。完善的法律体系为平台经济的发展提供了保障,也为保护消费者合法权益提供了坚实的法律依据。

自互联网在美国诞生以来,美国先后出台了 130 多项与互联网相关的法律,并最早成立电子商务工作组,逐步确立了电子商务税收政策及基本原则等。美国在加强对电子商务税收监管的同时,也兼顾了创新,避免了因为过度的征税而影响创新和经济发展。这为美国在电子商务领域的发展提供了较为宽松的环境,带动了美国经济的发展,最终也有助于政府财政收入的增加。这一点在 1997 年的一项总统令中得到充分体现,该项总统令要求财政部及各州保证不对电子商务征收新税种。

通过对美国互联网税收制度的梳理可以清晰地发现一些基本趋势以及一些基本原则,主要包括:(1)对互联网接入免予征收销售税或使用税,这一点通过《互联网免税法案》得以确立;(2)消除税收歧视,即平台无须负担更多的额外税种,禁止重复征税,主要是通过《无线网络税收公平法案》《互联网免税法案》和数字产品和服务税收公平法案加以确认;(3)公平的竞争环境,保证实体经济和平台间的公平竞争,避免因平台的快速发展对实体造成太大的冲击。总体而言,在加强对平台监管的同时,美国也通过各项法律为平台经济的发展提供保障,尤其是在平台经济发展初期,这种保障措施尤为重要。

三、保护创新性的反垄断监管标准

作为全球最大的经济体,美国的反垄断制度经过了百年的实践和修正,已经形成了以《谢尔曼法》《联邦贸易委员会法》及《克莱顿法》为主体的反垄断法律体系。美国的反垄断法律一个重要特征是既有利于通过资本集中形成规模效益,又为中小企业的创新发展提供了制度保障。

平台经济作为一个相对较新的行业,经过多年的发展后,一些平台的规模已经足够大,甚至已经形成了垄断,既有的法律是否适用于平台经济,这是各国对互联网平台垄断监管的重点。美国政府对于互联网平台垄断行为的管控,基本思路与税收类似,基于已有法律适用于平台经济的同时,坚持保护创新与管控垄断的基本目标。美国反垄断现代化委员会在 2007 年的一份评估报告中就提出,没有必要修改现有的反垄断法来对新型行业适用不同的规定。[①] 这一点在 2010 年出台的《横向合并指南》中得到体现,该指南主要是对互联网平台并购提供指导意见,其核心是降低相关市场边界界定的重要性,重点分析并购是否会影响创新。由此可见,美国的法律体系具有较强的适应性,当然也从侧面体现了美国对创新的重视力度。

在美国的反垄断历史上,微软是互联网平台领域第一家遭到惩罚的企业。20 世纪 90 年代初,微软因通过操作系统捆绑销售其他软件,从而构成市场垄断,最终遭到司法部的起诉,最终以向竞争对手支付 77.5 亿美元的巨额赔偿了结。事实认定书中明确指出微软的行为遏制了创新,损害了消费者利益。[②] 在此之后的 2002 年 11 月 5 日,微软成立反垄断达标委员会,该机构的主要职责是加强内部对反垄断的制度规定、内部监测、应诉管理等工作效能。对微软的反垄断调查实际上一直没有停止过,2004 年,微软在欧盟遭反垄断调查,并被处以 6.13 亿美元罚款。此外,从 2014 年开始,微软同样因捆绑销售、停止支持 XP 系统等原因,遭到中国工商总局的反垄断调查。

---

① 《美国互联网平台企业如何反垄断》,经济参考报,http://finance.china.com.cn/roll/20160810/3851411.shtml,2016 年 8 月 10 日。

② 《美国:反垄断案例影响深远》,新华网,http://news.xinhuanet.com/world/2014-08/13/c_1112056291.htm,2014 年 8 月 13 日。

不考虑其他国家对微软的反垄断调查，就美国的判决而言，可以发现微软最终被美国政府处罚重点在于阻碍了创新，这一点是反垄断法的一个重要原则，也为美国源源不断的技术创新提供了重要保障。该案中法院没有太多地关注相关市场边界、是否滥用市场支配地位等指标，而是基于已有的法律，在执行层面进行了灵活的调整。归纳起来看，美国对互联网监管的思路对我国的启示包括两点：一是兼顾保护创新与竞争；二是要进一步完善反垄断法律体系。

四、充分发挥平台企业、行业组织的监管作用

完整的监管体系离不开平台企业的自律和行业组织的监管，美国在对平台经济的监管中，对于通过行业组织进行监管也很重视。美国的平台与行业组织的监管主要表现在以下几个方面。

首先，平台通过制定严格的规章制度，保护消费者的合法权益。即使法律制度非常完善的美国，由于平台经济的快速发展，法律监管也存在一定的空白区，对这一空白区域，自律就显得尤为重要，这也是美国政府对平台经济发展坚持“少干预，重自律”思路的重要原因。平台自律是整个美国平台监管体系中重要的一环，尤其着重于对平台在决策管理层面的业务风险中的职责、内部控制、风险管理等方面的监管。比如美国著名的现金贷公司 Lending Club，为防止投资者非理性投资和消费，将投资上限设定为投资者净资产的 10%，此外还制订了严格的破产后备计划，以此来保证消费者的利益。这一案例对我国当前互联网金融的发展有很好的启示，在法律监管不到位的情况下，加强平台自律非常重要。

其次，平台与政府协同监管。相比于政府监管，平台在信息、技术等方面更有优势，政府的优势则在于其强制力。因此，两者天

然存在合作的可能性。这一点在美国地方政府对网约车的管理中得到充分体现。比如为规范网约车平台的发展，2013 年加州政府制定了对网约车的监管规范，随后科罗拉多、华盛顿等州也纷纷出台规范，对网约车、司机、平台等都提出了相应的标准和要求，并赋予平台承担日常监管的职责。

最后，推进行业自律组织的发展，发挥行业组织在平台监管中的重要作用。行业组织是介于平台和政府以及消费者之间的一个重要环节，其作用主要体现在三个方面：一是对相关平台进行行为引导；二是通过宣传教育，保护消费者的权益；三是协助政府制定相关政策，形成行业操作规范，辅助政府进行监管。行业自律组织在美国发展较为成熟，比如由 100 多家知名平台组成的隐私在线联盟，就制定了完善的隐私指引，推动了美国互联网平台的隐私保护。行业组织也代表本行业的整体利益，在落实政府监管的同时，也为本行业向政府争取更大的权利，维护本行业的有序发展。

五、完备的大数据监管体系

技术层面的监管是整个监管体系中最重要的环节，通过建立完备的大数据监管体系，可以在较短时间内发现问题。美国在大数据监管方面构建了从宏观战略到微观数据开放等不同视角的完备体系。

首先，政府在宏观层面予以高度重视。2012 年美国成立了大数据高级指导小组，并投入大量资金推动大数据监管工作的整体水平，同步推动数据共享、开放等规范性法律框架的制定。政府在推动大数据发展的同时，也积极利用大数据进行政府监督。

其次，制定法律保障公众隐私不受侵犯。为推动联邦政府和地方政府数据共享，美国政府也相继颁布了一系列的政策法令。大数据的开发利用必然会带来公众隐私遭受侵犯的问题，这是自计算机技术产生以来就存在的问题，美国相继制定了一系列的法律法规来保护个人隐私。在大数据方面，美国通过分散式立法模式，通过《信息自由法》和《隐私法案》限制政府对个人数据的侵犯。并在各个行业管理中嵌入了个人信息保护条款，政府也非常重视行业组织的作用。

最后，数据的开发与共享。美国政府通过 Data.gov 这个平台，对联邦政府和地方政府的大量数据进行了公开。数据按照原始、地理、数据工具三大类进行公开，涵盖了大约 50 个细分门类，同时也嵌入了评定、搜索、互动交流、社交等诸多功能，极大地方便了用户。促进了公众与政府的互动，提高了公民的参与度。

总体而言，美国对平台经济监管的核心还是在鼓励创新的同时维护市场秩序，因此在市场监管方面表现出相对较为宽松的环境。无论是平台责任认定，还是垄断监管，都努力为平台企业创造一种适宜其发展的环境，美国的互联网企业发展较快是否受这一影响，目前还不明确，但相比于其他国家，美国平台经济的经济总量在全球排名第一①，遥遥领先世界其他国家。

第二节　英国政府对平台经济的监管措施

与美国完善的法律相比，英国对平台经济的监管更强调行业

① 国家互联网信息办公室：《数字中国发展报告（2020 年）》，见 http://www.gov.cn/xinwen/2021-07/03/content_5622668.htm。

自律,重点是通过完善行业规范,为行业提供监管的准则;而政府则从立法层面予以配合,从而在行业自律与法律约束方面形成完整的监管制度体系。同时在组织机构设置层面,政府监管机构与行业组织密切配合,形成完整的监管体系。

一、严格的平台企业责任认定

英美法系是以英国普通法为基础发展起来的,英国和美国同属于这一法律体系,在法律形式上,判例法占重要地位,这一点也在一定程度上解释了为什么英美法系往往在法律实践中具有更强的适应性。所以在立法层面上,英国没有专门就平台经济出台法律,已有的包括 2003 年出台的《通信法》、2010 年的《数字经济法》,以及 2012 年的《通信数据法草案》都适用于对平台经济的监管。2002 年,英国在融合了欧盟《电子商务指令》的基础上,出台了英国自己的《电子商务指令》,这些法律从不同的角度,间接规范了平台经济的发展,为政府监管提供法律依据。同美国一样,英国对于平台责任的认定也坚持过错责任原则,但两国略有不同。

平台责任认定一个很重要的标准是平台是否参与了交易,或者说平台是否提供了增值服务。英国在这一点上的认定标准比较严格,比如法院曾在个案中认定,如果平台有偿提供链接服务,那么平台就相当于参与了交易,也就相当于提供了广告服务,更进一步,如果链接中的商品有侵权行为,导致消费者无法分辨商品是否侵权,那么平台必须承担责任(薛军,2016)[①]。这一点与美国具有显著差异。英美两国在平台责任认定上的差异主要源于两国对平

① 薛军:《欧美国家平台商法律责任浅析》,《中国工商报》2016 年 1 月 23 日。

台监控能力的理解不同,美国对平台监控能力的要求相对较为宽松,而英国则认为平台应该具备全面的监控能力,平台应该充分履行监督职责,而且一旦平台从侵权行为中获利,就要承担责任。英国的法律没有太多关于保护创新的要求,其监管的原则相对较为单一,不需要在不同的目标间进行取舍,保护消费者合法权益是其主要的目标。

在强化对平台的法律监管的同时,英国政府也认识到电子商务对经济发展的重要作用,英国对电子商务的保护和推动主要是通过财政、税收等方式进行支持。此外,也在宏观战略层面对平台经济的发展予以有效支持,这充分体现了英国政府对平台经济坚持服务管理的基本思路。

二、不开征新税种的税收政策

公平的税收竞争环境是各国努力追求的目标,英国也不例外,从法律层面看,英国明确规定了对电商平台上的经营者不需要开设新税种,经营者只需要缴纳增值税,税率为 17.5%,与实体经济保持一致,优惠税率为 5%。但在实践中,受制于技术、成本等因素,这一政策并未得到很好的执行。所以在 2013 年,由于实体零售商遭受较大危机,英国零售业协会对平台经营者征税进行审查,以此来平衡实体经济与平台经济的发展。

基于欧盟法律,英国政府在 1998 年便发布了《电子商务——英国税收政策指南》,在 2002 年出台了《电子商务(欧盟指令)条例》,为电子商务的发展提供了法律保障,条例中也明确指出增值税适用于所有的在线零售商,其中规定:凡年销售额超过 5.8 万英镑的,必须到税务部门进行登记,并按规定缴纳税收。这一规定为向电商征税提供了法律依据。除了法律层面的措施外，在税收征缴方面英国政府也注重便捷化管理，英国的海关和税务部门发布平台经济纳税指引，开发手机 APP 程序，简化纳税程序，方便经营者使用。

三、欧盟领导下的严格反垄断判定标准

英国的反垄断有较长的历史，经过反复的实践，已经初步形成了以 1998 年的《竞争法》和 2002 年的《企业法》为基础的完善的法律体系，以及健全的管理机构。在执法层面，执法队伍整体素质较高，政府也赋予执法机构较大的权力，从而提高执法的效率。作为欧盟的成员，英国的反垄断法需要适应欧盟和英国两套法律体系，随着经济社会的发展，两套体系逐渐趋同。此外，反垄断指南虽然在英国并不具有正式的法律效力，但在实际工作中，对反垄断调查却具有重要的指导作用。

在对互联网平台的监管上，英国也与欧盟保持一致，不仅标准严格，而且处罚力度非常大，在过去的案例中无论是对谷歌，还是微软，都是如此。如同在平台责任认定方面，英国并没有把保护创新放在首位一样，在反垄断调查中也同样如此，这突出反映在处罚力度方面。比如从 2010 年开始的对谷歌的反垄断调查，监管部门指控谷歌滥用市场支配地位，导致消费者和竞争对手利益受损，经过近 7 年的调查，最终对谷歌处以 24.2 亿欧元的罚款。同年，以收购过程中误导政府为由，对 Facebook 处以 1.1 亿欧元罚款，处罚力度之大可见一斑。

严格的互联网平台监管是不是会影响创新，或者阻碍超大规模平台的发展有待进一步研究，英国本身没有非常知名的国际性

互联网平台公司，这一点是否与其严格的监管有关，值得深入思考。对平台经济的监管需要兼顾保护创新和维护消费者利益。监管本质上是为了维护市场秩序，使市场更有活力，如果监管过度，很容易阻碍尚处于起步期的新事物，这对我国制定监管的基本原则具有重要的借鉴意义，即要在发展和保护中作出合理的平衡。

四、以行业组织为主的多元化监管模式

英国对平台监管的一个突出特征是以行业自律为主的多元化管理模式，行业协会或行业组织监管在英国监管体系中具有重要作用，政府对平台的管理主要是侧重于服务。在国家立法的配合下，该模式以平台自律为监管准则，经过多年的发展，形成了以互联网监察基金会为核心的自律监管体制。该基金会成立于1996年，主要由互联网服务提供协会、伦敦互联网交换局和安全网络基金会共同组成，通过黑名单和举报热线两种形式加强对互联网平台的监管。在实践层面，行业组织是直接的监管主体，政府则从宏观上进行有效的协调和补充，两者形成了良性互动和协同监管，有效地避免了重复监管和监管空白区域的出现。

为推动英国电子商务的发展，英国成立了全球首个电子商务协会，该协会在推动英国电子商务规范化发展和监管中起到了重要作用，如今该平台已有1300多家会员。在对行业内的平台监管的同时，协会也为会员提供全方面的服务，依靠其自身优势，研究全球主要国家的电商发展情况，并提供给会员，协助会员制定发展战略。2015年，由英国政府牵头，在共享平台领域组织成立了Sharing Economy UK（SEUK），全面推动行业的健康发展。

从自律监管到公共监管，英国对互联网金融平台的监管就是

典型的案例。2011年英国成立了P2P协会,并出台了相关的行业操作指引等规范性文件,以此规范行业的发展。2013年,英国政府开始了对互联网金融监管政策的研究,并于2014年出台了《关于网络众筹和通过其他方式发行不易变现证券的监管规则》,其核心是保护消费者的利益。对平台则出台了包括准入条件、资本金等一系列的标准,尤其是信息披露被作为核心规则。这些措施从宏观层面为互联网金融监管提供了框架。

总体而言,英国的监管模式整体上主要有两大特点:一是行业规范为主的监管体系,国家立法予以有效配合;二是立法不断修正和完善,以适应互联网的快速发展,体现了国家立法的灵活与高效,保证了监管有法可依。

五、高效的大数据利用

数据是互联网平台的能源,高效地利用大数据对于企业战略制定具有重要意义。英国政府在大数据管理和应用领域起步早、规格高、投入大,在推动数据开放与共享、大数据技术研发等领域制定了一系列政策,并取得了较为成熟的经验。

首先,数据开放。为互联网平台高效利用数据提供了便利。2009年政府就启动了“让数据公开”的计划,2012年英国成立了开放数据协会,旨在推动数据的开放与共享。同时,英国政府通过data.gov.uk向全社会开放了政府管理的相关信息和数据,该平台涵盖了全国各地近2500家政府机构的数据。此外,还建立了完整的评价体系,对政府各部门的数据开放情况进行审计。通过大数据的应用,增强了政府与公众的互动,塑造了良好的政府形象。除政府数据外,还投入资金,鼓励社会机构、科研机构公开其数据,以提高数据的利用效率。比如,英国的连锁超市特易购,通过对政府公开的数据以及顾客的消费数据等进行分析,推测顾客的潜在需求等内容,调整其销售策略和定价模型,最终为公司带来新的利润增长空间。①

其次,资金支持。无论是在战略层面还是实践层面,英国政府都予以资金支持。2013 年,投入 6 亿英镑推动大数据技术的研发,提高数据的搜集和处理能力。为鼓励社会数据的开放,政府投入 800 万英镑作为鼓励资金,奖励给那些主动开放数据的机构。2014 年,政府再次投入 7300 万英镑推动大数据技术的开发。

最后,完善的机构设置。除了行业协会外,英国在政府层面设立了信息经济委员会来推动英国大数据的发展,为推动相关技术的研发,政府还牵头组织成立了数据开放研究所,推动数据的存储和应用。

大数据技术通过与传统行业的融合,不仅提高了经济效率,而且也推动了行业的革新。政府通过大数据技术,进一步提高了对互联网平台的监管能力,技术的快速进步,又间接增加了政府财政收入。尽管大数据技术的应用时间还不长,但未来在平台监管方面将发挥重要作用。

总体而言,英国对平台经济的监管最为严格,突出反映在平台责任认定方面,一旦平台提供了增值服务,或者是参与到交易中,平台就需要承担相应的法律责任。在垄断监管方面,遵循欧盟的法律体系,监管非常严格。英国还形成了以行业自律为主的监管体系,行业组织在协助政府进行平台监管方面发挥了重要作用,有

---

① 《英美是如何利用大数据管理社会的?》,界面,见 http://www.jiemian.com/article/988551.html,2016 年 11 月 30 日。

效地减轻了政府的压力。此外,通过政府数据公开与共享,有效地提高了数据的利用效率,通过资金投入,推动了大数据的快速发展。

第三节　日本政府对平台经济的监管措施

日本的平台经济起步稍晚,但其发展速度非常快,规模上仅次于中国和美国。尤其在零售和服务业,增长速度较快。经过多年的实践,日本已经形成从法律、机构设置等方面都非常完善的监管体系。

一、营造良好的法律环境

日本政府对法律建设非常重视,自互联网平台在日本诞生以来,已逐渐形成一整套规范、完善的法律体系,不仅为平台经济的发展营造了良好的法律环境,也规范了行业发展,保护了消费者利益。日本的电商法律体系包括纲领性的立法、细节性立法以及法令,且国际化程度较高,与国际接轨比较密切。《高度信息通讯网络社会形成基本法》是规范平台经济发展的纲领性法令,在此基础上,日本政府专门针对公平交易、安全等出台了一系列细节性法律,从而形成一整套完整的法律体系。此外,原有的一些法律也适用于平台经济,比如 2001 年颁布实施的《消费者合同法案》,该法案旨在解决平台交易中的纠纷,为保护消费者的合法权益提供了依据。之后,日本政府也不断修正完善法律体系,以更好地适应平台经济的发展。

关于平台责任的认定，日本政府对虚假广告采取严厉的制裁措施，同时注重保护消费者个人信息，各级政府相继出台了一系列法律法规和地方性条例，为消费者信息保护提供依据。日本政府对于平台责任的认定考虑了经济发展的需要，认为平台不应该承担过重的责任，否则会阻碍互联网平台的发展，对经济也会产生消极影响。为进一步减轻平台责任风险，政府鼓励平台采取自愿规则来避免责任，任何与平台经济相关法律的制定都要参考纲领性文件，并作为整体来考虑。此外，政府也鼓励平台通过技术手段加强监管。

对于电商平台的监管，惩罚力度也较大。根据有关法律的规定，平台经营者的交易记录至少要保存一年，以供有关部门调查。如果发生不法行为，惩罚措施主要包括三种：一是对平台上的经营者进行处罚，方式包括警告、取消经营资格等；二是对平台进行处罚，包括警告、罚款，甚至是关闭平台；三是如果涉嫌刑事犯罪，则交由警方处理。① 此外，日本政府还对电商平台建立了严格的准入制度和第三方认证制度，商户在平台开展经营活动前，必须去管理部门进行工商登记，还要对商户的信用等级进行评估。

总体而言，日本的法律体系为平台经济的发展提供了较为宽松的环境，既注重消费者利益的保护，又注重平台经济发展的保护。

二、相对宽松而不失公平的税收环境

日本对平台的征税理念同样体现了对经济发展的重视，早在

① 《日本出台七项电商监管政策　严格准入标准》，《经济参考报》2014 年 12 月 16 日。

1997年政府就将电子商务纳入国家战略层面，最初政府建议免征平台的关税，而且不针对平台开设新的税种。[①] 1998年，日本政府为电商征税确立了基本原则，强调了公平、税收简化等理念。之后出台的《特定商取引法》对平台征税做了规范，其中规定年收益高于100万日元的平台交易者必须交税。此外，从2015年起，对于海外购买服务等也开始征收消费税。

在税收监管方面，1998年出台的《电子账簿保存法》规定企业必须保存交易的电子记录。2000年成立了地方性的电子商务税收稽查工作组，主要负责收集有关互联网交易的信息和数据，并对涉及交易的经营者开展现场调查。2017年，日本政府修改相关法案，拟扩大外资企业征税范围，根据修改后的法案，未来拟向外资电商征税。[②]

整体而言，日本对平台企业的税收政策保持了中性的态度，既考虑了经济发展的需要，也兼顾了营造线上线下公平竞争的环境，总体上要比英国宽松，比美国严格。此外，在税收政策的制定和调整方面，也加强了与其他国家间的协调，努力避免平台企业通过电子商务避税的行为。

三、专门出台的数据行业反垄断法

日本的反垄断法体现了对竞争和产业发展的对立和统一，追求两者间的协调是日本政府的主要目标，无论采取何种措施，最终都是为了发展经济，这一点与欧洲国家有一定的区别。1947年日

---

① 这里有一点需要注意，各国在平台经济发展初期，由于没有客观评估和预测平台经济的发展潜力，政策相对宽松；只有当平台规模达到一定程度之后，才会采取更为严格的措施。

② 《日本拟向外资电商征税，美国企业除外》，环球网，见 http://finance.huanqiu.com/gjcx/2017-11/11359571.html，2017年11月6日。

本制定的反垄断法——《关于禁止私人垄断和确保公正交易的法律》是日本反垄断的基础。

日本政府对互联网平台的监管方面相对较为严格，在对谷歌和苹果的反垄断调查中就得以体现。日本经济产业省指控两家公司利用自身优势，在移动应用分发市场设置种种不公平条款，包括苹果提成的"苹果税"。[①] 根据日本反垄断法的规定，类似"苹果税"这样的行为属于利用市场垄断地位，目前该调查尚未结束，但由此也可以看到日本政府对本国相关产业的保护。

日本的反垄断调查主要由日本公平贸易委员会和日本经济产业省负责相关事务。对于平台经济的反垄断，也主要依据已有的法律开展调查，2017 年发布的《数据与竞争政策研究报告书》明确了既有的《独占禁止法》的基本原则等都适用于互联网平台。[②] 对于执法层面的问题，采取具体问题具体分析，这为平台领域的反垄断提供了主要的标准和规范依据。

四、行业自律为主导的监管模式

自律管理是日本商业环境重要的保障，这与日本商业信用环境密不可分，通常日本的商家具有良好的诚信和自律约束，整体上形成了一种有利于商业发展的环境，在日常交易中，纠纷案件得以有效减少。良好的环境也为政府减轻了负担，因此日本政府对平台交易干预较少，除了在立法等宏观层面加以引导和规范外，一般只有在发生比较重大的事件时，政府才会干预。

---

① 《日本对谷歌苹果启动应用市场反垄断调查，炮轰"苹果税"》，阿里云，见 https://yq.aliyun.com/articles/141604，2017 年 7 月 3 日。

② 《日本：〈数据与竞争政策研究报告书〉详情解读》，数邦客，见 http://www.databanker.cn/point/173804.html，2017 年 10 月 11 日。

自律为主的监管体系得以建立并有效发展，其基础是日本发达的征信行业。日本建立了完善的个人和企业征信体系，此外严格的监管体系也为征信行业的发展提供了保障。在个人征信方面，自20世纪80年代开始，就逐渐建立起由全国银行个人信用信息中心、株式会社日本信用信息中心和株式会社信用信息中心组成的个人征信系统，三家机构不仅单独搜集用户信息，而且在系统内开展信用信息共享和交换，从而形成有效的风险控制体系。在企业方面，成立于1900年的日本帝国数据银行是最早也是全国最大的企业征信机构，该机构的主要业务包括电子商务认证、信用风险预测、企业征信等，经过100多年的发展，该机构已经建立起覆盖日本大部分企业的征信网络。[①] 为了推动征信行业的有序发展，政府在监管方面也做了大量工作，除制定法律外，政府也在不同的时期监管力度不同。近年来随着大数据的发展，政府也开始重视对个人信息的保护。

行业协会是日本平台经济监管的重要主体，政府的很多职能都是通过行业协会进行自律管理来实现的。日本行业协会的作用主要表现在以下两个方面：一是制定行业的运营规则，规范行业发展；二是协助政府履行监管职责，对本行业的企业进行有效的监督和管理。行业协会在日本经济发展中举足轻重，对于规范行业发展、建立良好的商业环境起到了重要的作用。

五、逐渐加快的大数据体系构建

同其他国家一样，日本政府对大数据产业也高度重视，不仅将

① 《日本征信发展模式和监管一览》，零壹财经，见 http://www.weiyangx.com/207724.html，2016年9月21日。

大数据纳入国家发展战略层面，而且大力推动企业层面重视对大数据的应用。日本政府在大数据产业的基础设施建设和技术开发方面投入大量的资金，以此来加强日本工业的创新和制造力。政府的重视和投入促进了日本大数据产业的发展，不仅有效改善了企业的产品生产经营效率，而且创造出更多的商业机会，有助于企业缩减经营成本。

在数据共享和开放方面，日本政府也起到了积极作用。一方面，政府带头使用大数据，并推出电子政府，实施数字化管理。另一方面，通过 data.go.jp 网站，将政府部门的数据向全社会公开，鼓励全社会开放数据的使用，并在实践中不断优化数据。除政府外，企业也在逐步推出大数据战略，通过对数据的深度开发，推动企业创新，为用户提供更好的体验和服务。

大数据的发展对于政府监管会带来新的机遇和挑战，一方面大数据可以为政府提供更为便捷和及时的监管手段，但另一方面也为政府保护公众隐私带来新的挑战。比如，日本电通利用 GPS 系统收集个人位置信息，并开发出位置信息服务，从而实现人流动的可视化。① 该项服务从本质上来看，对于方便政府管理具有重要意义，但由此带来的信息保护问题，以及是否侵犯个人隐私，都需要作出进一步的规范。

日本依靠完善的信用环境形成以行业组织自律为主、政府监管配合的监管体系。日本的法律体系较为完善，平台上的经营者本身也都在政府管理部门做了登记，加之完善的商业环境，平台的责任认定虽然严格，但出现的问题较少。日本政府也没有针对平

① 《日本：利用大数据创建最尖端 IT 国家》，数据智慧，见 http://www.datakm.com/trade-news/117.html，2014 年 2 月 12 日。

台经济出台新的税种,整体上依托自律、诚信的商业环境,可以有效减轻政府的工作量,为平台发展创造宽松有序的环境。

第四节　对我国的借鉴与启示

以上三个国家在对本国平台经济监管的实践中,形成了一些可借鉴的经验。结合我国平台经济发展情况,主要有以下几个特别值得重视和借鉴的方面。

一、多元主体协同治理是平台经济监管的核心

行业组织在平台监管中起到了承上启下的作用,作为沟通政府和平台企业的桥梁,行业组织在各国的监管中起到了重要作用。我国虽然有大量的行业协会,在互联网领域也有很多,但其工作力度相对比较薄弱,没有充分发挥其应有的职责,这也与政府授权不够有一定的关系。政府应充分鼓励行业组织的发展,逐步构建起以政府、行业组织、平台企业为主体的多元化监管体系。从各国的经验看,行业组织、平台、消费者等主体的广泛参与,有助于为平台经济的发展创造有序的市场环境,有利于规范行业发展。因此,政府在对平台的监管中,应加强与其他主体的有效合作,建立合作共管的机制。

二、大数据是平台经济监管的重要工具

高素质的监管队伍、先进的监管技术,是各国对平台经济进行监管的保证。数据是互联网平台的能源,我国庞大的消费群体,为

互联网平台的发展提供了坚实的基础，也为政府监管提供了有效的工具。各国近年来无论是在政策层面，还是资金层面，都不断加大对大数据的投入力度。未来政府还应逐步提高监管队伍的执法素质，充分利用大数据技术强化监管。同时，政府要逐步建立数据开放政策体系，提高数据的利用效率。

三、充分考虑创新和市场秩序的平衡

严格的监管有利于保护消费者利益，维护市场秩序，但过度的监管则容易阻碍平台创新和经济发展。平台经济发展初期，适度宽松的监管环境，有利于平台的快速发展，也有利于创新。随着平台经济规模的逐步增大，政府的监管力度也应随之调整，针对平台发展中出现的问题，有针对性地修正监管理念和措施，尤其是当平台经济处于成熟期时，政府则应加强对消费者利益的保护。

四、完善法律体系以适应平台经济的发展

法律一方面应对平台经济的发展形成约束，另一方面也应为平台经济提供保障。纵观各国的经验，几乎没有针对平台经济监管出台专门的法律，无论是反垄断，还是征税，都是采用既有的法律进行管理。对于我国而言，依托庞大的消费群体，平台经济在我国发展非常快，在实践中也出现了一些新的问题，既有的法律不能完全适应平台经济的发展，而且既有的法律体系也存在监管的空白区。因此，基于我国法律的不完善以及适应性较差的问题，有必要针对我国平台经济的监管出台专门的法律。[1]

---

① 关于征税，我国既有的增值税、个人所得税等税种完全适合于平台经济，并不存在现有的税法是否适用的问题，现在的问题是征税的难度比较大，因而无须开设新的税种。

五、合理设置管理机构

目前我国涉及平台管理机构很多,除了司法部门外,工业和信息化部、国家税务总局、国家质量监督检验检疫总局等政府部门也都参与到了平台监督管理中,但各部门之间缺乏有效的协调,极易造成监管空白或重叠监管。在这一点上,国外的经验通常是设置专业的部门,统一负责相关的事务。基于我国的现状,应逐步建立起涵盖各主要部门的协调工作机制,组建联合工作小组,统筹管理平台监管的相关事务。

第 四 编

平台经济监管的体制机制创新

第十三章　平台经济监管体制创新

第一节　创新平台经济监管的相关法律和规则体系

广义的平台规则包括法律、法规、政策、行业规范和准则，是平台经济监管的所有约束总和。狭义的平台规则涉及范围比较小，主要指的是平台规则，即在现有法律法规下，平台企业对用户特别的约束条款。本章中采用的是狭义的平台规则的定义。

对平台经济监管的法律和规则体系创新应当坚持协同治理的理念，这主要包含三个层面的含义：一是法律层面的标准化协同。对平台企业的法律责任认定一直没有确定的标准，但平台企业法律责任认定又是其他法律、规则应用的基础，所以完善平台企业法律责任认定机制是亟须解决的问题。二是调整现有法律。实现既有法律与平台规则乃至平台经济运行状况的有效协同。三是多元主体在法律和规则体系方面的协同。在法律和规则体系的框架下，政府、平台企业、商家、消费者有明确的权责划分，并能将各自的行动协同起来。

平台经济开启了一种新的经济模式和生活方式，也造成了一些矛盾。面对新兴事物带来的法理挑战，如何归责，如何保护消费者权益并规范其发展成为监管的核心问题。一般认为，平台经济发展中主要存在三个主体和三对法律关系，三个主体依次指的是行为主体、平台企业和追责主体，三对法律关系指的是民事责任、行政责任和刑事责任。现有法律如《中华人民共和国侵权责任法》对平台企业民事责任认定存在许多不完善的地方，需要从相关规定的构成要件入手对其进行明确表述，并适当扩大司法解释；平台企业行政责任认定边界、平台企业与行政机关的责任分配亟待明确；平台企业刑事责任认定法律需要完善，需对平台企业进行类型化划分以明确不同平台在犯罪行为中应承担的刑事责任。

一、科学合理性和可行性相统一

科学合理可行，是构建任何一项制度的基础。在平台企业法律责任认定时也应秉承这一原则，既要考虑其是否科学、是否合理，还要考虑其运用到平台经济发展的实践中是否具有可操作性和可行性，责任有限认定机制较为贴合我国平台经济实践，是当下平台经济法律责任认定的最佳选择之一。所谓责任有限指的是平台企业或政府或其他参与主体都不可能为发生在平台上的违法或犯罪活动兜底，只承担他们能承担的那部分责任。而只有设计出各方都能有效承担责任的平台企业责任认定机制，才能确保其可行。这就需要结合我国平台经济发展现状和平台企业法律责任以往的认定经验及教训，积极吸收借鉴国外先进经验，探索制定出适合我国平台经济发展、能实现社会各方福利最大化的平台企业责任认定制度。

二、权利和责任相匹配

当前，我国对网络平台法律责任的认定存在或过于苛求或过于纵容的两极现象，权责不一致的法制环境不利于消费者权益的保护。要改变这种现象，有效途径就是重新确立平台企业法律责任的认定原则，确保平台企业权利和应负责任的对等性、一致性（张喜红，2016）[①]。换言之，以平台企业现有能力和权利可以甄别的违法内容属于其应付的监管责任范畴，如果平台企业没有做到，就要承担相应的责任。反之，如果平台企业没有能力和权利去甄别这些违法内容，或者违法犯罪内容超出了平台企业所具有的技术能力，却硬要平台企业负担超出其能力范围的监管责任，就是权责失衡，会让平台企业负重运营。因此，在构建平台企业法律责任认定机制时，要充分考虑“度”的问题，做到不过于苛求，也不放任纵容。

三、不同主体责任分担

对平台企业责任的合理分配将是未来平台治理的核心，所以有必要加快我国平台责任分担机制的构建（王竹，2010）[②]。所谓责任分担，本质是多方主体共担责任，即让平台企业、平台交易的双方、政府和社会团体都参与到责任分担中，承担相关责任。对此我国已有了一些经验探索，如目前网约车平台从自身利益和消费

---

① 张喜红：《权责一致：责任政治建设的基本前提》，《思想战线》2016年第6期。

② 王竹：《〈侵权责任法〉侵权责任分担立法体例与规则评析》，《法学杂志》2010年第3期。

者利益出发,设计了一套责任分担机制。但其分配机制存在很大的问题,社会效益低下,尚待进一步完善。在我国平台经济发展的现阶段和未来的很长一段时间内,责任共担都有显著的意义。至于每个主体应承担多少责任,则可以以各个主体从平台经济中的获益多少和担责能力等作为参考和依据。可引入汉德公式对各个主体责任进行划分。汉德公式诞生于美国船舶案件审理中,是由该案的主审法官提出的。他认为判断行为主体的过失应考虑三个变量问题,分别为可能性、损害和负担。他的这一公式后来被广泛应用到侵权案件的审理中,此方法有效地将侵权案件中的原被告一体化,对他们进行"统一结算"。当平台上发生不法活动时,处于这一整体中的任意一方都应该承担相应的责任,而他们承担责任的大小与他们避免事故的难易程度相关。避免事故发生越容易、为避免事故付出的成本越低的一方,要承担的责任越大;避免事故发生越难、为避免事故要付出的成本越高的一方,要承担的责任越小。

四、不同平台企业责任类型化

互联网技术和实体经济的融合发展催生了多类型的网络平台。在认定平台企业法律责任时如果仍采用"一刀切"式的监管办法不但不合理,且不利于有效解决平台经济运行中的现实矛盾和纠纷。因此,需对当前网络平台企业类型进行划分,根据网络平台性质"排队分类",然后制定针对不同类型平台企业的差异化法律责任认定制度和具体规制机制,确保追责时有规可循。确保平台企业责任认定制度的可操作性,明确具体平台企业在经营过程中的义务规范。

五、创新友好

从民事、行政和刑事领域对平台企业进行追责，是我国平台治理一个基本框架，但是在具体实践中也暴露出一些问题，如追责过程中有加重平台责任的趋势，不利于平台经济发展。因此，有必要在权衡平台企业法律责任的基础上构建一种创新友好型的认定机制。

一方面，政府要在平台企业责任认定中主动、有效作为。尤其是行政监管部门不能把责任甩给平台企业不管，要兼顾平台企业实际情况，充分利用政府的经济、技术优势对平台企业风险进行防范。为此，可加大监管方面的投入力度，建立针对网络平台的信息举报中心，及时为平台企业监管提供指导。其本质是通过政府的监管来分担平台企业的监管压力，给平台经济释压。

另一方面，行政责任认定及监管要有包容性。当前，我国对平台法律责任的认定缺乏具体规定。面对这种现状，行政监管机关要以包容审慎的态度执法，尽可能减少那些剧烈的、会给平台经济发展带来较大打击的行政干预手段，尽可能避免以部门法规或规范性文件为依据增加平台企业应负义务。而要把监管重点放在平台风险预警和信息服务等方面，为平台经济发展营造良好环境。

第二节　完善平台企业法律责任构成及相关认定机制

梳理我国关于互联网平台企业法律法规的研究成果可以发现，对平台企业法律责任的讨论主要集中在民事、行政、刑事三个领域。因此,在构建平台企业法律责任认定机制时也应从这三个方面着手。

一、完善平台企业的民事责任及认定机制

(一)当前对平台企业民事责任的认定规定

平台经济的活跃及发展为民众的线上生活提供了极大便利,但与此同时,网络平台也成为侵权重灾区,每天都在频繁地发生各种侵权现象。减少和杜绝侵权乱象最有效的办法就是加大平台治理力度。其中,法律手段是重中之重。当前,我国对平台企业民事责任的认定,主要以《中华人民共和国侵权责任法》《中华人民共和国消费者权益保护法》中的法律条文为依据,尤其偏重前者。

首先,《中华人民共和国消费者权益保护法》对平台企业民事责任的认定。《中华人民共和国消费者权益保护法》中平台企业民事责任主要分为侵权责任、违约责任两种(王舒,2016)[①]。第一,对平台企业侵权责任的认定。认定依据为管理注意义务是否履行、主观方面是否有过错、有无造成损害的因果关系。根据《中华人民共和国消费者权益保护法》第四十四条的相关规定,网络交易平台对在平台中发生的侵权行为负有管理注意义务。当发现侵权行为后要在合理时间利用平台的管理权限阻止侵权行为。如果平台企业没有有效履行管理注意义务,如在侵权发生后仍然向经营者提供相应的信息服务,使侵权伤害继续,便违反了管理注意义务,应承担侵权责任。《中华人民共和国消费者

① 王舒:《网络交易平台提供者的民事责任认定——对新〈消保法〉第 44 条的分析》,《吉林广播电视大学学报》2016 年第 8 期。

权益保护法》还规定，网络平台企业对侵权行为如果是主观上应知或明知，那么就可以认定主观方面有过错，需承担侵权责任。在明知或应知情况下平台企业没有采取措施避免损害扩大，属于主观存在过失，与经营者一起对权利人构成了共同侵权，需承担连带责任。第二，《中华人民共和国消费者权益保护法》第四十四条对平台企业违约责任进行划分，将其分为法定违约责任和约定违约责任。前者指的是平台企业在侵害行为发生后，有协助权利人提供侵权人有效身份证号、联系方式，帮助权利人行使索赔权的义务。若平台企业没有履行义务，则按照过错责任原则要求其承担一定的违约赔偿。而约定的违约责任则以平台与权利人之间的约定义务或服务合同为依据，权利人可以据此向平台企业提出违约赔偿要求。

其次，《中华人民共和国侵权责任法》对平台企业民事责任的认定。该法对平台企业民事责任的认定主要依据第三十六条中第二款、第三款的规定（许媛媛，2017）[①]。第一，第二款关于"通知"的规定。在被侵权人向平台企业发出正式合格有效的侵权通知后（正式合格有效指通知形式规范、内容有效能证明侵权事实、有被侵权人的签字或盖章），平台企业若没有及时采取删除、屏蔽或断开链接等方式防止损害扩大，就视为平台企业有过错，构成侵权。第二，第三款关于"知道"的规定。该规定指出平台企业若在"知道"（包括"明知"和"应知"）有侵权行为发生却没有及时出手阻断侵权行为，就要与侵权用户一起承担连带责任。

① 许媛媛：《电商平台侵权案件中通知删除规则的研究》，贵州民族大学 2017 年硕士学位论文。

（二）完善平台企业民事责任认定机制

平台企业民事责任认定的关键在于看平台和用户之间是否共同侵权。而认定共同侵权的关键则主要看平台企业对用户侵权行为是否“明知”和“应知”，是否在“通知删除”后采取了必要的措施。针对上文中提到的民事领域对平台企业责任认定的标准，可作以下完善。

1. 对《中华人民共和国侵权责任法》中“通知”和“知道”要件进行明确表述

第一，对“通知”要件进行完善明确。权利人发出的合格有效通知包括以下内容：权利人的个人信息，包括姓名、联系方式、住址三大内容；权利人提供要求删除、断开链接或屏蔽信息的具体名称、网络地址；权利人拥有专利权的有效证明，如专利证书或其他证明专利属于自己所有的证明；权利人提供能够证明被侵权的材料，包括专利认证部门给出的认定侵权的证明或其他材料；权利人提出明确要求，如平台企业提供侵权内容，并对侵权内容进行屏蔽或删除等。对“通知”要件的完善，能够为权利人主张权利提供保护，若“通知”合格，平台企业没有履行相应删除义务，就应当被追究连带侵权责任。

第二，对“知道”要件进行完善明确。直接将“知道”改为“明知”和“应知”，并对其意思进行解释，“明知”即明确知道、已知的意思，“应知”是理应知道，违反“应知”属于过失，违反“明知”就是故意。同时，对两者的判断标准进行明确，为实际司法运用提供依据。如对“明知”可以采用平台企业自己承认和平台企业收到被侵权人发出的通知两种方式判断，对“应知”则可采用“善良管理人”标准和“红旗标准[①]”（张春光，2015）[②]。将应当知道和推定知道结合，能够形成准确判断平台提供者侵权行为的“双保险”。

2. 对《中华人民共和国侵权责任法》中的“连带责任”和“必要措施”进行完善

连带责任有笼统之嫌，可完善其责任形态：如果平台企业直接违反删除义务，那么需负直接侵权责任；如果知道用户有侵权行为却没有采取必要措施，与用户一起负连带责任；如平台企业接到被侵权人通知后没有及时采取措施，造成损害扩大，那么就需与用户一起就损害扩大部分承担各自责任。对连带责任形态的完善，可以在一定程度上减轻平台企业责任，避免司法适用困境。此外，对《中华人民共和国侵权责任法》中的“必要措施”在司法实践中进行扩大解释。在一些涉及专利侵权的案件中，如果对必要措施也作“删除”理解解释显然不合理，而应该对其进行扩大解释，如增加“转通知”“披露”措施。这种司法层面上的扩大，目的是兼顾不同类型平台企业提供者的特点，对其应承担的义务进行区分（巩姗姗，2014）[③]。

3. 正确适用“避风港原则[④]”和“红旗原则”

可以对“避风港原则”和“红旗原则”进行规则的细化，确保规

① 红旗原则是指如果侵犯信息网络传播权的事实是显而易见的，就像是红旗一样飘扬，网络服务商就不能装作看不见，或以不知道侵权的理由来推脱责任。

② 张春光：《B2C 商业模式下第三方平台民事责任问题探讨》，《金融服务法评论》2015 年第 5 期。

③ 巩姗姗：《Viacom International Inc.v.YouTube，Inc.案最新判决评析——以网络服务商过错判断标准为视角》，《知识产权》2014 年第 1 期。

④ 避风港原则是指网络服务商对网民上传至网络的信息没有事先审查的义务，原则上网站不为网民的版权侵权行为负责，但是版权人向服务商提示网络中存在版权侵权行为后，服务商应采取必要措施保护权利人合法权益；如果网络服务商接到版权人提示后怠于采取必要措施，那么就需要承担相应责任。

则的具体化。这两大原则之所以被滥用,就是因为具体细则不明,使法院在具体案件审理时自由裁量度权过大。如对“红旗原则”的适用情形进行补充说明:平台企业对流行度或热播度高的作品或内容的权属负有注意义务,如果没有获得相应授权,则禁止播放或传播复制。倘若公众最终通过平台企业获得了未经授权的作品内容,那么就适用“红旗原则”,认定平台企业侵权;平台企业对平台上的存储内容也负有高度注意义务,如果存储内容侵权,认定平台企业也要负侵权责任;平台企业对平台上多次反复上传的侵权链接也负有高度重视义务,如果没有采取技术措施阻止用户反复上传行为,则认定其承担侵权责任;平台企业从用户提供的作品中可获得直接经济利益的情况下,平台企业具有高度注意义务,如没有注意导致侵权信息传播,可认定其承担侵权责任;平台企业在接到用户提交的合格通知后,没有在合理期限内采取删除、屏蔽或反通知等必要措施的,认定其承担侵权责任。同时,对“避风港原则”中的“通知”内容和“及时”进行明确完善,上文已提到,很多权利人因为不了解有效通知格式,导致在司法审判环节出现平台企业以未接到有效通知推卸应承担责任的情况。所以应结合具体情况明确通知内容、简化通知程序,并对采取必要措施的时间进行明确限制,这一点可以参考韩国在网络版权上的 24 小时删除限制。对两大原则的细化和规则的明确,能够提高其在民事领域的适用性,更好地服务司法实践(王昕怡,2015)①。

4. 明确平台企业应承担的侵权责任分摊比例和赔偿标准

当前,无论是《中华人民共和国消费者权益保护法》还是《中

① 王昕怡:《正确适用“避风港原则”与“红旗原则”之我见》,《新闻世界》2015 年第 7 期。

华人民共和国侵权责任法》对平台企业侵权后责任分摊比例、赔偿标准均没有明确规定，应参考我国现有的法律法规对平台企业的侵权责任进行明确。

二、完善平台企业的行政责任及认定机制

（一）当前对平台企业的行政责任认定

行政责任的权利主体是行政机关，它的行政监管对网络平台规制起着重要作用。但相较于其他形式的监管，行政监管最为复杂。随着近些年互联网的快速发展，我国密集出台了很多行政规章和法律法规，形成了阵容庞大、涉及部门众多的行政监管体系（张文友、黄美容等，2017）①。经过不断调整发展，我国目前对互联网平台的监管模式已经逐渐清晰，形成行政机关监管网络平台、网络平台监管用户的两级式监管形态。换言之，即行政机关将自己的权力让渡给了网络平台，行政机关通过网络平台对用户监管继而达到监管目的。这是一种以网管网式的监管模式，这种模式下平台企业承担的责任和义务较重。

我国颁布了一系列涉及平台企业行政责任的法律、行政法规和部门规章，主要有《全国人大常委会关于加强网络信息保护的决定》《中华人民共和国食品安全法》《中华人民共和国网络安全法》等，这些法律法规和部门规章都围绕责令改正、警告和罚款等内容指出了平台企业要承担的行政责任。以时间顺序进行梳理，

① 张文友、黄美容、赵跃清、郑舟：《网络平台中立行为行政责任的司法认定——兼论对当前司法民刑两极回应模式的检讨》，《深化司法改革与行政审判实践研究（下）——全国法院第28届学术讨论会获奖论文集》，2017年5月15日。

发现它们对平台行政责任的认定主要依据事前、事中和事后三个环节。

首先,事前的审查义务。我国现行的法律、行政法规和部门规章都指出平台企业负有对用户进行实名身份审查验证的义务,当侵权行为发生后,平台企业必须要为被侵权者和行政机关提供侵权方的有效身份联系方式。如果平台企业不能提供,就要承担先行赔偿责任。

其次,事中的发现、保存和报告义务。互联网平台上违法信息的出现是随时随地的,《关于平台领域的反垄断指南》指出平台企业必须要随时对平台上的信息进行跟踪监测和管理,发现违法信息,要及时制止并进行保存,还要报告给相关的行政监管机构。如果平台企业没有尽到发现、保存和报告义务,就要接受行政机关的处罚,承担警告、罚款、关网整顿或被禁止从事网络服务等行政责任。

最后,事后的配合执法义务。我国当前的行政监管体系指出网络平台企业负有侵权行为发生后配合行政机关执法的义务,要配合行政机关搜集、提供侵权者的侵权证据,并提供侵权用户的信息,为行政机关的执法创造条件(高少丽,2017)[①]。

(二)完善平台企业行政责任认定机制

在行政领域对平台进行监管,既要考虑监管的有效性,又要尽可能采用更有弹性的方法,确保平台经济的活跃性和发展动力。

---

① 高少丽:《平台经济模式下平台治理相关问题探析》,《北京市工商局西城分局中国工商报》2017 年 12 月 26 日。

1. 将平台企业审查义务的标准具体化

过去往往依靠行政监管部门主观判断平台企业是否履行了义务，缺乏相应的指导准则，导致平台企业自认为已经尽了审查义务，而行政监管部门不认可的情况，给平台企业行政责任认定增加困难。要改变这种情况，行政监管部门必须“要回”被让渡的权力，为平台企业审核工作制定具体的指导准则。如用户发布产品或信息时，应提供有效身份证明（包括身份证、实名验证的电话号码、地址），平台企业每隔三个月要根据用户提供的信息进行回访，确保信息有效性。如果平台企业在发生侵权行为后能提供这些有效的审查证明，那么就可免责；如果不能提供或没有定期回访审查记录，就需要担责。同时，明确规定平台企业提交审核资料的程序和在事后协助配合执法机关执法的程序，按照相应的标准和规则对平台企业行政责任进行认定，只要平台企业所为合乎标准即可免责，否则，就要承担相应责任。

2. 将平台企业承担义务的类型区别化

监管部门要结合不同平台企业特点对其应承担的义务进行区别化规定，确保每个平台企业有效履行应承担的义务。对有些平台而言，本身并没有技术识别手段，无法过滤技术要求高的违法内容，若强行要求其承担相应责任，可操作性不强。因此，要根据不同平台企业的特性确定平台企业应负责审查的内容。为了提高可操作性，监管部门可以提供审查清单，只要平台企业按照清单履行了审查义务，就可免责。同时，行政监管部门还应利用自身监管技术定时侦测、判断用户行为，并建立举报受理机制。在发现违法信息后，行政监管部门要主动及时通知平台企业，给平台企业履行相应义务创造条件。行政监管部门的有效作为，能减轻平台企业责任负担，保护平台经济发展。

3. 通过立法明确平台企业行政责任范畴

《中华人民共和国网络安全法》和《中华人民共和国侵权责任法》虽然都提到平台企业行政责任，但对其责任范围没有严格的界定，也没有相应的责任免除规定。因此，有必要以立法手段，对行政监管部门与平台企业进行明确的责任分配。同时，依据不同平台企业的性质、类型，为其设定相应的责任规则、免责条件，厘清平台企业行政责任范畴。

4. 构建合理可行的平台企业行政义务体系

当前，我国行政法规中规定网络平台负有事前审查、事中发现及附随义务和事后配合义务，但是这些规定中都存在模糊地方，如《中华人民共和国消费者权益保护法》第四十四条对于网络交易平台承担责任的明确条款中提到，平台不能提供真实姓名、地址和有效联系方式，消费者可以要求赔偿。但对于提供的时间，是否以起诉前为条件和对于有效联系方式该如何认定等问题都未明确，给合理认定平台企业行政责任带来诸多不便。未来，应该构建平台企业行政义务体系，为确保其可行性，可征求平台企业、用户等各个主体意见，组织专业的机构对平台企业行政义务体系进行评估，最终确定能为平台企业和各方主体接受的义务标准和范畴。

三、完善平台企业的刑事责任及认定机制

（一）当前对平台企业刑事责任的认定

当前，我国对网络平台刑事责任的认定主要依据《中华人民共和国刑法修正案（九）》第二百八十六条中新增的针对网络平台

企业这个犯罪主体的法律条文以及《中华人民共和国网络安全法》和针对互联网信息搜索服务、直播服务、应用程序信息服务等的各种管理规定（杨永华、陈彬，2016）①。依据以上这些法律条文，将平台企业应承担的刑事责任分为独立行为刑事责任、帮助行为刑事责任或共犯刑事责任和不履行法定义务罪三种。

首先，独立行为刑事责任。独立行为刑事责任适用情形主要分为两种：一是针对内容服务提供的平台企业的独立刑事责任。这些法条指出若平台企业拥有对内容的自主权和控制权，而且明知所提供内容违法，依然将内容发布到网络平台上，造成严重后果，那么平台企业就必须要承担起独立的刑事责任。二是针对网络链接服务平台的独立刑事责任。为用户提供网络或通信服务的平台企业，若随意中断相应的链接服务让国家或用户蒙受巨大损失，必须承担独立刑事责任（孙道萃，2017）②。

其次，帮助行为刑事责任或共犯刑事责任。帮助犯罪是网络平台刑事责任的核心内容。《中华人民共和国刑法修正案（九）》第二百八十六条对帮助犯罪进行了明确规定，指出平台企业在主观上明知情况下依然为用户的犯罪行为提供服务，并造成严重后果的，必须要承担共犯刑事责任。

最后，不履行法定义务罪。《中华人民共和国刑法修正案（九）》明确指出网络服务提供者负有信息网络安全管理义务。如果平台企业拥有履行该义务的能力却不履行，被相应的监管部门责令采取积极改正措施但依然不作为，要承担不履行法定义务罪。

① 杨永华、陈彬：《网络治理与网络平台刑事责任研究——以〈刑法修正案（九）〉为视角》，《安徽警官职业学院学报》2016年第6期。

② 孙道萃：《网络平台犯罪的刑事制裁思维与路径》，《东方法学》2017年第3期。

（二）完善平台企业刑事责任认定机制

1. 借鉴其他法律完善《中华人民共和国刑法》法律法规

结合《关于加强网络信息保护的决定》《中华人民共和国网络安全法》等涉及网络平台的其他部门法律，对《中华人民共和国刑法》中关于平台刑事责任认定的法律法规进行完善，确保这些法律法规之间的衔接性，有效弥补衔接过程中的缺失，提高认定可行性。

2. 针对不同平台企业作类型化规定

通过区分不同的平台企业类型，规定其应承担的刑事责任形态。具体划分时可依据平台技术与功能差异，在技术基础上以平台企业功能来确定其在刑法领域的义务范围和责任边界，确保平台从主体到行为到责任承担的统一性（刘宪权，2016）[①]。

3. 对“帮助犯罪”作缩小解释

针对“帮助犯罪”中明知的情形进行司法上的缩小解释。如果针对平台企业上发生的侵权行为，行政机关已采取行政措施告知平台企业，那么就应当在刑法上认定平台企业明知。如果违法行为是被消费者或用户多次举报，那么明知的认定有待进一步商榷，避免扩大犯罪认定。

第三节　平台经济法律和规则体系协同机制构建

完善的法律制度体系是协同治理的重要保障，为促进对平台

① 刘宪权：《互联网金融平台的刑事风险及责任边界》，《环球法律评论》2016 年第 5 期。

经济的协同治理，需要制定有效的法律制度（陶国根，2014）①。从发达国家的经验来看，完善的法律体系是平台经济健康发展不可或缺的因素，是保障多元主体参与治理的重要举措。政府要在宏观层面上通过法律制度对平台经济的治理予以保障，而不是过多干预平台的实际运行。多元主体关系、公共规则、有序的竞争环境是协同治理的核心内容。这些因素，不仅需要制度环境予以维护，更需要政府公共权力的强制性保障。

一、通过法律明确多元主体间的协同关系

从政府与平台企业的互动来看，政府需要采用常规的强制性手段，利用法律机制来保障各个主体之间关系的正常运转。此外，还要发挥政府指导和经济激励的作用，平台企业也需要政府运用更具弹性化的机制和手段（胡颖廉，2016）②。从企业和消费者之间的关系看，除了运用现有的法律维护消费者合法权益外，政府还要从法律层面为消费者创造更便捷地参与平台监管的渠道，这一点同样适用于第三方机构。同时，明确的法律地位、法律关系为各个主体参与平台治理提供了有效保障。

政府要通过立法手段来协调政府、平台企业、第三方机构和消费者之间的关系，以法律的形式制定政府、平台企业、第三方机构和消费者的权限范围。明确的法律制度可以有效降低不确定性所带来的负面影响，使政府、平台企业、第三方机构和消费者都有明确清晰的权责边界。这也可以使权力的行使和责任的承担都走上

① 陶国根：《协同治理：推进生态文明建设的路径选择》，《中国发展观察》2014 年第 2 期。

② 胡颖廉：《推进协同治理的挑战》，《学习时报》2016 年 1 月 25 日。

法治化的轨道,为各个主体之间的合作提供稳定的制度环境。明确的权责边界也可以有效地减少因边界不清晰所造成的监管空白和监管重叠。平台的去边界化特征也需要中央政府和各级地方政府之间打破边界限制、通力合作、共同参与到平台经济的监管中。权责明确包含两层含义:一是各个主体间的监管范围要明确,从法律上赋予平台企业更多的监管职责,明确平台企业的监管内容、范围、力度,并在法律层面予以有效的保护;二是从法律层面明确各级政府间的协同。权责明确并不是“各扫门前雪”,平台经济的去边界化、开放性特征,需要各级政府的通力合作。对于一些国际性的平台监管,甚至需要国际间的合作来协同治理。

二、通过法律明确平台规则与标准的协同

目前对平台经济监管的规章制度并不统一,各地各部门对平台经济法律责任的界定标准也各不相同。即使是针对同一问题,其界定和惩罚力度也存在较大差异,比如平台商家纳税问题,部分地区自行制定纳税标准,但这些标准缺乏相应的法律依据,对商家产生了较大的影响。因此需要从法律层面对各个部门、各个地区进行协同,为平台经济的治理提供标准化、统一的法律环境,从法律层面推动平台经济的协同治理。

首先,协同平台经济监管的界定标准。各地对商家的违法行为的处置整体呈现零散化、非标准化、随机化等特征。协同界定平台标准就是要从法律层面对相关问题进行明确的界定,为各地执法机构提供统一的界定标准和惩罚依据。标准的协同还包括技术层面的协同,尤其是在大数据的应用方面,标准化的统计口径、接口、计算方法,对于数据的高效利用和各个主体的有效合作具有重

要作用，也可以有效减少因平台间的标准不对称带来的监管障碍。对于这些问题，要统一协调政府与行业组织之间的标准，制定统一的技术标准规范。标准协同主要包括以下几方面的内容：（1）在法律法规中引用标准；（2）为法律法规实施制定配套标准；（3）根据法律法规的规定建立标准体系（龚贺，2017）①。

其次，协同平台规则和法律体系。平台经济具有自组织性，平台秩序的维护需要依托平台企业完善的规则体系。协同平台规则和法律体系，重点是将平台规则与相关的法律法规做有效的链接和协同，比如执法者和裁判者在执法和裁定纠纷时，如果需要适用的法律规范内容本身粗疏、模糊，法律规范可能难以获得适用，甚至被错用、滥用，无法有效实施。而平台企业在建立和完善交易行为制度的过程中，借助自身积累的海量交易数据和预测算法，减少了对粗疏标准及事后解释的依赖。平台企业可以在每个或每类交易行为发生前就将规则的具体内容和合规方案传递给规制对象，一定程度上使规范适用自动化，由此规避了解释和适用不确定性为规范落地带来的困难。在法律修改和完善的过程中要吸收和借鉴平台企业的规则，将平台规则的部分有益经验纳入法律层面并加以推广应用。

最后，协同政府内部法律规则体系。在既有的法律体系下，一方面，要从整体上针对平台经济的特征修改、完善既有法律，同时对平台经济的概念、范围、分类等作统一的界定。另一方面，各个部门要依据整体的法律体系，针对所管理的平台类型，制定更为细化的部门规章制度，为各地治理平台经济提供统一的依据和标准。

---

① 龚贺：《社会治理中标准与法律法规政策的协同机制研究》，《标准科学》2017 年第 12 期。

为配合政府内部法律规则体系的协同,要建立法律工作的协同机制,各个部门以职能定位为基础,开展横向的法律业务协同,并在机构内部设置专门负责处理法律事务的人员,统一协调相关的法律协同工作,保障相关工作的顺利开展。

三、通过法律协同各个主体间的合作关系

多元主体的治理边界明确后,还需要进一步明确各个主体之间的合作路径。平台经济的网络化特征使各个主体之间的关系变得更为复杂,整体形成了一个分层的立体协作网络,呈现一种点线结合的网状结构。明确多元主体的合作关系,实际上就是对这个网络中的线条进行合理的梳理,并从法律上予以明确。

首先,明确资源共享机制。数据和信息是平台经济最重要的资源,大数据监管是未来政府对平台监管的主要工具。针对目前的“数据孤岛”等问题,政府要从法律层面对数据的属性、所有权、消费者隐私保护等问题予以明确,同时要对各个主体间的数据资源共享做明确的界定,确立各个平台与政府的数据共享机制与渠道。政府层面要率先进行数据公开,对于公开的类型、程度要从法律上予以明确(宋懿,2017)①,并且政府要从行政管理、数据质量与技术管理等角度切入,制定标准化的数据传输流程。通过法律制度消除各个主体间的信息不对称问题、打破信息壁垒、降低交易成本、有效提高监管效率。

其次,明确行业组织等第三方机构的法律地位,为第三方机构参与平台经济监管搭建完善的路径。目前,第三方机构主要发挥

---

① 宋懿:《大数据时代政府信息资源共享的协同机制研究——基于宁波市海曙区政府信息资源中心的案例分析》,《情报理论与实践》2017 年 12 月 28 日。

中间桥梁的作用，通过研究、建议等形式影响政策走向，成为政府监管平台经济的重要补充。第三方机构也在广泛听取商家和平台企业的意见，并将这部分意见提炼后上升为部分行业规则。但由于第三方机构参与平台经济监管的渠道有限，自身法律地位不明确，导致其参与力度较弱。因此，需要政府从法律层面对平台经济相关的第三方机构的地位予以确认。

最后，建立常态化法律监督机制。以对平台经济的风险控制为目标，通过关键业务环节管控、业务流程整合、统一工作标准、下达管理建议书等形式，建立起常态化法律监督工作机制。

总体而言，政府对平台经济的治理需要从法律上予以明确并加以合理的保护。把非正式的合作关系提升到法律层面，赋予其一定的强制力，这也是法律制度在平台经济监管中的重要意义。目前，我国从法律层面对平台经济的监管已经作出了一定的探索，但整体而言缺乏宏观层面的设计。因此，本节从多元主体协同、规划标准协同、合作路径与渠道协同方面提出了法律层面协同治理的思路。

第十四章　平台经济税收监管机制创新

一般来讲，税收监管的权力主要是由国家税务机关或者委托单位行使，包括税源监控和税收征管两方面内容，为税收决策制定以及税务工作提供依据，根据国家相关法律法规对税收双方的权利、义务关系进行确定，保障税收分配的实现。

对平台经济的税收监管，一方面应当建立在平台经济固有特点的基础上，另一方面也应当适应平台经济发展的趋势，逐渐革新征管模式，形成专门化的征管体系。构建平台经济税收监管机制，应遵循法定性、公平性、效率性和保护创新原则，在具体监管时要注重构建协同监管机制，实现线上线下协同、多元主体协同监管，强化技术手段监管，充分利用大数据优势和信息管税优势，提升监管水平。

第一节　构建平台经济税收监管体系的原则

平台经济税收监管要在不违背税收监管基本原则的前提下创

新，同时又要根据平台经济的发展特点，丰富适用于平台税收监管的基本原则，以保证平台经济税收的规范性与普适性。

一、法定性原则

税收法定原则指依法征税和依法纳税。依法征税是相对于税务机关以及委托单位而言的，要求征税必须按照税法规定实施（易有禄、李婷，2014）[①]。纵向来看，法定性原则规定了各级税务部门的征管范围和税种划分等；横向则包括对税源、税种、课税对象等方面的规定。依法征税有两方面的功能：一是为税务机关提供合法征税的法治依据；二是限制税务部门的征税权力，保护纳税人的私有财产（宋槿篱，2015）[②]。两方面的功能各有侧重，相互支持。

二、公平性原则

税收公平性原则是指税法的实施要求对纳税群体具有普适性。主要包括两方面内容：一是税收要具有普适性，税务部门要对所管辖范围内的所有应纳税群体征税，税法要同等地适用于所有群体，实现"横向公平"。二是税收要具有差异性，对不同能力的纳税群体采取差异化的税收政策，达到"纵向公平"（侯作前，2008）[③]。当前，在平台经济模式下，市场交易行为的虚拟化和隐蔽性更加普遍，超出了税收监管的覆盖能力和监控范围，缺乏一套标准的平台企业资质认定办法，这对实施税收的公平性提出了新

① 易有禄、李婷：《税收法定原则视野下的税收立法权回归》，《江西财经大学学报》2014年第1期。

② 宋槿篱：《中国税收法定原则研究》，中国财政科学研究院2015年博士学位论文。

③ 侯作前：《从税收法定到税收公平：税法原则的演变》，《社会科学》2008年第9期。

的挑战。

三、效率性原则

效率性原则是指以最小的税收成本获取最大化的税收收入。这主要体现在税收过程和税收结果两方面。一是税收过程要尽可能减少不必要的额外支出，税收征管在人员管理、办事费用等方面的支出要科学预算，精简税收流程，方便纳税人报缴；二是征税要保障经济效率，能够促进经济效率的增长，或者至少不会造成经济效率的降低。平台经济的高效率对税收监管的效率性原则提出了更高的要求，税收监管要适应平台企业信息流动的高速度、大流量等特点，更新监管手段和技术，注重发挥平台企业在监管方面的优势。

四、保护创新原则

平台经济属于新生事物，监管过严、苛以重税会让一些营业额低的平台企业不堪重负，抑制他们的创业热情，继而影响平台经济发展。鉴于此，必须要为平台经济发展留出一定的试错、容错空间，在税收监管时应秉承保护创新原则。“保护”指的是要保护平台经济发展的积极性，适度减轻税负，如审慎调研平台上的中小商家，针对他们的实际赢利情况设置较为合理的纳税起征点。政府可以按照“宽税基低税率”理念指导平台经济税收征管工作，既对平台经济公平征税，又切实为平台经济中小微经营者减轻税负。同时，要创新监管，当传统监管手段不适用，要积极探索新的监管办法，如利用电子发票对平台经济进行税收监管。目前，电子发票在平台经济中的使用正在稳步推进，能为税收监管提供依据。此外，还应积极探索使用新的税收监管工具,确保与平台经济发展相适应。

第二节　平台经济税收协同监管机制构建

平台经济税收协同监管机制构建包含两层意思:其一,指的是构建平台经济征税的线上线下协同机制。平台经济与线下经济的区别在于交易模式,其他方面并无本质差异,线下经济税收征收规定同样适用于平台经济。通过线上线下协同,对平台企业和商家征税,根据具体交易业务类型确定税种,才能营造线上线下公平的税收环境和竞争环境。其二,指的是对平台经济征税应采用多元主体协同机制。在政府完善平台工商登记制度的同时,让平台企业参与到平台经济征税工作中,发挥平台企业对平台商家征税的信息优势和技术优势,弥补税务部门对平台经济征收税收的不足,提高征税效率。

一、平台经济税收征收的线上线下协同

线上线下协同指的是对平台经济征税应本着与线下协同一致的原则。平台经济虽属于新兴事物,但平台企业和平台商家都属于我国税法规定的纳税对象,负有纳税义务。实现线上线下协同征税,利于维护我国税法公平正义,营造线上线下公平的竞争环境,在保护实体经济的同时,促进平台经济健康有序发展。

(一)对平台企业和平台商家都要征税

我国对平台经济一直采取包容审慎的监管态度,所以监管与

国外相比更为宽松,目的就是促进平台经济的快速发展。就目前平台经济发展的实际情况来看,我国宽松的监管政策确实有力促进了平台经济发展,但也暴露出一些不容忽视的问题,即平台经济并没有为国家贡献出与交易额相匹配的税收收入。为增加国家税收收入,在平台经济发展日渐成熟的现阶段,应该针对平台企业和平台商家征税。同时,对平台经济征税关系到税收公平,关乎社会正义和国家法制建设,更关系到平台经济的健康发展(刘崇俊、郑俊生等,2015)[①]。线上线下税收环境的不公平,一方面会加剧平台企业和商家偷税漏税现象,另一方面会冲击实体经济,造成实体店萎靡,导致国家税收进一步流失。国务院法制办在2015年出台了税收征收的修订草案,明确规定网络交易也负有纳税义务。因此,必须要重视平台经济征税问题,对平台企业和平台商家征税,营造线上线下公平的税收环境。

(二)平台经济的征税税种与线下协同

当前,我国对企业税种和税率的确定主要依据企业的经济性质、经营业务,共分为5类17种税种。其中,主要的税种有增值税、消费税、企业所得税等(高培勇,2015)[②]。平台经济属于线上交易,交易范围广、交易品种多,但平台上很多交易商品、服务与线下销售的商品、服务相同,它们最大的区别只在于交易方式的改变。在这种情况下,为避免重复征税、避免平台经济税收过重问题,应借鉴欧美发达国家的经验,对平台经济不开设新税种,

① 刘崇俊、郑俊生、卢子清:《电子商务税收征管国际经验及借鉴》,《国际税收》2015年第3期。

② 高培勇:《论完善税收制度的新阶段》,《经济研究》2015年第2期。

而参照线下企业征税税种确定平台经济征税税种。

对平台经济征税势在必行、刻不容缓，但考虑到平台上一些小微商家利润低、收益不稳定等问题，可采取税收优惠对其进行扶持。我国对小微企业采取了很多税收优惠政策，财税〔2014〕122号文件规定从2015年1月1日到2017年12月31日，对销售额或营业额在3万元以内的（含3万元）按月征税的小微企业，对销售额或营业额在9万元以内的（含9万元）按季纳税的小微企业，免征政府性基金。财税〔2015〕99号文件规定应纳税所得额在20万元（含20万元）以内的小微企业都将享受减半征收企业所得税的优惠政策，进一步扩大了可享受税收优惠政策的小微企业范围（柳光强，2016）[①]。为了在实现线上线下税收公平的同时保护扶持平台经济发展，可以以小微企业税收优惠政策为参考，以“宽税基、低税率”的指导思想实施平台经济税收，加大税收优惠力度。如对平台上的个人小卖家或个人网店，增值税起征点可参考小微企业征税标准，将月销售额定在3万元以上。按照这种税收优惠政策，平台上的多数商家都可以享受企业增值税免税条件。

二、平台经济税收征收的多元主体协同

我国当前在平台经济税收征收中采用的是单一主体征税模式，即依靠税务部门对平台经济进行征税。但税务部门监管能力有限、技术手段落后，仅靠税务部门对平台经济进行征税显然难以达到高效征税的目的。因此，有必要让第三方参与进来，实现多元

① 柳光强：《税收优惠、财政补贴政策的激励效应分析——基于信息不对称理论视角的实证研究》，《管理世界》2016年第10期。

主体协同征税,以弥补单纯依靠税务部门征税的不足。为了让平台企业参与到平台经济税收征收工作中,实现多元主体协同,需明确平台企业代征税收的方式方法,建立相应的激励相容机制,解决平台企业代征税收存在的问题。同时,政府要完善平台商家的工商登记问题,为多元主体协同征税提供条件,切实提高平台经济税收征收效率。

(一)税务部门与工商部门联合监管

1. 税务部门与工商部门联合监管的原因

当前,从事平台交易的经营者主要包括两种类型:一类是在工商部门有登记备案的经营者,这类主体一般具备一定的企业规模,也有相应的实体企业,通过网络平台从事交易活动,政府对这一类型平台经济体的税收监管也比较规范。另一类是没有在工商部门登记过的个体经营者,例如在淘宝网只需要通过身份验证就可以开通网上店铺从事交易活动,这类主体受到税收监管的影响较小,在现有法治意识水平下,很难保证所有经营主体主动纳税,因此偷税漏税现象非常严重。因此,必须要加强税务部门与工商部门的联合监管,由工商部门进一步规范各类平台企业的登记制度,为税收征管提供完备的信息记录。

2. 税务部门与工商部门联合监管的对策

实现税务部门与工商部门的联合监管主要是发挥工商部门在完善平台商家登记制度方面的作用,具体措施包括:

第一,采用网络实名制。要求所有参与平台交易的买家、卖家、平台企业都提供真实身份证明,为平台交易提供信用凭证。网络实名制的建立有利于肃清平台交易的欺诈风气,为平台交易提供良好的环境（陈兵、程前，2014）[①]。

第二，完善我国相关法律法规，对工商登记主体进行明确。对工商登记主体进行明确应本着“登记是原则，豁免是例外”的基本原则。符合登记豁免条件主要有以下两类：第一类是平台上的个人网商，可采用自由选择是否进行工商登记但需公示的办法。即允许平台上的个人网商自由决定是否提供平台经营场所的相关信息，但必须进行商事登记，以在平台上进行公示。如果个人工商户只是想在平台上拓展经营业务，平台业务只是其实体经营的“延伸”，只需要向工商行政机关提出申请，工商部门在形式审查之后为其颁发电子版营业执照，但个人平台商家要在平台固定位置对自身经营者资格进行公示。如果个人网商是“寄居”在他人网站上以个人主页或电子邮件等方式进行平台交易，那么有两种可选择的方式，一种是自愿进行工商登记，另一种是由他们所在的交易平台对其进行身份认证，并对其真实的基本信息进行公示。第二类是平台上的零星交易者。零星交易者指的是在平台上的交易量很少，如只是偶尔利用平台出售一些二手商品等，那么就不应当将其当作平台交易主体，应采取豁免工商登记的办法。除了这两类之外的其他平台商家一律必须进行严格的工商登记（代玲玲，2017）[②]。

第三，构建线上线下相衔接的工商登记制度体系。根据线下交易与线上交易的关联程度，可将平台交易主体分类两种类型：一种是在线上线下均进行经营活动的平台商家，另一种是只在线上经营，线下并没有实体经营场所的平台商家。针对这两种类型，可

① 陈兵、程前：《网络团购给税收监管带来的挑战与应对之策》，《云南社会科学》2014 年第 6 期。

② 代玲玲：《电子商务环境下的税收监管问题研究》，《财经界》2017 年第 20 期。

采用区分制办法进行线上线下的工商登记衔接。如对第一种平台商家,若已经在线下办理工商登记,且线上经营范围与线下一致,那么线上经营就无须再重新进行工商登记,但是要在线上亮照经营。若线上经营范围与线下不同,就必须进行在线登记,这样既能避免重复登记,又能避免登记盲区。对第二种平台商家,则兼顾互联网跨地域性特点,采用新的工商登记方式,即只在线上开展经营活动的平台商家可以到全国任何一个地方进行在线工商登记,由工商机关在线审核后予以登记注册,并为其颁发电子营业执照。

(二)平台企业代征税收

1. 启用平台企业代征税收的原因

第一,我国税收征收中有关于委托代理的规定,给平台企业代征税收提供法理依据。我国税收征收工作依据《中华人民共和国税收征收管理法实施细则》开展,其中第四十四条提出了委托代征原则,该原则认为在方便纳税和税收管控的前提下,可以由税务机关委托有关单位和人员对零星分散的、需异地缴纳的税收进行代征,税务机关要给委托单位和人员出具委托代征证书。我国税收征收工作的这一规定实际上明确了代征税收的法律地位,只要平台企业拥有税务机关颁发的委托代征证书,就可以依法对平台商家进行税收征管。

第二,平台企业拥有的信息优势和技术优势,给启用平台企业代征税收提供操作保障。平台上的商家分散在全国各地,但当前我国很多地方的税务部门都缺乏针对平台交易活动的服务平台和配套的网络监管措施。税务部门当前的监管能力并不足以实现对所有平台商家的税收监管,对平台经济进行代征代管成为税务部门的现实诉求(邓钧元,2017)[①]。与税务机关相比,平台企业拥有相对严密的监控网络,对入驻平台的各商家的情况掌握得更为详细,它们有所有平台商家的交易记录信息。技术优势和信息优势,使平台企业既可以对平台商家进行动态监管,也可以及时对违反平台规则的商家采取相应的限制措施。由它们代征税收显然更便于税务机关对平台商家进行税收管控。

2. 平台企业代征税收的方式方法

委托平台企业代征税收具有很强的实用性,为确保其代征税收工作的开展,应明确几个关键问题:

第一,明确平台企业代征范围。我国税收委托代征制度已经实行了多年,在《中华人民共和国税收征收管理办法》《中华人民共和国税收征收管理实施细则》及 2013 年国家税务总局发布的《委托代征管理办法》中,都有关于委托代征的规定,但是对代征范围却存在界定不明的情况。梳理现行的关于委托代征的规范性法律文件可以发现,委托代征的税种主要包括印花税、契税和土地增值税,在有限的法律条件下如何确定平台企业代征税收范围成为难题。但另一个值得注意的现象是,我国关于代扣代缴、代收代缴税种的法律规定较为明确,如我国法律法规中涉及的代扣代缴税种主要有个人所得税、企业所得税、增值税、营业税、资源税、城市维护建设税。《中华人民共和国消费税暂行条例》和《中华人民共和国车船税法》则明确将消费税和车船税列入代收代缴税种(王明世、刘拥军,2016)[②]。在现有法律条件下,确定平台企业代

① 邓钧元:《小微电商的税收难题及征税规范化研究》,《浙江金融》2017 年第 7 期。

② 王明世、刘拥军:《后“营改增”时期税款委托代征规范化研究》,《税收经济研究》2016 年第 5 期。

征税收范围可采用排除法,排除以上列举的这些代扣代缴和代收代缴税种,将其他零星、分散、异地缴纳的税种列入委托代征范围之内。

第二,明确平台企业代征税收方式。根据委托代理理论、博弈理论和我国法律法规确定代征的范围、履行方式,设置不遵从的法律后果。其一,要确定适用规则。具体适用规则可以普遍性作为标准,若委托是普遍的,委托方就不能拒绝委托;若委托是个别的,就可以拒绝委托,但须以书面形式陈述拒绝接受委托的理由。如全国税务机关都普遍性委托淘宝对淘宝商家代征税款,那么淘宝作为被委托人就不能拒绝接受委托。其二,确定平台企业代征方案。税务部门应公平对待愿意接受代征的各平台企业提出的方案,并结合我国税法相关规定,制订完善的代征方案。其三,对平台企业多征税款设置相应处理规则。在平台企业向平台商家代征税款的过程中如果出现了多征税款且给纳税人造成了损失,应该按照责任自负的法律要求,由平台商家行向税务机关发出返还多交税款的请求,税务机关履行退还义务,而平台企业作为代征人则要承担多征税款的赔偿责任。其四,确定适合平台企业代征的法律责任规则。我国当前并没有关于代征委托人法律责任的法律法规,现有法律中我国对代征人追究的是扣除手续费等违约责任。但这种规定并不足以震慑代征人,容易使代征人的代征行为游离于法律规制之外。在平台企业代征税收中,要避免这种行为,必须对平台企业代征中协助平台商家偷税或收受平台商家贿赂的行为进行法律规定,明确平台企业作为代征人的刑事责任。

3. 平台企业代征税收的激励相容机制

第一,平台企业代征税收激励相容机制提出的背景。平台企业代征税收存在弊端,必须要构建激励相容机制。平台企业代征税收问题的产生不是偶然的,制度经济学中关于委托代理理论的研究,可以解释问题产生的原因。委托代理理论针对委托人和代理人之间的信息、利益要素提出了两个假设:其一,二者信息不对称。二者信息不对称指的是委托人具有信息劣势,而代理人具有信息优势。在平台企业代征税收过程中,税务部门作为征税主体难以掌握平台商家产品的真实销售情况,无法识别可能存在的虚假交易和潜在的偷税漏税行为。在这个过程中,税务部门具有信息劣势,是委托人。而平台企业则掌握平台企业的大量信息,详细记录每一笔交易情况,具有信息优势,是代理人。税务部门和平台企业之间拥有的信息具有不对称性。其二,二者利益相互冲突。税务部门和平台经济参与到委托代理征税活动中自觉或不自觉地从自身利益最大化出发,但二者之间的利益实现具有很大的冲突性。税务部门的征税情况取决于代理平台工作的努力程度和严谨程度,而代理平台通过帮助平台商家偷税漏税减轻商家税务负担,提高经济效益,进而吸引更多的商家入驻平台,提高平台交易流量和收入。再者,税务部门作为委托人,在税收代征过程中更注重结果,而不重视平台对工作努力程度的投入;代征平台企业则更重视税务部门所付报酬,而不重视征税实效。在付出更多努力就意味着更多成本的情况下,代征企业平台无疑会选择最简单、最节省成本的方式完成工作,甚至通过某种手段帮助平台商家偷税漏税,由此而产生侵害国家征税利益的问题。

第二,平台企业代征税收激励相容机制的设计。从以上描述可以看出,当平台企业和税务机关之间信息不对称、利益相冲突时,就会产生平台企业代征的道德风险问题。在存在道德风险的情况下，如何保证拥有信息优势的一方（代理人）按照契约的另一方（委托人）的意愿行动，从而使双方都能趋向于效用最大化，是保证平台企业代征税收效率的重点（张杰，2007）[①]。激励相容机制指的是构建一个让每个参与者都能得到激励，确保参与者个人利益最大化的同时达到制度或规则制定目标的机制。将激励相容机制引入平台企业代征税收中可以解决存在的道德风险问题。具体设计时可从以下几方面入手：其一，加强信息体系建设，实现税务部门和平台企业的信息对称。这是解决激励问题的前提，只有当税务部门可以通过信息体系观测到平台企业在代征税收工作中的努力程度时，才能实现征税努力水平与帕累托最优状态一致。其二，设计委托代理激励合同，税务部门和平台企业签订强制合同，让平台企业在代征工作中说真话、办实事。委托代理合同具有强制作用，可以有效规范税务部门和平台企业之间的博弈行动，促使双方作出符合预定目标的行动。但它发挥作用的前提是税务部门和平台企业信息对称。此时，平台企业的行动可观测，税务部门可根据观测到的情况对平台企业进行奖惩。如合同中规定平台企业征税努力达到何种程度时给予哪种程度奖励，如果没有达到征税努力程度又将给予什么惩罚。通过激励合同可诱使平台企业选择税务部门希望的行动。其三，设计隐性激励机制。考虑到委托代理合同这种显性激励方式会遭遇信息障碍的问题，可设计隐性激励机制。如建立声誉机制，即税务部门根据平台企业依法缴税记录，将平台企业分成若干类，对缴税记录好、声誉好的平台企业，给予奖励性的管理待遇，如较高的信用评级；对缴税记录不好、声

① 张杰：《P2P 系统中激励相容的机制设计与实现》，天津大学 2007 年博士学位论文。

誉较差的平台企业，给予惩罚性管理待遇。通过声誉机制让平台企业高度重视自身声誉，发挥隐性激励机制作用。

第三节　平台经济税收监管的技术手段建设

平台经济属于线上经济，以网络为载体的交易方式决定了其监管的特殊性，相较于传统交易方式的监管，平台经济税收监管对技术依赖性更强。因此必须要倚重信息技术和大数据技术，实现税收监管与技术手段的融合，提升监管水平。一方面，利用技术手段提高对平台经济的涉税信息管理能力，以有效消除平台经济税收监管中涉税信息不对称问题。另一方面，利用技术手段实现平台经济税收监管的“信息控税”，代替传统的“以票控税”，以最大限度避免税收流失。

一、提升涉税信息管理能力

涉税信息是进行税收征管的证据来源，依据涉税信息，税务机关可确定平台税款，并作出征收、处罚等各类决定。以往涉税信息较为分散，不利于展开信息比对，难以发现征管过程中的薄弱环节，不利于防范税收流失。提升涉税信息管理能力目的在于消除涉税信息不对称和存在的风险问题，提高平台经济税收征管的精度及效率。

（一）利用大数据技术进行涉税数据的集中收集处理

对涉税数据集中管理目的在于开发利用共享形成的数据资

源,提高对涉税信息的分析比对能力,从而为平台经济税收监管提供有效的辅助。一方面需要税务机关组建平台经济涉税数据管理的专门职能部门,由专业化人才对平台经济涉税数据进行统一采集和集中管理,制定数据采集的具体标准和规范流程,确保基础数据质量,避免出现错误数据,影响最终数据分析结果的准确性(陈沁、叶辰,2016)①。另一方面,可以建立针对平台经济纳税人的数据仓库,以"一号一账"的形式对平台经济各类涉税信息进行汇集,并在税务机关内部开放平台经济涉税信息,及时利用大数据技术挖掘分析涉税信息,发现其中的疑点,提高税收风险防控能力。

(二)依托大数据技术构建平台涉税信息共享互动机制

涉税信息包括税源监管、税收分析、纳税评估、税务稽查四个环节,依托大数据技术构建平台涉税信息共享互动机制,即要实现平台经济税源监管、税收分析、纳税评估和税务稽查的一体化。通过大数据技术手段可以及时获取平台经济税收监管中四个环节的信息,并将信息反馈到共同的数据共享中心,为开展税收监管工作扫清障碍:利用大数据技术对平台经济税源进行监管,可以掌握平台纳税人真实情况,采集到高质量涉税信息,继而依据实际情况作出税收分析;税收分析可以为纳税评估指引方向。根据税收分析结果,结合平台经济特点,可以构建相匹配的纳税评估模型,为准确评估和预测税源打好基础(薛清水,2012)②;纳税评估可以发现不同平台的纳税和逃税避税情况,将其反馈给税务稽查平台,提高

① 陈沁、叶辰:《以大数据技术应对商事改革后税收监管困境》,《企业经济》2016年第9期。

② 薛清水:《纳税评估仿生模型:一种新型纳税风险识别技术方法》,《税务研究》2012年第4期。

税务稽查的针对性和实效性；税务稽查能有力落实纳税评估过程中发现的各类疑点，将它们与税收分析结果进行比对，从而对税收分析工作形成有效反馈，这也有利于改进税收分析工作。通过这样一个多环节涉税信息的共享互动，可对涉税信息进行有效传送、对接和汇集，并能有效清除涉税信息管理盲区。

（三）依据大数据技术构建平台欠税信息的信息化管理平台

欠税信息是平台经济涉税信息管理的一项重要内容，对清理欠税、推进平台经济依法治税进程有重要意义。政府可以利用大数据技术构建平台经济欠税信息的信息化管理平台。首先，利用大数据技术对平台的财务报表、纳税数据、欠税数据等基础数据进行采集，提高税务机关对平台欠税的分析及识别能力。其次，利用大数据技术构建国地税和财政、监督部门等的欠税数据互换互通互联机制，将平台的欠税数据纳入信息化管理平台。最后，利用大数据分析技术对管理平台上的欠税信息进行汇集、筛选和归类，为税务部门监管平台欠税提供辅助。

二、用“信息控税”代替“以票控税”

营业税改增值税的措施实施前，我国税务部门采用的都是“以票管税”的办法。这种办法是以停供发票的方式向纳税人催缴税款，但营业税改增值税的措施全面实施后，税务部门“以票管税”的办法开始弱化。对平台经济的税收管理更不应该沿用“以票管税”的旧办法，而应该努力适应信息化时代的要求，利用信息技术、大数据技术实现“信息控税”。

(一)构建平台征管数据库,强化税收信息采集

平台类型多样,涉税信息来源复杂,信息数据的真实性、完整性直接影响信息管税质量。对这些复杂的涉税数据进行采集是实现信息管税的首要环节。建立针对平台的征管数据库,目的就是加强平台税收信息的采集,将所有采集到的信息录入征管数据库,便于随时调阅。为保证税收信息采集质量,要做好几个方面工作:其一,规范平台涉税信息采集标准。建立相应的信息采集标准,明确平台涉税信息采集的重点、时限、范围等要素。其二,严格把控平台税收信息的录入,对信息采集的操作方式、录入标准等进行明确(崔志坤、李菁菁等,2015)①。明确信息采集责任,统筹信息录入,确保采集到真实可靠、全面及时的数据信息。

(二)建立平台税收信息分析系统,强化信息分析应用

信息管税的核心工作是对平台税收信息进行分析应用,建立平台税收信息分析系统主要包括几个方面的工作:其一,通过信息化手段对平台的税务登记信息进行分析。这需要对平台留存于工商部门的信息、国地税的户籍信息等进行相互比对,以便于发现漏征漏管对象。其二,利用信息化手段提升纳税评估质量,具体需要建立针对平台不同行业的纳税评估模型,有针对性地进行纳税评估,确保评估质量。其三,利用信息化手段对平台税源分布、税源质量及征管现状等进行分析,将发现的风险点及时汇集整理,做好横向纵向比较分析工作,给税务管理决策提供科学参考。

---

① 崔志坤、李菁菁、刘磊:《信息管税平台体系的构建方案》,《税务研究》2015年第8期。

（三）加强平台税收信息分析结果应用，提升征管水平

信息管税的目的就是采集平台有效信息，在分析基础上得到科学结果，继而提高征管水平。具体应用时可以从几方面入手：其一，针对信息分析结果构建合理预警指标。对不同等级的风险信息采用分级管理方式，风险等级较低的可纳入正常管理，对其进行税收政策引导、宣传或约谈，以此提高平台纳税人的风险意识。对于风险等级中度的商家，平台企业要进行在线或线上核实。对于风险等级较高的商家，要对其经营状况、财务核算情况等进行全面深入调查，发现有偷税漏税等违法行为，依法将其移交稽查部门。其二，针对信息分析结果的应用建立质量反馈体系，对信息应用成效进行衡量评估，以便对信息分析系统进行改进，提升信息分析应用质量，提升征管水平。

平台经济税收监管任重而道远。在构建新的平台经济监管体系时不但要兼顾我国税收监管的基本原则，还要兼顾平台经济特点，在保证税收监管法定性、公平性、效率性的基础上，对平台经济监管要秉承保护创新原则，以保护平台经济良好发展势头。在构建税收监管机制时，为保证公平的税收环境，可采用线上线下协同的方式，考虑到税务部门监管能力有限问题，可采用多元主体协同监管方式，借助工商部门、平台企业等第三方力量强化平台经济税务监管。在具体监管手段上，应考虑平台经济模式的特殊性，充分利用现代监管技术革新成果，通过大数据技术对涉税数据集中收集处理，构建涉税信息共享互动机制和欠税信息管理平台，全面提升涉税信息管理能力。同时，改变“以票控税”的传统办法，构建平台征管数据库、税收信息分析系统等，实现“信息管税”，加大信息采集、分析及应用水平，确保征管效率。

第十五章　平台经济反垄断规制机制创新

在平台经济时代，充分的竞争仍然是资源有效配置的重要保障，这不仅包括平台与平台间的公平竞争，更包括平台与传统产业的公平竞争。反垄断问题就是影响公平竞争的一个重要因素。平台经济的特殊性使既有的反垄断法律难以有效适用于平台经济，长期以来政府对平台经济的反垄断监管实际上处于空白状态。平台经济反垄断监管实际上是法律规则的协同，即通过修改现行的反垄断界定标准和方法，以及反垄断法的覆盖范围，实现线上线下经济体反垄断的有效协同，为不同模式的企业提供公平的竞争环境。基于此，本章从反垄断界定标准的角度切入，提出反垄断法律机制协同创新的路径，通过标准的重构，为反垄断法律层面的协同奠定基础。

第一节　平台经济反垄断监管原则

与传统单边市场竞争不同的是，平台经济竞争的重点不在于通过传统垄断方式获取更大的市场份额，而在于搭建不同的商业生态实施差异化竞争。对平台经济反垄断的监管需要从原则层面进行有效的转换，构建适应平台经济发展模式的反垄断监管体系。

首先，保护权益与鼓励创新协同原则。纵观欧美发达国家的平台经济反垄断经验，在发展初期往往是以培育新的经济增长点为主要目的，对平台经济的监管相对较为宽松，所以在美国的很多反垄断案例中可以看到政府把创新放在了首位。对于我国而言也是如此，在保护消费者和中小企业合法权益的基础上，应充分发挥平台经济对于推动经济发展的重要作用，依托平台经济的规模优势推动技术创新。对平台经济的反垄断规制需要基于宏观经济的整体需要，包容审慎加以对待，防止因过度监管而抑制平台经济的发展。

其次，判定标准的动态与静态统一原则。从静态观点看，平台经济垄断状态是一种“市场失灵”情形，而从动态角度看，则很难判断其为“市场失灵”。因为随着市场的新进入者不断增多，市场细分程度逐步提高，平台企业在细分领域很难形成真正意义上的垄断。进一步来说，即便认为平台企业构成了垄断，政府是应立即采取规制来“纠正”其“错误”，还是应采取“等等看”策略，也需要深入研究。平台经济发展速度快，不同阶段其垄断的形式、内容也具有显著差异，因此需要从全周期角度把控平台经济发展程度，在不同的阶段适时修改判别标准，坚持动态与静态统一的原则。

再次，坚持成本与效益相匹配的原则。平台经济垄断监管最大的难题就是调查取证，这一过程往往经历数年而难以产生定论，执法时间长、成本高。这也暴露出执法机构在对平台经济反垄断调查中存在较为严重的技术障碍和信息劣势，客观上要求执法机构在提升综合能力的同时，更要加强与行业组织和平台企业的合作。政府只需要在法律层面按照结果执行即可，在成本效益原则下，不应过度介入到技术层面的调查和信息的搜集工作中。

最后，坚持“差异化”监管原则。这里的差异化监管原则是指对平台经济的反垄断监管要与传统经济的监管有显著的差别。对传统工业经济而言，企业规模并非越大越好，当市场形成“一家独大”或寡占时，通常会对资源配置效率产生不利影响。但对平台经济而言，平台的规模与效率一般是成正比的，即平台规模越大，越有利于提高资源配置效率。而且由于平台的网络效应和边际成本递减特点，很容易在相关市场中形成只有少数竞争者的局面，这是平台经济的天然属性所决定的。

总之，对于平台经济的垄断监管，需要有效协调各个利益群体间的关系，在维护各方利益的前提下，努力实现社会福利的最大化。同时在维护市场合理秩序的前提下，保持市场活力，为平台经济的创新发展创造良好的市场环境。

第二节　重建平台经济反垄断监管界定标准

对于平台经济垄断的监管，核心问题是要界定平台企业是否构成垄断，这一点是平台经济反垄断的前提。传统的经济层面关于反垄断的界定标准主要包括市场集中度、进入壁垒和勒纳指数等。如果用这些建立在传统经济基础上的反垄断标准来界定平台经济垄断，很显然一些大型的平台企业已经构成垄断。但从整体社会福利角度看，平台企业降低了社会交易成本，提高了社会福利，而且大部分平台企业也并未滥用市场支配地位。即虽然具备垄断的条件，但并未利用垄断滥用市场支配地位。因此，需要重新构建符合平台经济特征的垄断界定标准。

一、引入新的界定维度

SSNIP 方法主要是从量化的角度为界定垄断提出了标准，但第三章中也分析了该方法在平台经济界定中的不足。因此，在定量分析的基础上，需要进一步引入新的分析维度。可以引入定性分析方法，构建以双边市场为基础的界定方法，即营利模式法。增加量化分析维度，将用户列入替代性分析的因素。

营利模式法①实际上是从企业的经营模式和内容出发，根据平台企业的经营内容划分不同的市场。这种方法在实践中也被咨询机构广泛使用，比如最为典型的电商领域的数据统计，一般会按照 C2C、B2C 等模式将电商进行划分，在 C2C 市场上，双边都是免费的，平台企业的营利主要依靠提供增值服务实现。在 B2C 市场上，B 端需要交纳相关的费用，而 C 端免费，营利模式与 C2C 明显不同。因此，当平台企业收费模式和营利模式整体上有区别时，可以认定处于不同的相关市场。也有学者认为，可在此基础上进一步细化平台的收入来源（邝婉珊，2014）②，根据收入来源对平台企业的相关市场进行更为深入的划分。除了从两端获取利润外，平台企业还有广告收入、增值服务收入等，通过分析平台企业主营业务收入，可以对平台企业类型作更合理的划分。营利模式和收入

① 该方法在实践中主要是根据平台的收入来源进行市场界定，相关研究和应用目前还较少。

② 邝婉珊：《互联网双边市场中界定“相关市场”的新视角》，《中国集体经济》2014 年第 16 期。

来源法仅仅是 SSNIP 方法的一种补充,从整体上对平台经济进行分类,到了具体的领域,还需要借助传统的方法合理界定。

用户是平台得以存在和发展的基础,任何平台想要获得发展都必须有数量庞大的用户群体作为基础,因此争取用户才是平台企业间竞争的核心。无论是二选一问题,还是互不兼容问题,都体现了平台企业利用自身优势试图增加用户“黏性”,以拥有更为庞大的用户群体。引入用户数量作为相关市场范围的界定,可以提供量化的分析指标,减少相关市场界定中的误差项。实践层面,欧盟也曾经使用过该方法,在电信领域中考察网络的覆盖面时,不仅考察企业的覆盖面,同时也要考虑用户数量。与用户密切相关的还有数据及各类信息,这也为界定平台企业相关市场提供了新的维度。

无论是营利模式法,还是用户数量法,都需要与传统的方法有效结合。因为这些方法只是传统方法的有益补充,为市场界定提供一种新的分析思路和维度,尤其是对于一些市场边界模糊的平台企业。营利模式法也存在不足,主要表现其模糊性。比如电子商务领域的一些平台企业既有 B2C 的业务,也有 C2C 的业务,这种情况下如果按照营利模式法划分市场,那么显然缺乏合理性。这时候就需要再引入收入来源分析法,进一步细分市场,尽可能使相关市场界定科学合理。

二、优化滥用市场支配地位的认定标准

平台经济的特征使平台企业具有更大的占据市场支配地位的可能性。如果单纯以市场份额来界定垄断,显然缺乏合理性,因此应该将监管重点放在平台企业是否滥用市场支配地位上。平台企

业滥用市场地位的形式与传统经济有显著的差异，也更具隐蔽性，法律上的监管空白也给平台企业滥用市场支配地位的判定带来挑战。因此，在结合传统方法的基础上，需要进一步优化平台企业滥用市场支配地位的认定标准。

首先，弱化市场份额的重要性。传统经济行业中，企业规模并不是越大越好，当企业规模达到一定程度后，会影响资源的优化配置。平台经济则不同，平台规模与效率一般是正比例关系，即平台规模越大资源配置效率越高。[①] 这与平台经济的成本密切相关，平台经济的边际成本很低甚至可以是零成本。换言之，平台服务的消费者越多，所产生的社会整体福利越大，资源配置也更有效。如果为了追求公平，以市场份额界定垄断，其结果是社会整体福利的损失。

其次，强化行为结果导向分析。平台本身对于拉动就业、推动经济发展具有重要意义。平台企业是商业组织，滥用市场支配地位本身也是为了获取利润。对于平台经济垄断的界定，要充分分析其行为是否对消费者以及社会整体福利产生负面影响。比如搜索平台的竞价排名，导致大量的非法广告得以精准地推荐给消费者，由此给消费者造成了严重的损害，这种情况显然对社会福利产生负面影响。因此，在界定平台滥用市场支配地位过程中，应强化对行为结果的分析。将平台行为分为强迫和非强迫两类，对于强迫行为，显然是滥用了市场支配地位，属于监管的重点。对于非强迫行为，比如拒绝兼容或交叉补贴等，应区别对待，监管的重点应放在这种行为是否对消费者造成损害结果上。

---

① 电子商务研究中心：《阿里研究院与德勤研究：〈平台经济协同治理三大议题〉》，见 http://b2b.toocle.com/detail-6419760.html，2017 年 8 月。

三、重新界定平台经济的垄断标的

在传统行业中，垄断往往意味着企业占据或者拥有一定的资源，比如石油、煤炭、铁路等有形物体。而在平台经济中，核心资产是数据和流量，对这两种资源的垄断本身就是一种数字垄断，与传统产业的垄断并无本质上的区别。当流量被少数几家平台企业分割后，也就意味着这些平台企业可以影响市场上的广大消费者。与传统垄断不同的是，数据资源的总量不是固定的，而是不断增长的，平台经济"赢者通吃"的特征使平台企业具有先发优势，其数据资源未来只会像"滚雪球"一样越来越多，对新进入者形成天然的壁垒。

目前的核心问题是数据的性质界定。是否可以将数据资源界定为一种资产，其所有权归谁、平台是否有权力使用这些数据资源等都是一系列悬而未决的问题。《中华人民共和国民法典》对数据等虚拟财产的保护是有相关规定的，但目前还处于探索阶段，没有对相关标的的权属、概念范畴等作出专门的规定，因此可以认为法律并不承认数据的财产属性。

基于目前法律的规定，结合现实的需求，本书认为应尽快确定数据的法律属性，在对平台的反垄断调查中，要逐步纳入数据、流量等因素，结合平台消费者数量等指标，重新构建平台经济垄断的量化界定体系，为平台经济反垄断提供量化依据。

四、平台行为是否损害了消费者利益

企业的垄断行为最终目的是获取垄断利润，垄断利润的获取显然损害了消费者的利益。在不考虑垄断对创新等的影响下，单从消费者的角度看，垄断行为应是政府监管的重点。

传统行业的垄断通常是通过占据行业支配地位进而获得价格控制权,通过提高产品价格获得超额利润。平台经济因其提供的服务大部分是免费的,并不存在通过提高价格来获取超额利润。因此平台滥用市场支配地位的表现形式更为多样,也更具隐蔽性,具体包括以下几种形式:首先,互不兼容引起的“二选一”问题。从“3Q 大战”,到微信封杀淘宝客,再到阿里巴巴、京东间的“二选一”问题,平台领域的竞争越来越激烈,这些行为已经滥用市场支配地位,不利于创新,也对消费者造成损害。其次,捆绑销售。尤其是一些票务销售平台,在销售各类票务的同时,通过捆绑的形式,迫使消费者购买保险等并不必然相关的产品,损害了消费者利益。最后,竞价排名。由于缺乏有效的监管,网络广告的违法率是传统媒介的三倍以上,这些违法广告给社会带来重大危害。除了以上几种形式外,一些平台还会通过滥用标准、签署排他性垄断协议等形式滥用市场地位。

平台经济的垄断形式与传统行业具有显著的差异,而且很多形式在法律上是没有被明确禁止的,即使出现问题,也很难追究责任。而这些行为有一个共同的特征,就是严重损害了消费者利益。因此,就消费者的角度而言,平台经济垄断显然是需要政府重点监管的对象。将这一因素纳入反垄断监管标准中,可以更客观地界定平台企业的行为是否构成垄断。

总体而言,平台经济的独特性使平台企业规模越大越好,一些大的平台企业占据市场支配地位的可能性也更高。对平台企业滥用市场支配地位的界定应以对社会整体福利所产生的影响作合理区分。在传统的垄断界定标准的基础上,要不断修正界定标准,引入更适合平台经济的因素,比如数据、流量、消费者数量等。同时在量化的基础上，引入定性的界定因素，综合评估平台企业的行为是否构成垄断。

第三节　创新平台经济反垄断监管措施

随着平台企业规模的不断增大，用户黏性变得越来越强，用户转换平台使用的成本也在逐步增加。对于平台而言，其成本除了前期的平台建设外，主要是后期的维护和宣传推广。宣传费用会随着平台企业的壮大逐渐减少，所以平台企业后期的投入主要是相对少量的维护费用，其边际成本会随着使用人数的增加不断降低，甚至无限接近于零。因此，需要进一步分析平台经济相比于传统经济的特点，以及两者的区别，构建一整套基于平台经济特殊性基础上的反垄断措施。

一、协同整合反垄断执法机制

主体协同的根本原因是平台经济的去边界特征。平台经济打破了边界限制，突出表现在两个方面：一方面，平台经济突破了地域的限制。互联网的无边界性为平台的发展提供了广阔的市场，使传统的属地监管变得更为复杂化，尤其是对于跨国性的平台，其垄断地位往往存在于数国之间。典型的比如微软，遭到多个国家的反垄断调查。另一方面，平台经济突破了边际成本界限。在传统的经济业态中，规模经济存在一定的界限，企业不可能无限制地生产，这种情况下需求方的规模经济并不一定会导致寡头垄断。但如上文的分析，平台可以将边际成本降低到无限趋近于零。基于平台经济的这一特征，对平台经济的垄断监管也要打破边界限制，协同整合反垄断执法机构的执法资源。

要充分整合我国现有的三大反垄断执法机构。根据我国现行《中华人民共和国反垄断法》的规定，以及政府反垄断组织的设计，目前国家发展改革委、商务部以及国家工商总局分别负责反垄断执法工作。这种设计缺乏权威性和独立性。随着平台经济不断发展，亟须建立一个独立的、统一的反垄断执法机构，或者是将三个部门的反垄断职责进行有效合并，整合到一个部门中统一开展相关执法工作。平台经济是技术和知识密集型行业，反垄断执法机构还需要与互联网监管部门工业和信息化部建立有效的合作机制，从而弥补自身技术弱势，实现功能互补，这也是国际上较为通行的做法。

从规则层面看，反垄断部门还需要与行业组织有效协同。行业规则从技术、标准层面提出了诸多可参考的意见，且在专业技术层面有明显的优势，这一点恰恰是监管部门的劣势。行业规制和反垄断规制是一种功能替代和互补的关系，规则层面的有效协同是执法的重要基础。

对平台经济的反垄断监管，应当充分发挥各个机构的优势，避免监管资源的过度分散造成监管的低效，尤其是要防止出现反垄断执法过程中的差异性。这就需要从法律规则层面进行有效协同，对相关的垄断案件进行统一认定和处理，保障反垄断法的权威性和统一实施。

二、创新平台经济反垄断监管技术和工具

执法主体和法律层面的协同为平台反垄断提供了有效的保

障，在具体的执法过程中，受制于平台经济特征的影响，除了在界定标准上作有效的变更外，还需要创新执法技术，提高执法效率，具体包括以下几点。

首先，引入“同行评议”制度。这将参与者平等纳入治理体系中，并真正赋予了其治理主体的地位，这种方式对垄断的问责依据并非来自由上到下的科层式评估，或者是依据规则打分的外部第三方，而是来自处于相同环境下的不同参与者。“同行评议”至少带来两方面益处。一方面，不同参与者因为经验能力与所掌握的信息不同，它们会采取不同的方式来实现相同目标。评议过程事实上也是相互学习的过程，从而有助于共同的进步。另一方面，政府和平台企业之间存在巨大的信息不对称，但同为平台企业之间却相互熟悉，因此“同行评议”事实上也减轻了政府的信息负担。

其次，充分利用大数据技术创新监管工具。SSNIP 方法虽然很难适用于对平台相关市场的分析，但这一方法也提供了基本的思路，即从量化的角度界定平台是否构成垄断。政府利用公权掌握了大量的平台数据，这为监管提供了基础。数据是未来反垄断监管的一个重要维度，要逐步从法律上明确数据的定义和归属，为政府利用数据监管提供法律依据。利用大数据技术创新监管工具，提高政府的监管效率。

最后，建立社会价值评估维度。平台经济具有显著的正外部性，从平台经济发展的过程看，各个利益群体也都通过平台经济受益，形成了一种“共赢”的格局。平台经济实际上降低了买卖双方的搜索成本，降低了全社会的交易成本，从而带来全社会受益的局面。因此，对于平台经济垄断的界定，不应该单纯地从市场份额等角度界定，而是应该增加评估维度，构建起包含经济、社会、文化等维度的完善的评估体系。

三、创造公平的竞争环境

平台垄断具有“赢者通吃”的特征，平台在发展初期都会采取“烧钱”策略，不惜成本吸引客户入驻，而当平台型企业发展到一定规模后，就对新的平台型企业形成进入壁垒。对平台经济反垄断的监管，要保持市场的开放程度，即在平台型企业发展初期，政府应维护公平的竞争环境，鼓励更多的平台型企业参与市场竞争。政府可利用产业政策等工具，引导市场合理发展，培育若干具有竞争力的平台型企业，防止“一家独大”的局面产生，使市场保持充分的竞争，这也有利于平台经济商业模式的创新。

首先，强化对平台企业兼并的监管。就平台经济领域，大量的细分领域通过合并等形式形成“一家独大”的局面，比如优酷与土豆合并，携程与去哪儿合并。这也迫使平台走向差异化道路，比如在电子商务领域就同时存在淘宝、京东、苏宁等，每个平台企业定位不同，使各个平台企业能够吸引不同的卖家和买家加入。目前政府在平台企业合并方面的监管还较为宽松，尤其是对于 BAT 一类的平台，通过垂直整合，已经趋近于垄断，这也是未来政府要重点监管的领域。对于具备一定规模的平台企业，在其收购营业额较低但价值较高的初创企业时，可以考虑适度提高交易门槛。

其次，加强对消费者权益的保护。无论是传统产业还是平台经济，形成垄断后都会对消费者利益造成一定的损害。从消费者的角度看，在同一个细分领域，当有多家平台公司运营的时候，由于彼此间的竞争，消费者可以获利较多。当同一领域参与者逐步减少甚至最终只剩下一家时，平台企业依靠其优势地位，逐步取消优惠，消费者也难以再享受到相关的竞争红利。因此，对细分领域合并的监管审核，是确保市场充分竞争的重要条件，有助于在细分领域产生更多的创新，也有助于更好地维护消费者利益。

最后，防止已经在事实上获得市场支配地位的平台企业滥用支配地位。尽管按照现有的标准还无法界定部分平台企业构成垄断，但从事实上看，类似“二选一”这样的问题，实际上就是平台企业滥用市场支配地位的表现。尽管类似的行为还较少，而且也受到了相应的监管，但由此对消费者造成的影响是客观存在的。市场支配地位本身并不一定是负面的，只有依靠垄断地位获取不正当利益才是不被允许的。具有市场支配地位的平台企业妨碍竞争的行为，往往会同时损害交易相对人的利益；而其通过支配地位进行剥削的行为，也会削弱市场竞争。《中华人民共和国反垄断法》和《中华人民共和国反不正当竞争法》应当考虑增列相应条款，防范类似行为的发生，并明确相应的处罚措施。

柯兹纳（2013）[①]认为，市场是一个动态的过程而非静态的均衡结果，企业家的核心能力就是打破市场的均衡。在对平台经济的反垄断监管中，核心是重新梳理平台企业垄断的界定标准。政府可以参考反垄断政策的经典信条：“大不等于恶”。在结合传统的监管措施的基础上，应根据平台经济的特征，逐步引入新的判定维度，重视平台经济的社会价值，不断创新监管的技术手段。在监管机构与权力分配上，要逐步引入更多的监管主体，建立同行评议和第三方评估制度，构建一个由政府、行业组织、平台企业、消费者等为主体的完善的监管体系。

---

① 伊斯雷尔·柯兹纳：《竞争与企业家精神》，浙江大学出版社2013年版，第208页。

第五编

我国平台经济监管的技术手段创新

第十六章　大数据监管平台经济的基本原理

政府对平台经济采用大数据技术进行监管,其目的是对平台经济的运行状况进行综合实时评价,以此为依据来实时监测电子商务等平台经济的信用和规范性。同时将评价结果对外公布,从社会角度对平台进行制约,多头并重形成合力以对后续的平台经济进行精准监管。总体来看,构建政府对平台经济的大数据监管指标评价体系具有以下几个方面的意义。

第一节　利用大数据监管平台经济的意义

一、有助于优化互联网平台经济的市场秩序和减少网络违法犯罪

任何行业的发展,都需要政府部门的监管和制约。近几年来,我国互联网平台经济快速发展,为广大居民进行网上交易、网上投融资提供了快捷、方便的渠道,同时也积极促进了我国产业结构转型升级,带动了居民就业,总体来说利大于弊。但是,由于平台经

济行业法律法规、相关制度还在建设当中，已出台的法律条文还不完善，导致部分不法分子利用制度漏洞进行投机活动，扰乱正常的市场秩序。如利用互联网平台的隐蔽性，进行假冒伪劣商品的销售、进行虚假宣传等不正当竞争活动；又或者是通过平台进行洗钱等经济犯罪活动，严重破坏我国正常的市场经济建设，也给互联网平台行业带来负面冲击，不利于其可持续发展。为此，政府应采用大数据技术对电子商务等平台经济进行监管，实时对平台中一些异常交易活动进行监测，迅速查找到非法交易活动的相关主客体信息，对平台中各个主体身份进行有效监管，从而有效维护互联网平台经济的市场秩序，减少平台经济网络犯罪行为。

二、有助于为社会个体消费者和商家的交易活动提供平台参考基础

目前我国已拥有淘宝网（天猫）、京东、苏宁易购等大型电子商务平台以及拍拍贷、有利网等互联网金融平台，这些平台为个体居民的消费和投融资提供了便利。但是，由于行业竞争激烈，使这些平台时常存在不合理、不正当竞争，尤其是互联网金融业，由于涉及资金利益，在不合理竞争背后隐藏着巨大的金融风险。近几年，互联网金融“跑路”事件就是平台运行不规范的事实表现。因此，通过政府层面采用大数据技术对平台经济进行监管，并对各个平台进行监管体系评价及排名，能使社会交易者和投资者通过参考该指标体系得分排名，清楚认识各平台的得分，从而到风险更低、运营更规范、信用分数更高的平台中参与交易活动。这能降低互联网交易中投诉、侵权等事件的发生，也能提高居民网络消费和投资的积极性，保障我国互联网平台行

业的良性发展。

三、有助于使平台自觉建立交易风险机制和提高平台运行规范化

我国互联网平台发展状况参差不齐，大型的互联网交易平台具有自身的风险管控和大数据分析机制，而中小型互联网交易平台在商品质量保证、商家身份认证、风险控制、侵权投诉机制等方面都未建立或者不能完整建立相关体系制度，使网络交易者缺乏维权渠道，交易活动无法得到有效保障。通过政府层面采用大数据技术对平台经济进行监管，并定期公布各个平台的监管漏洞、违规活动、评分及排名，可以促进平台自觉建立交易管控体系，优化平台交易环境，加强平台违法经济犯罪活动的自查整顿，提高平台运行规范化。由此可见，利用大数据监管能够进一步促进互联网平台企业在竞争中实现优胜劣汰，保障互联网平台行业的健康良性发展。

四、有助于推动我国的网络信息化及创新型政府建设

近些年我国互联网平台经济快速发展，为经济增长提供了新动力。国家不断提倡采用大数据、云计算等高科技技术来提高政府的市场服务和市场监管水平，同时也提出要建立创新型政府。而如何对市场经济活动尤其是网络经济活动进行高效监管也成为创新型政府建设的一个标志。政府通过采用大数据技术对平台经济进行监管，能不断提高政府对市场经济互动的监管能力，提升政府的治理能力和经济社会运行效率，推动我国网络信息化水平不断提高。

第二节 利用大数据监管平台经济的对象和领域

2015年国务院办公厅发布《关于运用大数据加强对市场主体服务和监管的若干意见》，明确了国家大数据应用的方向和市场监管目标。

一、维权服务监管

维权服务监管是指为维护市场秩序而采取的监管行为，包括消费者维权、投诉等级、服务咨询等，即提供消费者维权、投诉的网络渠道，并能快速追溯问题来源并解决矛盾。传统市场交易中，也会存在很多商家价格欺诈、商品虚假宣传以及商品质量、安全等问题。在消费者遇到这些问题时，一般会通过向中国消费者协会、工商部门进行投诉或举报以解决问题。这种处理方式尽管也存在一定的有效性，但表现出明显的低效率特点，例如，工商部门需要先去现场调查零售商，再依据零售商的信息去调查批发商，再根据批发商去调查更大的市场和生产部门，这会带来巨大的调查成本。而平台经济的特点是全部网络交易化，通过大数据监管技术可以通过商品信息直接追溯到商家，由商家进一步追踪上一级销售或生产部门，溯源能力大大增强。

二、交易主体监管

主体监管是指对平台的交易主体进行监管，旨在通过认证、身份识别等保障平台内各交易方的合法身份，解决“无证经营”“权责不明”等问题。在政府利用大数据对平台经济进行监管中，主体监管非常重要，它决定了其他监管模块是否可以得到溯源和有效执行。对主体监管一般包括两个方面：一是政府对平台企业的身份信息进行监管，包括营业执照、运营规则是否合理，是否有风险控制系统等；二是监督平台对入驻商家、中介商家和消费者的身份信息监管，平台中的交易方需要平台的监管，但是平台可能出于利益会对部分商家信息采取不完全认证等。为此，政府采用大数据技术需要对这种“漏洞”进行充分挖掘，同时配合信用登记部门，将信用缺失行为纳入信用系统中，降低个体交易的平台风险。

三、信息监管

对交易中的信息进行监管，旨在维护消费者的利益，包括对产品价格、产品质量、侵权行为等进行监督，自动发现异常价格、价格先升后促、难退换货等欺诈行为。政府对电子商务、互联网金融等平台经济的监管最主要的是交易上的监管，这是由平台经济的交易性质所决定的。在运用大数据技术监管中，主要是政府与平台经济进行后台合作，即政府通过权限进入平台经济的后台数据层，政府专业人员通过对电子商务平台、个体用户、网店等交易金额、商品来源、交易价格、交易地址、身份标识信息等动态监测和筛选侦查，判别平台交易的违法失信行为。通过大数据技术，及时侦查发现虚假宣传、网络销售假冒伪劣商品、虚假网络标识、价格欺骗等非法行为。

四、行为监管

行为监管是指对平台的交易行为是否违法进行监管，包括不正当竞争、税收问题、非法交易、洗钱等，该模块能通过交易跟踪方法使违法行为隐藏性降低。政府对电子商务、互联网金融等平台经济的主要监管目标之一是打击网络违法行为，特别是危害食品药品安全、金融洗钱等违法行为。平台经济的主要特点是交易网络化，一些犯罪行为利用网络逃避行踪，隐藏犯罪手段而难以被发现。通过大数据技术，可以突破这层限制，让不法行为无处遁形。创新市场经营交易需要创新的监管方式，利用物联网、射频识别等信息技术，建立产品质量追溯体系，形成来源可查、去向可追、责任可究的信息链条，从而使违法交易、不安全交易纳入监管中。

五、趋势预测

政府运用大数据技术对平台经济进行监管的另一项重要功能是加强对行业的监测和趋势判断，对可能出现的风险提出处置预案，为推进行业良性发展设计更加合理的政策。以往政府对电子商务等平台的数据搜索是被动的，这大大降低了交易数据的使用效率，也导致政府很难准确判断平台经济发展状况。通过大数据、云计算和挖掘分析技术，可以充分挖掘数据价值，改进平台经济运行监测预测和风险预警，并及时向社会发布相关信息，合理引导市场预期。同时能对行业发展动态、市场供需状况、质量管理状况等加以监管，提高政府对平台信息行业的监管效率。

第三节　利用大数据监管平台经济的技术原理

政府采用大数据技术对电子商务等平台进行监管的核心在

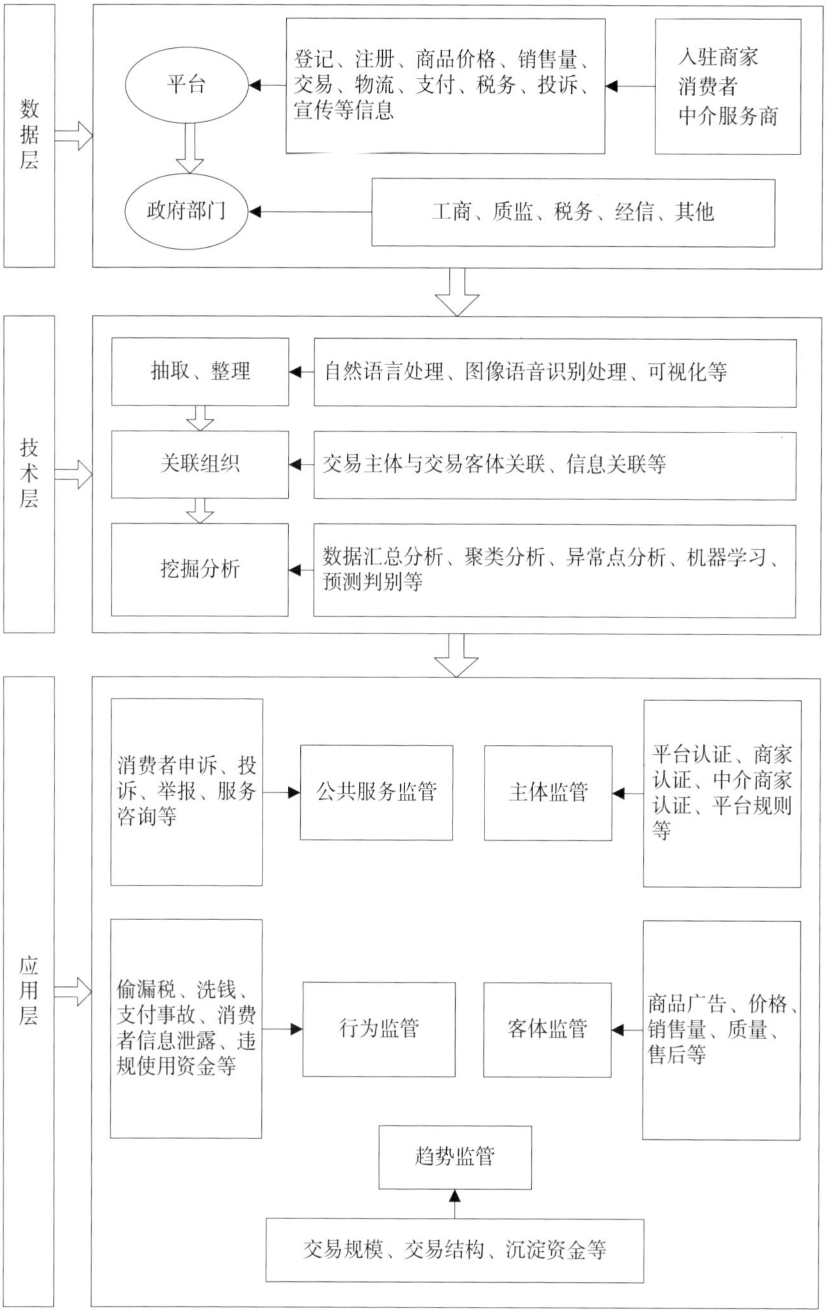

图 16-1　大数据技术对平台经济的监管系统

于:构建平台经济中各个子行业(电子商务、互联网金融等)大数据监管平台,集成每个平台(如电子商务中集成淘宝、京东、苏宁等)的各种信息数据,并纳入监管中,通过大数据和云计算技术对各个平台的交易、物流、税务等异动信息进行挖掘和分析,智能地实现信用评价、行为监管、主体监管以及客体监管等职能。从大数据对平台监管的技术原理来看,整个监管系统包括数据层、技术层和应用层(见图 16-1)。

一、数据层

数据层是大数据技术进行分析的对象,是监管的前提。数据层的数据来源于各个平台,因此政府对平台进行有效监管的关键一步是能获得各个平台的海量数据。目前各平台都建立了关于交易信息、入驻商家信息、消费者信息的数据库,内容包括平台自身的登记、注册信息,入驻商家的身份、商品信息,消费者的购买记录等,此外,数据层还包括平台经济后续衔接的支付、物流、税收、质量投诉等信息数据。政府如何获得这些数据是进行大数据应用的关键,一般来说,政府获得这些信息有两种方式:一是通过各个平台的数据汇报,二是通过政府有权限地进入平台数据后台。由于数据汇报形式很容易产生信息不对称问题,导致政府无法真正对平台经济实时监管,因此政府中相应职能部门(税务、工商、质监、经管)通过权限形式进入数据后台是理想的政府监管模式。

但是,政府部门只获得基础数据还远远不够,要对平台活动进行有效监管还需要两个条件:一是跨部门、跨地区的集成数据库;二是实时采集数据流,前者凸显了数据的宽度,后者凸显了数据的实效。集成数据库意在将工商、税务、质监及其他部门获得的数据统一集成政府大数据，从而能形成有关联的行为信息，使平台行为全面系统纳入监管主体中；实时采集数据流是利用网络爬虫等自动信息采集技术实时高效地采集相关关键词的数据，从而能大大提高监测和监管效率。

二、技术层

技术层是大数据技术监管核心，技术层应用的关键包括两个方面：一是云计算；二是挖掘和统计算法。

云计算是在云平台基础上的一种强大计算能力。平台经济数据的一个主要特征是海量数据，即数据量非常大，传统的计算机无法存储，也无法执行对这些数据的分析。而云平台将数据虚拟化，存储在分布式计算机上，根据需求访问数据中心，达到海量数据的分析处理。云平台由基础层、基础设施层及应用层构成。基础层实现平台开发功能，为各种应用开发提供平台支持，包括服务器基础设置、网络基础设置等基础设施，应用层提供各种具体的功能应用，用户只需要通过接口控制即可实现相应的功能。

挖掘和统计算法是对海量数据进行整理、分析、挖掘信息价值，实现结果展示的技术手段。包括两个步骤：第一步是对海量数据的整理，由于大量的平台信息数据是无序、复杂、类型多元的商业交易数据，这种数据在应用各种统计分析方法时不能直接拿来使用，因此需要采用语言识别、图像识别等技术使之形成格式化、标准化的数据，并组织关联化。第二步是基于监管需要采用各种算法展开分析，包括数据汇总与对比分析、聚类分析、关联模式挖掘、异常点发现、预测判别等。

三、应用层

应用层是指政府部门在平台经济海量数据及算法技术的基础上,根据监管需求对数据进行分析挖掘,并得到可视化大数据结果,以此进行决策的过程。应用层的特点是能对电子商务等平台行为进行实时、智能、高效的全面监管。根据监管对象和监管目标,可以将政府的大数据监管分为维权服务、主体监管、行为监管、客体监管和趋势监管五个模块。

第四节　利用大数据监管平台经济的方法

对于政府大数据的监管,一般需要采用定量指标,而在定量指标选择中,有两方面目标:第一个目标是对平台经济单方面违规行为的监管,如平台交易中是否发生商品价格欺诈行为,以及欺诈行为的程度或数量;第二个目标是对平台经济综合运行状况的监管,即观察平台经济多项违规行为的综合情况。此时单靠某一个单方面的指标难以进行有效考察,就需要建立立体监管指标体系,全面覆盖平台经济运行中的各种行为。本书根据政府对平台经济大数据监管的对象和领域共设计五个模块指标,构成指标体系,然后对每个指标设置权重,综合得到平台得分,以进行各个平台的分块监管以及总监管的评分排名。

对于权重的设定,目前有多种方法,一是主成分分析和因子分析法,二是层次分析法,三是德菲尔法。主成分分析和因子分析法主要依据变量间的复杂关系,从客观角度构造出变量的权重,最终形成一个综合得分。层次分析法是指将一个复杂的多目标决策问题作为一个系统，将目标分解为多个目标或准则，进而分解为多指标（或准则、约束）的若干层次，通过各个指标两两排序确定权重大小，是一种主观确定权重的方法。德菲尔法是采用专家匿名打分的方法，通过函询的方式获取专家的意见，或者专家直接给各个指标进行权重分数，也是一种主观设定权重方法。

考虑到平台经济的数据是动态的，各个模块的违规数量也可能在不同时间有很大变化，因此采用基于数据本身的权重设定方法与采用客观法确定权重更为合理。为此，本书最终选择因子分析法作为权重的设定方法，并以此计算各个被监管平台的规范性得分。

一、因子分析法的基本原理

因子分析法起源于20世纪初卡尔·皮尔森（Karl Pearson）关于智力测验的统计分析。它是从研究相关矩阵内部的依赖关系出发，把一些具有错综复杂关系的变量归结为少数几个主成分的一种多变量统计分析方法。

在遇到研究多个指标的实际问题时，指标会增加问题分析的复杂性和难度。对于这些多指标的实际问题，我们希望能找到合理的个数较少的综合指标去代替实际得到的个数较多的指标，这样既可以减少所要分析的指标个数，又尽量不损失原来指标所包含的信息，因子分析法则很好地解决了这个问题。其基本思想就是根据相关性大小把变量分组，使同组的变量之间相关性较高，不同组的变量相关性较低。每组变量代表一个基本结构，这个基本结构称为因子。对所研究的问题就可以试图用最少个数的公共因子的线性函数与特殊因子之和来描述原来观测的每一分量，从中找出几个公共因子,每一个公共因子就代表反映经济变量间相互依赖的一种经济作用,抓住这些主成分就可以帮助我们对复杂的经济问题进行分析和解释。

二、因子分析法的基本步骤

因子分析法是通过对样本相关矩阵的内部依赖关系的研究,将一些具有一定关系的变量或样本归结为较少的几个不可观测的综合因子(又称为主因子)的多元统计分析方法,其计算步骤可归纳整理为:

(一)构造原始数据矩阵

设考核指标 $X_1,\cdots,X_n$, X_pX 的样本观察矩阵为 X ,即:

$$X=\begin{bmatrix} X_{11} & X_{12} & \cdots & X_{1n} \\ X_{21} & X_{22} & \cdots & X_{2n} \\ \cdots & \cdots & \cdots & \cdots \\ X_{p1} & X_{p2} & \cdots & X_{pn} \end{bmatrix} \tag{16-1}$$

其中, p 是变量的个数, n 是样本容量。

(二)将原始数据进行标准化处理

由于不同的指标具有不同的量纲,为了对变量进行比较,并消除量纲的差异及数量级造成的影响,将样本观测数据进行标准化处理,使标准化后的变量的均值为 0,方差为 1。变量标准化的公式为:

$$Y_{ij}=\frac{X_{ij}-\mathrm{mean}(X_j)}{\mathrm{stedv}(X_j)} \tag{16-2}$$

其中, X_{ij} 是第 i 个地区第 j 个指标; mean(X_j) 是 X 变量的均值, stdev(X_j) 是 Y 变量的标准差, Y_{ij} 是第 i 个地区第 j 个指标标准化后的值。

(三)用 Jacobi 法求 R 的特征值及相应的特征向量

求出标准矩阵 Y 的相关矩阵 R ,并求出相关系数矩阵的特征向量以及特征值,其中特征值 $\lambda_1 \geqslant \lambda_2 \geqslant \lambda_3 \cdots \geqslant \lambda_n \geqslant 0$,设特征向量矩阵为 $U = (U_1, \cdots, U_p)$,令 $F = U^T X_\alpha (\alpha = 1, \cdots, n)$ 称 F 为主因子阵, X_X 为第 α 个样品主因子观测值。

(四)确立公共因子的个数 m,建立因子模型

根据 Kaiser 准则,我们只保留特征值大于 1 的因子。一般选取 m 个,使 $\sum_{i=1}^{m} \lambda_i / \sum_{i=1}^{p} \lambda_i \geqslant 0.8$,这 m 个主因子的矩阵 U 为:

$$U_{p \times p} = \varepsilon \begin{pmatrix} F_{m \times n}^{(1)} \\ F_{(p-m) \times n}^{(2)} \end{pmatrix}$$,则由 $F = U^T X$ 可得:

$$X = UF = U^{(1)} F^{(1)} + U^{(2)} F^{(2)} \tag{16-3}$$

其中, $U^{(1)} F^{(1)}$ 为 m 个主因子所能解释的部分, $U^{(2)} F^{(2)}$ 为含有信息很少的残余部分,可设为 ε ,这时有:

$$X = U^{(1)} F^{(1)} + \varepsilon \tag{16-4}$$

其中,X 为因子模型; $U^{(1)}$ 为因子载荷矩阵; $F^{(1)}$ 为主因子; ε 为特殊因子。

(五)对因子载荷矩阵进行正交变换

建立因子分析模型的目的不仅是找到主成分,更重要的是知

道每一个主成分的意义,以便对实际问题进行分析。然而,上述方法求出的主成分解代表的变量不很突出,容易使因子的含义模糊不清。因此,需对初始因子载荷矩阵进行正交旋转变换,得到比较理想的因子载荷矩阵,从而使各主因子能最大限度地反映其所代表的指标。

(六)计算公共因子得分

因子模型建立起来以后,我们应当反过来考察每一个样本。例如,平台经济绩效的因子模型建立之后,我们希望知道每个平台经济绩效的优劣,把平台划分归类,如哪些平台绩效最好,哪些平台绩效居中,哪些平台绩效较差。要解决这个问题,在统计模型上就需要将公共因子用变量的线性组合来表示,也即由平台经济绩效的各项指标值来估计它的因子得分。估计因子得分的方法不止一种,比较常用的是汤姆森因子得分计算方法。其假设因子可以对 p 个变量作回归,建立回归方程:

$$F_j = b_{j0} + b_{1j}x_1 + b_{2j}x_2 + L + b_{nj}x_n, j = 1, \cdots, m \tag{16-5}$$

由因子得分系数矩阵 B 和原观测变量标准化后的矩阵 Y,可以求得因子得分的估计值,即:

$$F_j = BY \tag{16-6}$$

(七)计算样本的总得分

其中,$\mathrm{d}_j = \lambda_j / \sum_{j=1}^{m} \lambda_j$ 称为第 j 个主因子的贡献率,$f_\alpha(j)$ 为第 α 个样本在第 j 个主因子的得分。

通过因子法,可以计算出各个监管模块(二级指标)以及综合的平台规范性得分，并可以据此对各平台按监管模块或者总得分进行排名。

在得到因子分析法结果后，可以对各个指标的权重进行计算，其中第 i 个指标 X_i 权重的计算公式为：

$$W_i = \sum_{j=1}^{m} b_{ij} d_j / n \sum_{i=1}^{n} \sum_{j=1}^{m} b_{ij} d_j \qquad (16\text{-}7)$$

第十七章　大数据监管平台经济的主要指标体系

政府在进行大数据监管的过程中,不可能事无巨细地对所有平台经济的运行指标都进行检测跟踪,这在资金和设备成本角度都是无法实现的。这就需要根据平台经济的运营情况对平台经济的重点领域和关键指标进行筛选,构建出相应的指标体系。

第一节　构建大数据监管指标体系的原则

指标法的优点是指标值监测、搜集、结果反馈都能具体化,能进行定量分析,并能运用到各种模型中,使政府能快速对平台经济的信用以及违规运行状况进行观察,同时也能指导平台进行改进。本节采用指标法,努力构建一个政府利用大数据技术对平台经济监管的指标体系。

一、政府是指标体系的主要构建单位

建立指标体系的主要目的是政府能够通过各个指标的动态变化实时监测平台违规或者非法交易活动，从而维护市场秩序稳定。政府既是监管的主体，也是指标体系的主要构建单位，而平台和市场交易行为是监管对象。基于此，指标体系的构建首先要明确政府的监管主体性，从政府角度选择需要监测的指标，而对于平台监测的指标不纳入指标体系中。当然，尽管政府是监管的主体，但政府并不是任何交易数据都需要监管，而是主要监管网络交易平台中的非法交易、违规交易及投诉侵权等。

二、问题导向

大数据技术为政府全面监管市场交易行为提供了可行性，即政府可以利用大数据、云计算等相关技术全面、实时监测平台交易行为。但是，海量数据会导致政府缺乏足够的物力资源和人力资源来管理这些数据。事实上，政府是支持平台经济发展的，其对平台经济进行监管的目的是发现和打击违法交易、整治违规交易、维护市场秩序。所以政府在监管中并不需要监管交易的所有方面，而只需对部分异常账户、异常价格、异常商家等进行监管即可。因此，在监管指标体系构建中，指标选取应有问题导向。

三、数据可获得性

在进行平台活动监测过程中，尽管大数据、云计算技术能基本满足政府监管需求，但也可能由于数据的来源、归属、保密等级等问题导致部分指标数据难以获取。对于这种情况，政府专业人员需要对指标进行合理评判，判断是否可以操作、数据是否可以获取、算法是否复杂，对无法获得指标数据的变量应该做剔除处理。因此，在监管指标体系构建中，政府应该充分考虑指标数据的可获得性。

四、合作与共享

互联网平台涉及的交易类型多、商品种类广，这也导致了违法和违规问题层出不穷。政府既要对如洗钱、偷漏税、危害支付安全等违法行为加以监管，也要对平台交易中涉及的假冒、伪劣商品，价格欺诈等问题进行监管，同时还要对平台、入驻商家甚至个体交易者的信息进行监控。在监管过程中，经信、工商、质监、税务等各个部门要相互合作，共享信息。因此，从这一角度看，在监管指标体系构建中，政府应该充分考虑指标体系能反映监管目标行为的全面性。

第二节　大数据技术监管的指标体系

本指标体系的构建主要基于两个方面的考虑，一方面是从政府的监管需求和监管对象出发，结合大数据监管指标体系的原则，可以认为监管指标选取主要体现在监管对象内容上，而监管对象主要是平台的交易主体和交易客体、交易过程和交易后端。交易主体即在平台经济中参与交易的客户、商家，可以称为主体监管；交易客体即交易的价格、商品质量、广告宣传，可以称为客体监管；交易过程是指是否发生违规交易行为，如洗钱、偷漏税以及客户信息泄露等,可以称为行为监管;而交易后端实际上是消费者交易后的后续处理,主要是维权行为,可以称为维权服务监管。此外,作为政府部门,在进行市场行为监管的同时,也要掌握互联网平台经济的趋势,对平台经济的交易结构进行监管和预测,对此可以称为趋势监管。

另一方面,本书从维权服务监管、主体监管、客体监管、行为监管和趋势监管五个方面建立平台经济的三级大数据监管评价指标体系。旨在对各个平台的各个模块进行监管并综合评价,构建以平台为监管评价对象的指标体系。

指标体系构建的思路是:将一级综合指标按监管对象分成维权服务监管、主体监管、客体监管、行为监管、趋势监管五个二级指标模块,再在每个二级指标模块下面选择三级指标,即最终的量化监管指标。其中,维权服务监管选择消费者主要的维权途径相关指标,包括申诉、投诉、举报以及咨询等,主体监管包括对平台企业、平台入驻商家、入驻中介商家以及平台运行规则等进行监管;客体监管包括对平台交易活动中商品价格、质量、促销活动、售后服务等方面的监管;行为监管主要是对平台经济一些违法行为进行监管,主要包括偷漏税、洗钱、支付漏洞、客户信息泄露等;趋势预测监管主要是对平台经济的发展趋势进行监测,主要包括交易规模、交易结构、沉淀资金三个方面。

根据指标体系构建思路,本书选择每层级的具体指标,其中二级指标维权服务监管包括四个三级指标,分别是消费者申诉数量、消费者投诉数量、消费者举报数量和平台服务咨询。其中,申诉数量、投诉数量、举报数量用消费者向相关部门维权的案件数量进行衡量,而平台服务咨询用平台服务消费者满意度评分进行衡量。

主体监管包括六个三级指标,分别是平台企业身份是否认证、入驻商家身份认证比例、入驻商家身份造假比例、平台中介商家身份认证比例、平台运营规则是否合规、平台是否缴纳保障金。其中,平台身份认证和运营规则是否合规、是否缴纳保障金,用平台身份合格的虚拟变量表示,入驻商家和入驻中介商家认证和造假情况用各自的比例表示。

客体监管包括六个三级指标,分别是虚假宣传广告、价格、销售量、质量、售后服务、不可网上交易商品违规交易。其中,虚假宣传广告监管、价格监管、销售量监管以及质量监管采用欺诈数量进行衡量,售后服务监管采用平台部分交易商品售后服务满意率表示,不可网上交易商品违规交易情况用不可网上交易商品违规交易数量表示。

行为监管包括六个三级指标,分别是偷漏税、洗钱、支付漏洞、交易者信息泄露、违规使用资金和侵权行为。其中这 6 个指标均采用是否发生的虚拟变量表示,如果发生,取 1,否则取 0。

趋势监管包括交易规模、交易结构和沉淀资金总量三个方面,其中,交易规模包括交易额增长率、入驻商家数量增长率、订单数增长率。交易结构包括 20 岁以下人群消费额增长率、60 岁以上人群消费额增长率、西部省份交易额增长率。沉淀资金总量用沉淀资金总量变化率表示。

具体指标体系如表 17-1 所示。

表 17-1 政府对平台经济监管的评价指标体系

一级	二级	三级	指标选取
政府运用大数据监管平台经济评价指标体系	维权服务监管	消费者申诉数量	消费者因自身交易问题而向工商部门进行维权的案件数量
		消费者投诉数量	消费者因自身交易问题而向中国消费者协会部门进行维权的案件数量
		消费者举报数量	消费者向工商等行政部门反映平台交易过程中的违法行为次数
		平台服务咨询	平台服务消费者满意度评分
	主体监管	平台身份是否认证	平台身份认证且合格取 1,否则取 0
		入驻商家身份认证比例	入驻本平台商家身份获得认证的数量比例
		入驻商家身份造假比例	入驻本平台商家身份造假的数量比例
		平台中介商家身份认证比例	本平台入驻中介商家身份获得认证的数量比例
		平台运营规则是否合规	平台各项运营规则符合法律法规取 1,否则取 0
		平台是否缴纳保障金	平台缴纳运营保障资金取 1,否则取 0
	客体监管	虚假宣传广告	平台涉嫌虚假宣传的广告数量
		价格	平台涉嫌商品价格欺诈数量
		销售量	平台涉嫌商品销售量欺诈数量
		质量	商品质量问题发生次数(假货等)
		售后服务	平台部分交易商品售后服务满意率
		不可网上交易商品违规交易	不可网上交易商品违规交易数量
	行为监管	偷税、漏税行为	平台企业是否发生偷漏税行为
		洗钱等非法行为	平台企业或者入驻商家是否发生洗钱行为
		支付漏洞等不安全事件	平台是否发生支付漏洞行为(用户账号被盗用、虚假支付等)
		交易者信息泄露问题	平台是否发生交易者信息泄露行为
		违规使用资金	平台是否发生违规使用资金行为
		侵权行为	平台是否涉及行业侵权行为

续表

一级	二级	三级	指标选取
	趋势监管	交易规模	交易额增长率
			入驻商家数量增长率
			订单数增长率
		交易结构	20岁以下人群消费额增长率
			60岁以上人群消费额增长率
			西部省份交易额增长率
		沉淀资金总量	沉淀资金总量变化率

第三节　指标体系的修正

在指标体系建立后,需要考虑指标体系的可行性和实用性,以保证指标体系可以应用于实践中,真正对平台经济进行监管和评价。总体来看,表17-1所选择的指标满足监管主体性、违规导向性、全面性这三个原则,但对于数据可操作性以及监管体系内部指标之间的关系是否合理需要重新判断。判断基于以下两个准则。

一、指标内容是否重复

如果两个指标或者多个指标内容重复,则会增加体系建设的复杂性,而对于实际监管体系评价结果却不产生重要影响,并且在统计分析中,对于相关性很高的变量,在一个算法内进行研究会造成负面影响。为此,应该排除这种类型的指标。在表 17-2 五个二级指标中,维权服务监管中的消费者申诉数量和消费者投诉数量具有较高的重复性,一些消费者可能同时向工商部门和中国消费者协会进行维权,造成二者相关性很高;主体监管中入驻本平台商家身份获得认证的数量比例和入驻商家身份造假比例也可能存在重复性。因此基于这个准则,本书对这两组指标进行纠正。对于消费者申诉数量和消费者投诉数量,本书只选用消费者投诉数量。对于入驻本平台商家身份获得认证的数量比例和入驻商家身份造假比例,本书只选用入驻本平台商家身份获得认证的数量比例。

二、数据是否可以获取

在表 17-2 所选取的 29 个监管指标中,仍然有大数据和云计算技术不能得到的指标数据,因此就需要对这些指标进行替代或者剔除处理。如平台是否发生涉及虚假宣传广告以及相应的发生次数,技术上目前还不能完全甄别平台商家的宣传广告以及一些促销活动是否涉嫌虚假,因此还很难定性和统计这一指标数据。基于这个准则,本书对该指标进行剔除。此外,对于沉淀资金量的变化率,本书认为其数值大小很难反映平台经济的发展趋势,更多取决于平台的规制和风险管控,因此也将该指标剔除。

修正后的监管指标体系如表 17-2 所示,共包含 25 个三级指标。

表 17-2　修正后的政府对平台经济监管评价指标体系

一级	二级	三级	指标选取
政府运用大数据监管平台经济评价指标体系	维权服务监管（0.298）	消费者投诉数量（0.361）	消费者因自身交易问题而向中国消费者协会进行维权的案件数量
		消费者举报数量（0.377）	消费者向工商等行政部门反映平台交易过程中的违法行为次数
		平台服务咨询（0.262）	平台服务消费者满意度评分
	主体监管（0.076）	平台身份是否认证（0.226）	平台身份认证且合格取 1，否则取 0
		入驻商家身份认证比例（0.171）	入驻本平台商家身份获得认证的数量比例
		平台中介商家身份认证比例（0.298）	本平台入驻中介商家身份获得认证的数量比例
		平台运营规则是否合规（0.155）	平台各项运营规则符合法律法规取 1，否则取 0
		平台是否缴纳保障金（0.150）	平台缴纳运营保障资金取 1，否则取 0
	客体监管（0.191）	价格监管（0.466）	平台涉嫌商品价格欺诈数量
		销售量监管（0.057）	平台涉嫌商品销售量欺诈数量
		质量监管（0.028）	商品质量问题发生次数（假货等）
		售后服务监管（0.299）	平台部分交易商品售后服务满意率
		不可网上交易商品违规交易（0.150）	不可网上交易商品违规交易数量
	行为监管（0.166）	偷税、漏税行为（0.255）	平台企业是否发生偷漏税行为
		洗钱等非法行为（0.107）	平台企业或者入驻商家是否发生洗钱行为
		支付漏洞等不安全事件（0.128）	平台是否发生支付漏洞行为（用户账号被盗用、虚假支付等）
		交易者信息泄露问题（0.122）	平台是否发生交易者信息泄露行为
		违规使用资金（0.174）	平台是否发生违规使用资金行为
		侵权行为（0.213）	平台是否涉及行业侵权行为

续表

一级	二级	三级	指标选取
	趋势监管（0.269）	交易规模（0.433）	交易额增长率（0.211）
			入驻商家数量增长率（0.110）
			订单数增长率（0.112）
		交易结构（0.567）	20 岁以下人群消费额增长率（0.161）
			60 岁以上人群消费额增长率（0.227）
			西部省份交易额增长率（0.179）

注:括号内为指标权重。

第十八章　大数据监管平台经济效果的模拟

第一节　测算模拟

考虑到目前政府还未真正采用大数据技术来对平台经济进行监管,因此表 17-2 的大数据监管平台经济评价指标体系只停留于理论阶段,但是,由于计算机技术和统计算法的成熟,在搜集到相应的监管指标数据后,可以实时通过统计算法对各个平台的监管结果进行评价。为使上面设计的指标体系更直观化,本节将模拟 10 个电商平台的周监测数据。在周期选择上之所以选择以周为单位而不是日或月度数据,主要是考虑对于平台数据而言,月度监管周期过长,而日度则又很难进行横向对比。此外,对于表 17-2 中的 25 个指标,还需要两个方面的处理。第一,对于一些绝对量指标,需要转化为相对量指标,如消费者投诉数量和消费者举报数量,转换为消费者投诉数量和举报数量占消费者平台交易数量的比例,客体监管指标做类似处理;第二,在表 17-2 指标体系中,既有正指标,也有逆指标,其中逆指标包括维权服务监管中的投诉和举报案件数量、客体监管指标和行为监管指标。因此在进行统计分析之前，需要将这些逆指标全部转化为正指标，对于非0—1虚拟变量指标，取倒数处理，对于0—1指标，则取1减去指标值处理，如平台企业发生偷漏税行为取0，否则取1，具体见附录。

在现实中，无论是表17-1还是表17-2，并不能通过政府大数据技术的应用直接获得全部指标数据，部分指标需要政府与平台的合作，实际上平台也通过大数据和云计算技术对平台商家和市场交易进行监管，因此通过平台直接报送给政府部门监测指标数据能降低政府的监测成本和监测工作量。对于表17-3，维权服务监管和行为监管的指标数据可由专门成立的政府大数据技术平台经济监管中心直接获取，而主体监管、客体监管和趋势监管指标数据由平台企业提供。

运用因子分析法对各个平台的各项监管模块进行统计分析，结果如下。

$$F_{11}=-0.497A_1+0.815A_2+0.521A_3 \quad (18-1)$$

$$F_{12}=1.217A_1-0.431A_2-0.035A_3 \quad (18-2)$$

$$F_1=(2.373F_{11}+0.412F_{12})/(2.373+0.412) \quad (18-3)$$

式(18-1)至式(18-3)是对维权服务监管中3个监管指标因子分析的结果，根据总方差贡献率大于85%的原则，选取了2个公因子。

$$F_{21}=-0.035B_1+0.584B_2+0.477B_3-0.086B_4+0.088B_5 \quad (18-4)$$

$$F_{22}=0.655B_1-0.081B_2+0.135B_3+0.013B_4+0.529B_5 \quad (18-5)$$

$$F_{23}=0.202B_1-0.269B_2+0.219B_3+0.851B_4-0.214B_5 \quad (18-6)$$

$$F_2=(1.968F_{21}+1.354F_{22}+0.997F_{23})/(1.968+1.354+0.997) \quad (18-7)$$

式(18-1)至式(18-7)是对主体监管中5个监管指标因子分析的结果,选取了3个公因子。

$$F_{31}=0.521C_1-0.219C_2-0.202C_3+0.129C_4+0.595C_5 \quad (18-8)$$

$$F_{32}=-0.213C_1+0.930C_2-0.103C_3+0.272C4\_0.119C_5 \quad (18-9)$$

$$F_{33}=-0.005C_1-0.114C_2+0.919C_3+0.242C_4-0.279C_5 \quad (18-10)$$

$$F_3=(2.750F_{31}+0.908F_{32}+0.788F_{33})/(2.750+0.908+0.788) \quad (18-11)$$

式(18-8)至式(18-11)是对客体监管中5个监管指标因子分析的结果,选取了3个公因子。

$$F_{41}=0.535D_1-0.003D_2-0.161D_3-0.095D_4+0.045D_5+0.535D_6 \quad (18-12)$$

$$F_{42}=-0.079D_1-0.622D_2+0.626D_3-0.026D_4-0.032D_5-0.079D_6 \quad (18-13)$$

$$F_{43}=-0.106D_1+0.323D_2+0.392D_3+0.825D_4+0.031D_5-0.106D_6 \quad (18-14)$$

$$F_{44}=0.041D_1-0.112D_2-0.173D_3+0.058D_4+0.976D_5+0.041D_6 \quad (18-15)$$

$$F_4=(2.421F_{41}+1.279F_{42}+1.035F_{43}+0.830F_{44})/(2.421+1.279+1.035+0.830) \quad (18-16)$$

式(18-12)至式(18-16)是对行为监管中6个监管指标因子分析的结果,选取了4个公因子。

$$F_{51}=0.394E_1-0.081E_2+0.523E_3+0.003E_4+0.324E_5-0.271E_6 \tag{18-17}$$

$$F_{52}=-0.088E_1+0.100E_2-0.394E_3+0.004E_4+0.068E_5+1.116E_6 \tag{18-18}$$

$$F_{53}=0.077E_1+0.258E_2-0.251E_3+1.061E_4+0.195E_5-0.015E_6 \tag{18-19}$$

$$F_{54}=0.140E_1+1.085E_2-0.318E_3+0.259E_4+0.074E_5+0.069E_6 \tag{18-20}$$

$$F_5=(2.871F_{51}+1.524F_{52}+0.676F_{53}+0.449F_{54})/(2.871+1.524+0.676+0.449) \tag{18-21}$$

式(18-17)至式(18-21)是对趋势监管中6个监管指标因子分析的结果,选取了4个公因子。

在得到各个监管的得分后,再进行一次因子分析,得到综合评价指标:

$$X_1=0.534F_1+0.008F_2-0.006F3\_0.211F_4+0.571F_5 \tag{18-22}$$

$$X_2=-0.122F_1+0.533F_2+0.056F_3+0.749F_4-0.162F_5 \tag{18-23}$$

$$X_3=0.078F_1-0.412F_2+0.764F_3+0.248F_4-0.085F_5 \tag{18-24}$$

$$F=(2.305X_1+1.210X_2+0.898X_3)/(2.305+1.210+0.898) \tag{18-25}$$

通过上述计算,得到表18-1各个因子得分结果。可以看到,对于维权服务监管,显示第5个平台在消费者投诉、举报和服务咨询方面做得最好,信用最佳,其次是第3个平台,而第9个和第7个平台做得较差,因此在维权服务监管中,应对评分较低的第9、第7个平台等进行重点监管;对于主体监管,显示第1个平台在平台认证、平台商家认证以及平台管理方面做得最好，信用最佳，其次是第 5 个平台，而第 9 个和第 3 个平台做得较差，因此在主体监管中，应对评分较低的第 9 个和第 3 个平台等进行重点监管；对于客体监管，显示第 10 个平台在价格、质量、销售量等交易方面做得最好，信用最佳，其次是第 6 个平台，而第 7 个和第 4 个平台做得较差。因此在客体监管中，应对评分较低的第 7 个和第 4 个平台等进行重点监管；对于行为监管，显示第 1 个平台在商家及平台本身偷漏税、洗钱、违规使用资金等异常交易方面做得最好，信用最佳，其次是第 2 个平台，而第 7 个和第 3 个平台做得较差，因此在行为监管中，应对评分较低的第 7 个和第 3 个平台等进行重点监管。对于趋势监管，显示第 1 个平台在交易规模和交易结构等交易方面做得最好，其次是第 5 个平台，而第 4 个和第 8 个平台做得较差，因此趋势监管中，应对评分较低的第 4 个和第 8 个平台等进行重点监管（见表 18-1）。

通过对五个监管因子的再次加权，得到总平台监管得分，显示第 5 个平台的得分最高，其次是第 1 个平台，可以看到，第 5 个平台的维权服务监管得分最高，说明维权服务监管的权重较大，而第 7 个和第 9 个平台的得分较低。表 18-1 采用的是一周数据，对于每个平台，应通过持续跟踪来确定各平台的重点监管模块，达到监管精准性和低成本性。此外，建立表 17-2 监管评价体系的另一个目的是将表 18-1 结果反馈到社会和各个平台企业，以引导公众向信用体系更加完善的平台参与网络交易，同时能利用该市场机制倒逼平台加强自身管理。

表 18-1　大数据技术对平台经济监管评价结果

平台	维权服务监管 F_1	主体监管 F_2	客体监管 F_3	行为监管 F_4	趋势监管 F_5	F
1	0.2808(4)	0.6884(1)	-0.6182(8)	0.5801(1)	0.9554(1)	0.5343(2)
2	0.7732(3)	0.4998(4)	-0.3252(6)	0.5357(2)	0.3737(4)	0.4965(3)
3	0.9086(2)	-0.7571(9)	0.5263(3)	-0.3765(9)	0.6125(3)	0.4603(4)
4	-0.7097(8)	0.5037(3)	-0.6701(9)	0.0697(7)	-0.8564(10)	-0.6407(8)
5	1.5764(1)	0.5138(2)	0.1981(5)	0.0751(6)	0.6127(2)	0.8415(1)
6	-0.0173(5)	-0.1668(7)	0.7793(2)	0.2514(3)	-0.2867(6)	0.1251(6)
7	-0.8721(9)	-0.0571(6)	-0.8837(10)	-1.3427(10)	-0.3104(7)	-0.9679(10)
8	-0.4501(6)	-0.6676(8)	0.3499(4)	0.0796(5)	-0.5990(9)	-0.3354(7)
9	-1.0337(10)	-0.9055(10)	-0.4300(7)	-0.0666(8)	-0.4912(8)	-0.7288(9)
10	-0.4562(7)	0.3485(5)	1.0736(1)	0.1941(4)	-0.0106(5)	0.2150(5)

注:括号内为排名。

第二节　监管评价结果的使用

表 18-1 的平台经济监管评价结果是针对政府专门的平台经济监管机构的,这个结果对于平台经济和网络交易客户并不好理解,因此在实际过程中,需要对结果进行可使用性转换,总体来看,包括三个方面。

(1)监管机构应该按监测周期向社会公布纳入监管的平台经济大数据监管评价结果。监管机构对平台经济进行监管的一个主要目的是维护网络交易秩序,保障客户合法的交易利益。而通过对部分平台不良运行指标的大数据技术监管,可以及时发现平台的违规交易行为,通过量化这些行为并对外公布,可以利用客户和市场手段来调控平台经济运行。如对于商品经常假冒伪劣或者售后服务不好的平台商家,客户会通过商品评价机制传递这种情形,使通过该平台进行网络交易的客户减少,平台交易量的减少会降低其收入,最终其会对商家及市场加强监管,更好地维护平台秩序。此外,也可以通过对外公布平台经济的排名来倒逼排名落后的平台加强自身监管,构建行业的“向上竞争”机制。

(2)政府对一些平台经济不达标项目发送通知并要求限期内整改。如第9个平台消费者投诉案件数量相对于其他平台多很多,为此,一方面监管中心应该通知平台进行整改;另一方面工商、质监部门应该进入平台进行现场检查。第7个平台在商品交易上涉嫌到多次商家价格欺诈,这就需要责令平台入驻商家在销售活动上做到价格透明。第3个平台曾被客户举报过交易者信息泄露,监管部门应该责令对平台的保密技术、客户信息保管制度进行改正,并可以追加处罚。因此,对平台经济进行大数据监管的一个重要应用在于简化监管方式、提高监管效率。

(3)严厉打击在监督过程中挖掘的违法犯罪行为。平台经济具有虚拟交易的属性,因此其隐蔽性强、复杂性高、监管难度大,一些不法分子往往凭借网络平台交易的这些特征而实施犯罪行为,如寄送不可交易物品(枪支弹药、毒品等)、网络洗钱等。大数据技术监管不仅仅要对一般的平台非合规交易进行稽查和发现,同时也要通过对异常可疑项目进行追溯,提前制止违法犯罪行为发生。

第 六 编

案例分析——以淘宝网购平台为例

第十九章　淘宝网购平台的参与主体

淘宝网作为电子商务平台，是一个由一些围绕着平台相互依赖又相互竞争的参与者所构成的具体行动系统。在这个系统中，正如法国著名的组织学巨匠埃哈尔·费埃德伯格在《权力与规则——组织行动的动力》一书中所述，“行动者们围绕限定的问题与问题的解决方案，结合在一起。他们关注的中心，是规则机制，或更为准确地说，是有待于发现的规则机制。规则机制以游戏的诸种规则的存在先决条件，与此同时认定，从事游戏的行动者的存在能够使他们对这些规则进行限定与修改，因为仅仅凭借对于现存的诸种规则的参照，从来不可能理解各种各样的行动者的行为。他们的行为同样也必须在其有关企图修正、改变游戏规则，使之转换变形，并使之变得符合他们自己利益的行动之中，才能得以理解”。简言之，淘宝平台中的多方参与者，都在试图通过参与或影响规则的产生和修订，通过相互之间的博弈，最大化自身的利益。由此，这些具有各自利益构成的各方，都成了规则产生和变迁的发起者。

第一节　淘宝网购平台和政府

一、淘宝网购平台

淘宝网购平台是一个依托互联网技术建立的新兴交易平台，作为全球最大的第三方网络零售交易市场，拥有 1090.2 万家网上店铺，在线商品数量超过 11 亿件，每天超过 3 亿固定访客，平均每分钟成交 18.7 万件商品。2020 年“双十一”交易额达到 4982 亿元。淘宝网的业务模式是第三方网上交易服务商，平台提供交易双方对接的场所，双方自行达成交易，并使用第三方物流进行商品配送服务。

淘宝平台在发展壮大的过程中，进行了纷繁复杂的规则创造，其中既有一般性的商业规则，也包含了代替政府发挥作用的一些替代性规则，形成了一个内容丰富、涵盖广泛的规则体系。在传统市场环境下，规则等公共物品一般由政府提供，然而在淘宝网购平台上，规则、制度等公共物品供给并非由政府等行政主体单一的自上而下进行，而是出现了自下而上的规则生成。作为逐利的经济主体，平台创造规则并非出于公益目的。当市场中原有的线下交易规则无法满足平台交易的新变化时，平台为了保证交易的顺利进行和纠纷的快速处理，进而自发性地进行规则的创建。在这样的规则体系建立中，淘宝网购平台逐渐具有了“类政府”的性质。

以淘宝网购平台打假为例。假货是所有商业模式发展的硬伤，这不是淘宝造成的，但是解决假货和知识产权的问题成了关乎淘宝生存的关键。由于政府相关部门不具有线上打假的技术能力和信息数据,线上打假的重任主要落在淘宝网身上。

为此,淘宝网已经构建起一套基于互联网大数据的打假模式:从2013年起,淘宝逐步建立了全球最专业的图片侵权假货识别系统,通过图片算法技术实时扫描,识别能力超过国外同类图片侦测软件Google goggles和OrCam。商标识别算法可以通过检测图片中的局部Logo,来识别图片中商品的品牌,进而判断该产品是否为假货。通过阿里云大数据处理平台ODPS和机器学习算法研究,淘宝数据团队正在不断优化各种假货模型,已达到实时分析数据每秒1亿次的速度。这些模型对淘宝数百万卖家进行实时评分,识别出具有售假风险的高危用户和售假团伙。除网络DNA认证体系保障外,淘宝网还专门成立了一支总数超过7000人的知识产权保护管理团队,每天在网上巡逻举报侵权假冒商品。

二、政府

政府作为淘宝网购平台外部规则体系的发起者和监管者,在淘宝网发展的过程中有着举足轻重的作用。政府本着包容审慎的态度支持淘宝网的发展壮大,并未在淘宝网购平台发展过程中设置太多阻碍,尤其是在淘宝网购平台发展的初期,政府给予的保护多过相应的防范。

淘宝网购平台作为一个市场主体,其利润最大化动机和“类政府”角色之间存在难以调和的矛盾,这决定了平台自监管的局限性,导致淘宝网购平台依然存在假货销售、信用炒作、平台人员腐败等“规则失灵”问题。一个稳定的、非寻租的“守夜人”政府依然是平台治理所需要的。随着政府监管功能的完善和发展,最终会形成一个相互制衡、相互作用的主体关系结构,平台协同而非主导的治理模式将会是未来的发展方向。

三、卖家和买家

根据北京大学与淘宝网用户体验团队合作的以淘宝网个体店家为调查对象的《谁在开网店》的调查报告，淘宝网卖家的社会特征为：(1)居住沿海。超过60%的个体店家集中于沿海地区。(2)居住城镇。超过70%的店家居住在大中城市。(3)年轻。近85%的店家是1980年之后出生的。(4)中高学历。大专及以上学历比例超过60%。(5)家境殷实。家庭经济收支相抵或更富裕的比例近80%。淘宝卖家的执业特征为：(1)兼职为主。接近70%的店家兼职经营网店。(2)家庭经营为主。超过61%的网店经营以家庭成员为主。(3)开店时间短。开店的平均时间为2年以内。(4)在线时间长。超过53%的店家在线时间在4小时以上。(5)经营规模小。近47%的店家为小规模经营。

根据卖家的社会特征和职业特征，可以将淘宝卖家分为三类：第一类，体验淘宝者。他们将淘宝作为职业体验的机会，开店是为了体验不同的工作生活方式。第二类，机会淘宝者。他们主要将淘宝作为投机的机会，如果有其他更赚钱的机会或者更好的平台，他们就会放弃淘宝。第三类，事业淘宝者。他们将淘宝作为成就事业的机会，在获得收入的同时，也希望实现自我价值。

不同类型的卖家对于规则的需求是不同的。对于大多数卖家而言，经营网店只是过渡性职业。在以兼职卖家、体验或机会淘宝者为主体的卖家整体中。淘宝网面对的是一个高流动、低信任的卖家群体，与平台之间的关系是松散的，对于规则的制定不是很积极主动，主要精力投入在对规则的学习上。也正是因为卖家群体的这些特点,导致他们需要平台规则的约束、规范和引导。

据中国电子商务研究中心发布的《2020(上)中国网络零售市场数据监测报告》显示,2020 年上半年,国内网络零售交易规模达 5.36 万亿元,预计 2020 年全年网络零售达 12.33 万亿元。从 2015—2020 年,网络零售交易规模持续增长。2015—2017 年,增速保持在超 30%,此后保持在 20%左右。2019 年国内网络零售用户规模达 7.32 万亿人,预计 2020 年用户规模达 8.49 亿人,同比增长 15.98%。

买家规模增加的同时,需求也越来越多元化和个性化。通过对淘宝 2011—2015 年全网数据的挖掘和分析,可以发现买家的消费呈现五大趋势:健康、智能、个性、传统和年轻。这五种趋势可以看出买家群体的"消费升级"状况。

从人数上看,"80 后"和"90 后"是绝对的消费主力。从消费金额看,"80 后"占据统治性地位。从消费能力上看,"70 后"单笔消费最高,是消费水平最高的人群。①

买家的社会特征、行为特征以及需求特征会成为淘宝网规则制定的重要参考,但是买家群体在没有特别机制的设置和激励下,一般不会参与到平台规则的制定中来。但从 2013 年开始,淘宝网规则执行和纠纷判定开始有一定的开放性,其将淘宝网上交易市场中的交易纠纷事件的裁决权开放给会员,在淘宝评判中心的平台上通过投票的方式进行裁决,形成了"大众陪审团",推行由大众评审员对会员违规行为及交易纠纷进行网上集体判定。2015 年淘宝又设立了"规则众议院",成为淘宝规则发布前对外公开征

---

① 晓晓:《2015 我们为什么买单?》,见 http://www.woshipm.com/it/247504.html,2018 年 3 月 2 日。

集意见的场所,在规则执行层面引入了买家参与。

第二节 淘宝网购平台的自发规则体系形成

针对规则的形成,学界一般持有三种派别的理论观点。第一派是以哈耶克为代表的自发制度生成论,这一派学者认为,制度的演进是一种竞争和不断试错的过程,所以制度是自发生成的。第二派是以布坎南为代表的制度设计论或建构论,这一派学者认为人类必须通过制度设计来选择一个可能“较好”的规则。第三派是以诺斯和奥斯特罗姆为代表的“新制度主义”学者,这一派学者综合了前两类学者的观点,认为规则既可以是设计的,也可以是演化而来的。本书通过分析淘宝网规则体系的生成过程,认为淘宝网规则的形成是以“自发形成为主”和“外力作用为辅”合力形成的结果。

根据笔者于 2021 年 7 月在淘宝网规则频道(https://rule.taobao.com/)整理查询到的最新内容显示,目前,淘宝规则体系里一共分为淘宝规则、解读说明、规则动态、协议专区四块内容,如表 19-1 所示,四个模块涵括以下子目录,每个子目录下再展示条数不等的三级内容。

表 19-1 淘宝规则频道内容分类

淘宝总则	八大类具体规则	解读说明	规则动态	协议专区
平台规则总则(1 条)	店铺管理(6 条)	专题解读(131 条)	意见征集(155 条)	协议声明(12 条)

续表

淘宝总则	八大类具体规则	解读说明	规则动态	协议专区
	行业市场（57条）	实施细则（236条）	公示通知（853条）	协议公示（14条）
	商品管理（8条）			法律知识（5条）
	营销推广（6条）			
	内容推广（15条）			
	交易管理（13条）			
	争议处理（15条）			
	违规处理（3条）			

“淘宝规则”是淘宝规则体系行为规则的基础规则。它是根据“大淘宝宣言”“淘宝平台服务协议”和“天猫服务协议”制定的。“大淘宝宣言”明确了淘宝规则的核心思想和基础原则，并确定了大淘宝参与各方的基本权利与义务，是淘宝规则体系的思想精华和灵魂所在。“淘宝平台服务协议”是淘宝网与会员明确服务关系的文件，所有淘宝网的会员在注册时均需认证，具有合同效力，受到法律的保护。它们共同构成了淘宝规则体系中的上位规则。

一、淘宝规则的自发生长期

在淘宝网的初创上升期，网站主要以业务拓展为主，各种新兴业务蓬勃发展，基本上根据日常业务和现实需求来制定规则。因此在这个发展阶段，淘宝的规则属于一个自发生长的无序状态。

时下,所有的规则都以服务日常运营、规范日常交易、解决日常问题为主要目的。比如,在行业运营中,以商品管理最重要,所以优先制定商品管理的规则;在评价规则中,主要由评价团队来制定。一个业务至少对照一篇规则,有的涵盖面广的业务对应多篇规则。这个阶段的淘宝规则是业务导向为主的,在设置底线的前提下,以服务业务为主要目的。

淘宝网根据传统的集贸市场的通用规则,首先出炉了“淘宝平台服务协议”,这也是淘宝网发展初期最基础及最重要的一份规则。这份规则的原则在于,只要“不触犯国家现行的法律体系和通用的商业法则”即可。这份协议主要明确了淘宝网与会员之间的服务关系,所有会员只要加入淘宝,都必须点击确认同意“淘宝平台服务协议”,这便意味着与淘宝平台共同缔结了一份具有合同效力的协议。这份协议包括协议范围、注册与账户、淘宝平台服务、淘宝平台服务使用规范、特别授权、责任范围和责任限制、协议终止、隐私权政策、法律适用、管辖与其他十个章节。

二、淘宝规则的初步确立期

2009 年,淘宝成立规则部门。这一举动标志着淘宝规则开始形成体系。自从有了专门的部门和员工司职,他们以“让规则成为用户行为的集中体现”为思路,开始梳理之前出台的一系列规则。汇总后的淘宝规则于 2009 年 10 月正式上线,全称为“淘宝网用户行为管理规则(非商城)”。此后,淘宝网一改第一阶段“业务在前,规则在后”的制定程序,逐步形成了规则制定的流程和规范。

淘宝网于 2010 年 9 月正式发布了新一版“淘宝规则”,并定于

11 月 11 日开始正式实施。区别于此前非系统、零散的规则，这一版“淘宝规则”对于淘宝网而言，标志着平台规则的基本确立，而对于我国电子商务平台而言，这是第一部成体系的网规，具有里程碑的意义。

2011 年，淘宝规则部门根据当时已有的一百多部淘宝规则进行分类，如表 19-2 所示，可以分成规则、规范、标准、公告、实施细则五大类。第一类规则指的是单一平台或阿里巴巴子公司作为一个整体出台的规则。第二类规范指的是适用于多平台或者子公司的规则。第三类标准是根据业务，某单一平台下的部分规则。第四类公告是临时性的。第五类实施细则指的是某条规则的细化。此后，淘宝的规则部门一直在探索规则体系的有关分类，当然，分类只是对规则类型和重要程度有所区分，但是对于淘宝网的用户而言，所有这些规则都具有相同的约束效力。

表 19-2　淘宝规则分类一览

类型	名称
规则	“淘宝规则”“大淘宝宣言”“聚划算生活团规则”“聚划算商品团规则”等
规范	“淘宝禁售商品管理规范”“淘宝游戏平台管理规范”等
标准	“淘宝交互信息管理标准”“淘宝网运动户外行业标准”等
公告	“关于手表类奢侈品牌商品整治的公告”“关于化妆品类目进行店铺整治的公告”等
实施细则	“淘宝游戏平台管理规范实施细则”“淘宝拍卖业务管理规范实施细则”等

在这个阶段，淘宝规则的基本框架成形，也为电子商务平台中的各方参与者、行动者提供了基本的行为准则，淘宝规则体系基本确立。其后，淘宝网扩大了各单行规范，以“淘宝规则”为基础，形成规则的上下位关系，推出“淘宝争议处理规范”等相关规则。

三、淘宝规则的变迁完善期

淘宝规则体系在经历过“自发生长”和“初步确立”两个阶段后，不同的行动者面临两种截然不同的选择路径。其一，在现有的规则体系之内行动；其二，想方设法改变现行的规则体系，包括规则的变更、新增或废除。因此，2013 年至今，淘宝规则体系主要处在一个变迁完善的阶段（见表 19-3）。

表 19-3　淘宝规则体系的生成过程

阶段	时间	特点
自发生长期	2003—2009 年	规则零散、无序，问答、表格等多种表现形式
初步确立期	2009—2012 年	将原有 70 多套规则进行统一整合归纳，发布第一版“淘宝规则”，及“淘宝网用户行为管理规则（非商城）”“大淘宝宣言”。推出“处罚节点制”和“处罚双轨制”
变迁完善期	2013 年至今	形成以《淘宝规则》为基础的规则体系，各单行规范共同组成的规则上下位关系。重点关注假货防控、炒作打击、商品管理等几个重点方面

2013 年 7 月 22 日，淘宝网将淘宝规则（包括淘宝总则、淘宝网分则、天猫分则）整合成为淘宝规则与天猫规则，以示淘宝和天猫双平台的独立分区。淘宝规则与天猫规则保留的规则内容包括目前处于有效期的淘宝规则全文、淘宝规则相关的规则通知、基础规则、行业规则、服务与市场规则、规则解读等，也包括少量已经作废的规则。这些规则展现的一个共同特点是，一条网络链接对应一条规则，包含规则名称、发布时间。发布时间一般是规则新增、变革或者废除的首次通知时间。在规则发布的同时，如果规则包含具体内容，在发布的同时也会注明生效时间。如果从规则发布到生效期间没有异议获得通过，则通常在规则的生效日期再发布

一次，表明规则生效。其中，不管发布时间与生效时间的间隔有多长，淘宝规则频道都记录了规则变迁的时间，提供了规则随着时间相应变化的历史线索。

淘宝网于 2015 年 5 月开始，在规则制定上有了一项创新举措，即设立了规则众议制度。根据 2017 年淘宝规则频道“规则众议院”栏目显示的内容，有“即将开始”“投票中”“等待结果公示”“已公示”四类，一共包含 72 条评议项目，其中“投票中”有 1 条，“等待结果公示”有 4 条，“已公示”有 67 条。淘宝会员可以点击查看任意一条评议内容，投票页面包括“背景说明”“审议内容”，会员可根据自己的理解和意见投出“支持”或“可再评估”，并在提交选项时给出 140 字以内的留言。例如，最新在投票中的内容是“飞猪旅行集市旅游类目消保保证金调整方案公开征集意见”。不过，鉴于并非每个会员都知晓大众评审机制，或愿意花时间参与评议，甚至不乏出现随意或恶意投票的情形，该机制还在不断完善之中。

第二十章　完善政府和平台的协同治理体系

根据对淘宝网自发规则体系的形成过程和各参与者对于规则形成的影响可以得出,淘宝网购平台的规则体系具有自组织性。在自组织的规则体系下,淘宝平台实现了快速发展。但不可否认的是,随着淘宝平台日益强大的扩张版图和逐渐增强的平台影响力而来的是假货横行、随意更改评论、偏袒大买家、内部腐败、欺诈、不诚信行为等问题,严重影响了淘宝平台的口碑和声誉。而由于淘宝不具有公权力,不能对违法违规行为进行足够有力的打击,所以就需要政府的介入和监管。因此,如何构建政府、淘宝平台和各参与主体的协同治理机制,从而形成各有分工又各有侧重的良好秩序体系就显得尤为关键。

第一节　圈层结构的规则体系的各组成部分

根据规制淘宝平台规则的来源内容及约束性强弱划分,淘宝平台的圈层治理结构分为政府规制的外部规则、平台内部规则以及商家联盟的自组织规则。三层规则相互作用,形成了系统的支持淘宝平台监管、运行以及交易契约执行的协同治理机制,保障了淘宝平台整体的正常运转。三层规则中,淘宝平台的规则体系在前文已经进行了详细的介绍,它是三层规则之中承上启下的重要一环。

一、政府监管的外部规则体系

政府监管的外部规则构建总体上滞后于淘宝市场的发展。2000 年之前,政策文件主要集中于网络信息安全;2000 年之后,关注点才逐步转移到网络交易的相关政策方面。有关政策文件也随之陆续出台,其中包含网络信息安全、网络信用体系建设、网络经济市场秩序和行为的建立以及电子商务区域发展不平衡等方面。与此同时,逐步形成了一套以法律、行政法规和部门规章为核心,以部门规范性文件和其他文件为补充的政府监管体系。内容涉及网络零售领域的垂直法律关系,如经营者市场准入、支付、税收、发票、反垄断与反不正当竞争等,以及电子商务领域的平行法律关系,如消费者保护、知识产权保护、个人信息保护等。垂直法律关系部分主要讲现有的法律条文从传统流通领域平移到网上交易市场。在主体监管方面,出台了针对平台经济的新规则,如国家工商总局的《网络交易管理办法》和商务部的《网络零售第三方平台交易规则制定程序规定(试行)》。这些成果的取得,既是市场在资源配置中发挥决定性作用的结果,也是政府和网络平台之间良性互动的结果。如“7 天无理由退换货”是最初淘宝平台提出的平台规则,最终被纳入新《中华人民共和国消费者权益保护法》,成为法定规则(见表20-1)。

表20-1 平台经济政府规制的外生秩序

施行时间	政策文件	主要内容
2000年12月	《全国人民代表大会常务委员会关于维护互联网安全的决定》	对利用互联网销售伪劣产品或者对商品、服务作虚假宣传,非法截获、篡改、删除他人电子邮件或者其他数据资料,利用互联网进行盗窃、诈骗、敲诈勒索,构成犯罪的,依据刑法有关规定追究刑事责任
2005年4月(2019年4月修订)	《中华人民共和国电子签名法》	确立了电子认证服务机构的基本准入条件,主要包括人员、技术和资金条件,需要办理登记手续等方面
2009年11月	《商务部关于加快流通领域电子商务发展的意见》	扶持传统流通企业应用电子商务开拓网上市场,促进商品批发环节应用推广网上交易,推动实体市场交易与网上市场交易有机结合,培育一批管理运营规范、市场前景广阔的专业网络购物企业,扶持一批影响力和凝聚力较强的网上批发交易企业
2012年12月	《全国人民代表大会常务委员会关于加强网络信息保护的决定》	网络服务提供者和其他企业事业单位收集、使用公民个人电子信息,应当公开其收集、使用规则
2013年4月	《网络发票管理办法》	网络发票管理平台是为单位和个人在网上进行开具、传输、查验和缴销发票服务的平台。此平台的推广有助于尽早实现线上发票管理的数字化,建立发票领购、开具、取得、缴销和保管的数字化体系
2013年10月	《全国人民代表大会常务委员会关于修改〈中华人民共和国消费者权益保护法〉的决定》	消费者通过网络交易平台购买商品或者接受服务,其合法权益受到损害的,可以向销售者或者服务者要求赔偿
2014年3月	《网络交易管理办法》	从事网络商品交易及有关服务的经营者,应当依法办理工商登记。从事网络商品交易的自然人,应当通过第三方交易平台开展经营活动,并向第三方交易平台提交其姓名、地址、有效身份证明、有效联系方式等真实身份信息
2015年4月	《网络零售第三方平台交易规则制定程序规定(试行)》	网络零售第三方平台经营者制定、修改、实施的下列交易规则应按照本规定公示并备案,包括基本规则、责任及风险分担规则、知识产权保护规则、信用评价规则、信息披露规则、防范和制止违法信息规则、交易纠纷解决规则、交易规则适用的规定、交易规则的修改规定、其他必要的交易规则或与规则相关的措施

续表

施行时间	政策文件	主要内容
2015年5月	《国务院关于大力发展电子商务加快培育经济新动力的意见》	全面清理电子商务领域现有前置审批事项,无法律法规依据的一律取消,严禁违法设定行政许可、增加行政许可条件和程序。进一步简化注册资本登记,深入推进电子商务领域由"先证后照"改为"先照后证"改革。落实《注册资本登记制度改革方案》,放宽电子商务市场主体住所(经营场所)登记条件。推进对快递企业设立非法人快递末端网点实施备案制管理

资料来源:根据网络资料整理。

当然,除了以上规范性的政策文件之外,国家主管部门也会对某类网络犯罪形式开展专项治理活动,如针对淘宝平台开展了新型犯罪形式专项治理活动,对规范淘宝平台发展发挥了重要作用,其中2013年的首例职业差评师获刑案就是一个典型的例子。

二、淘宝内部的自组织治理体系

在淘宝网络平台内部,也逐渐形成了一套对各个成员进行评判和约束的标准和机制,即所谓的自组织治理体系,其中尤以商家联盟为多,它包括长期商盟和短期商盟两种。

长期商盟是一种由淘宝卖家自发形成的一种联盟性质的自我监督、自我约束的非正式的松散型沟通群体组织,他们有自己的一整套章程来推动其运转,包括加入要求、流程、盟员的权利和义务、日常行为规范和惩戒措施、盟主的任免规则、商盟的解散规则等。这些规则是对政府规制的外部规则和平台内部规则之外的一种有益补充和完善,也一定程度上抑制了成员内部只享受平台带来的声誉维护、买家信息共享等好处,而不履行自身义务作出有损甚至破坏本商盟的“搭便车”行为。

根据形式的不同，长期商盟主要分为地域性商盟（如上海商盟）、行业性商盟（如汽车用品商盟）和其他合作类型商盟（如原创品牌商盟）。它们之间遵循着共同的准则，频繁地进行着信息交流、资源共用和经验共享，发挥各自的重要作用，在促进自身不断成长、壮大的同时也带动了其他卖家和整个行业的蓬勃发展。

与长期商盟不同的是，短期商盟是一种出于对淘宝现有交易规则和行为不满而自发形成的维权组织。它们或通过合法的手段，或通过不合法的手段来进行抗争，而最擅长或者惯用的伎俩就是借助互联网来进行造势，从而获得一定的话语权来维护自身的合法权益。但短期商盟更多偏重于后者，以一种近乎激进、带有破坏性质的手段来打破现有秩序，从而引起政府主管部门和网络平台的关注，最终达到利益平衡和规则调整、更新和迭代的作用，因而常常游走于法律的边缘，这是需要加以改进和商榷的地方。

第二节　圈层结构的规则体系的动态演化

一、圈层结构的规则体系的演化过程

政府规制的外生秩序、淘宝网平台规则秩序和商盟的自组织秩序等不同治理秩序之间可以形成互补效应，也可能出现冲突和矛盾，产生挤出效应。而且各种秩序以及相互关系并不是一成不变的，会随着外部和内部条件变化动态调整，呈现出一个持续均衡

的选择过程（青木昌彦，2002）。① 在圈层治理结构中，政府通过外生秩序影响淘宝网和卖家，同时也受到外部因素的影响以及来自淘宝网的对抗；淘宝网的内部规则一方面受到外生秩序的制约，另一方面也受到来自卖家或商家联盟集体行动的影响。商家联盟或者卖家通过规则抗议将自己的诉求反馈给平台企业，平台企业将其中合理的共性的部分吸纳进平台规则，而政府在立法时通过广泛听取平台企业的意见会使部分平台规则上升成为法律法规。在三者交互作用中产生了规则的更迭，新的规则体系直接影响到卖家或商家联盟，并产生新一轮的规则变迁（见图 20-1）。

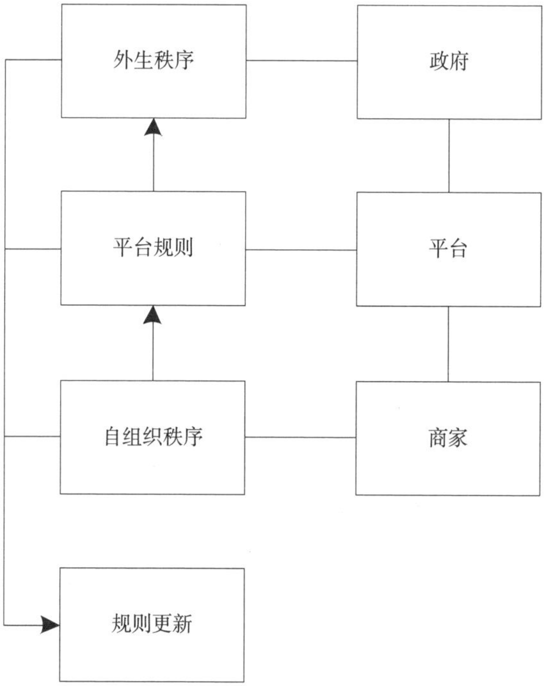

图 20-1　平台经济圈层治理结构演化流程

① 青木昌彦：《比较制度分析》，上海远东出版社 2002 年版，第 155—183 页。

二、构建协同治理的圈层结构规则体系

随着淘宝网的快速发展，规则失灵现象时有发生。淘宝网规则体系的理想状态是政府、淘宝网、商盟或卖家三层治理秩序互为促进，这需要处理好政府监管、市场调节和自组织治理的协同关系。

（一）明确政府监管和网络平台在协同治理机制中的作用边界

淘宝平台治理涉及政府、平台、其他第三方等众多主体，因此只有明确各自的定位和职责才能有的放矢，达到事半功倍的效果。不然，就会造成不同治理层级之间的冲突。如 2014 年阿里巴巴与国家工商总局之间就假货抽查的“叫板”，体现了平台企业及平台利益与传统市场监管思路之间的冲突，而这一冲突也会随着平台经济对市场影响力的增加而愈加明显。

对政府来说，是要改变思维，逐渐适应淘宝网购平台这个新生事物，对其发展阶段、特性和趋势要有所研究，针对不同的阶段采用不同的监管手段和措施，做到有所为有所不为。不能再单单依靠从上到下的强制力进行监管和治理，因为自上而下的强制力对基础网络环境、财税、反垄断等能发挥较好的效力，但由于平台经济去中心化的特点，其在知识产权保护、个人信息和数据安全、诚信体系等方面，就显得尤为乏力。

对网络平台来说，不能因为自己是新生事物，打着优先发展的旗号而享受特殊待遇，认为政府必要的监管是对本行业的羁绊，甚至抱着抵制态度。

（二）推动各个治理主体的有序互动和共同发展

现有多圈层协同治理结构体系的形成和动态演化不是一蹴而就的，它是各个治理主体有序互动和共同发展的结果。即在淘宝平台发展初期由自组织、行业发展来探索规则的有效性，经过市场长期的验证和完善后提升为具有法律或部门规范效力的法律法规；政府在制定法律法规和构建政府监管的外部规则体系时，会优先考虑、借鉴和利用现有平台中的规则和标准，而不是将传统监管手段简单平移到新领域。这样就实现了一个闭环操作和良性互动，共同推进着多圈层协同治理结构体系的更新、完善和升级换代。

（三）增强淘宝网规则体系的包容性

由于互联网新技术、新模式发展瞬息万变，淘宝网购平台的发展依然处于不断演化发展中。淘宝网的规则体系应充分考虑包容性，规则构建需要考虑各个参与主体的利益诉求和变化，鼓励和尊重自发规则体系的创新。正如格里斯托克所言，治理意味着参与者最终形成一个自主网络。

平台经济深刻改变了传统市场结构，也颠覆了传统市场治理模式。在淘宝平台的发展过程中，逐步形成了政府规制外生秩序、平台创造内部规则秩序和商盟生成自组织秩序的“多圈层、差异化”治理结构，三种秩序不断演化互动，促进了平台经济的快速发展。未来平台经济的有效治理，需要加快构建政府、平台企业和第三方组织相互制衡、相互作用的协同治理结构。

第二十一章　淘宝网平台的监管难题

第一节　淘宝网的法律责任和法律适用问题

对淘宝网的法律责任界定以及适用法律的选择，前提是要明确淘宝网的法律地位。淘宝网主要是提供网络交易服务，拟定交易规则，但不参与买卖双方的交易，属于“居间人”或“中介人”的角色。根据已有的案例看，法院在处理相关案件时，一般也是将淘宝网作为网络交易提供商来看待。依据淘宝网的“服务市场管理规范”，将淘宝网定位为商家提供工具软件、网店服务等增值服务。因此，本书在相关研究中也将其作为居间人来对待。

侵权、售假是淘宝网比较常见的一类问题，对于这类问题，淘宝网究竟是否应该承担连带责任，以及淘宝网有多大的监管权限，现有的法律还存在一定的空白。《网络交易管理办法》虽然规定了淘宝这样的平台需要承担相应的法律责任，但对于淘宝上的经营者侵权、售假行为，淘宝应该如何作出合理监管，以及是否要承担责任，在实践中则根据情况区别对待。根据《中华人民共和国消费者权益保护法》第四十四条的规定，当消费者网购时权益受到损害，可以向经营者或平台要求赔偿。也就是说，如果因淘宝监管不力，在发现售假侵权行为后没有采取相应的措施，由此给消费者带来损失的，淘宝要承担连带责任。但法律专家也认为应区别对待，淘宝网受限于成本、技术等因素，也存在一定的监管难度。这也给实践中相关责任的界定带来一定的难度，如何区分淘宝的责任缺乏一定的判断标准。

在淘宝网的交易中，主要的参与主体包括卖家、买家和淘宝网，三者之间彼此形成了不同的法律关系，除了买家因利益受损向卖家或淘宝网追究责任外，卖家和淘宝之间也存在法律关系。如果卖家因为售假或侵权，淘宝网被追究法律责任，那么淘宝是否有权利追究卖家的责任，目前没有明确的适用法律。在现实的一个案例中，因为售假，淘宝网以“侵犯平台商誉”为由，将卖家告上法庭，最终获得胜诉。① 但在这个案例中，法院对于淘宝提出的索赔265万元并未予以支持，原因同样是缺乏法律依据。从淘宝诉讼卖家的案例中，也引申出另外一个问题，即淘宝与政府的监管边界问题。淘宝网对于卖家的监管具有一定的难度，缺乏必要的法律依据，以及政府赋予的权力，淘宝网除了删除链接、关店之外，难以更深入地追究卖家的责任。政府虽然也参与监管，但尚未形成体系化、标准化、持续化的监管体系，现实中偶尔会有相关的案例，但由于监管难度大、成本高，难以持续。

总体而言，目前对淘宝网的法律地位界定比较一致，适用的法

① 《淘宝告赢售假商家　“第一案”释放了哪些信号?》，新华网，见 http://www.xinhuanet.com/food/2017-07/26/c_1121380116.htm，2017 年 7 月 26 日。

律很多,但比较碎片化,政府与淘宝网的监管责任边界划分不清,淘宝网难以追究卖家的责任,给监管带来更多的难题。

第二节　现有的标准不适用于界定淘宝垄断

淘宝网本身只是平台,不参与交易,因而对价格没有控制权,无法通过控制价格获得超额利润,淘宝网本身并没有达到垄断的标准。淘宝网的垄断主要表现在淘宝网与其平台上经营者之间,当淘宝网的规模达到一定的程度,积累了大量的卖家资源之后,淘宝网通过修改规则增加收入,或者是改变利益分配格局,由此给卖家造成严重的损失,较为典型的是2011年淘宝商城因修改规则引起中小卖家的大规模抗议。但是,淘宝网的这种行为是否构成垄断,依据现有的反垄断标准显然是难以界定的。

淘宝网并不占据市场支配地位。依据现行的反垄断法标准,市场份额是界定淘宝网是否占据支配地位的重要因素,一个经营者或两个经营者市场份额占到二分之一或合计占到三分之二就可以界定为占据市场支配地位。在淘宝网发展早期,由于市场竞争者较少,淘宝网的市场占有率较高,但近年来各类平台不断出现,淘宝的市场份额不断下降,难以形成支配地位。另外一个重要的问题是关于淘宝网所属市场的界定,淘宝网主要是C2C模式,如果在该模式下进行界定,以淘宝网的市场份额,显然是占据市场支配地位的。但本书将淘宝网划分为网络交易提供商,那么B2B、B2C也属于相关市场范围内,如果是这种情况,那么淘宝网的市场份额就较低,无法占据市场支配地位。因此,如果以现行的标准界定淘宝垄断，显然是不适用的。

淘宝网是否滥用市场支配地位，也是界定是否构成垄断的重要依据。《中华人民共和国反垄断法》打击的对象主要是滥用市场支配地位的经营者，其中一个判断标准是淘宝网是否以不公平高价出售商品。对于网络交易服务市场，法律上目前没有明确规定究竟什么是高价，或者说没有高价的标准，行业内也没有统一的收费标准，也就是说每个平台都有自己的定价权。那么很显然，如果以高价的标准判断淘宝滥用市场支配地位是不合理的，《中华人民共和国反垄断法》显然不适用于淘宝网。但是从另一角度看，淘宝经过几年的发展，积累了大量的卖家之后，卖家转换平台的成本非常高，对淘宝形成了一定的“黏性”，只能被动地接受淘宝的规则调整。但从目前的情况看，除了 2011 年淘宝商城因规则调整引起大规模抗议后，淘宝并没有随意调整平台规则，也没有滥用平台的市场支配地位。因此，以目前的判断标准看，淘宝并没有占据市场支配地位，也构不成垄断。

第三节　政府监管与淘宝监管缺乏有效的协调

政府与淘宝之间监管区域界定不清是一直存在的问题，2015 年淘宝叫板工商总局事件将这一问题推向深处。淘宝网上一直存在的售假及侵权等行为，也属于政府的监管范畴，但是面对淘宝网上大量分布在全国各地以及海外的卖家，有些甚至跨越多个地区，政府的监管显然是难以有效覆盖的。淘宝网主要是提供网络交易服务，监管虽然是其责任，但淘宝有限的权限也限制了其监管的范围和能力。两者在监管方面各有优势,本应是合作关系,但在实践中却没有有效地协调,其根本原因是两者的理念、目标不同造成的。

政府和淘宝的立场不同决定了监管的理念不同。淘宝是商业机构,营利是其根本目标,淘宝的监管更多的是为了维护平台商誉,以良好的服务吸引更多的卖家入驻,扩大平台规模。政府的监管目标是维护市场秩序,更好地保护消费者利益。换言之,淘宝的目标是维护平台利益,政府是保护公共利益,两者的目标具有一定的区别。但从本质上看,两者的目标又是一致的,打击售假等侵权行为的共同目标是促进平台更好的发展,为平台经济的发展提供良好的环境。部分卖家的不法行为会对平台、消费者造成不良影响,也会阻碍平台的健康发展。因此,即使理念不同,但政府和淘宝依然存在合作的空间。

政府和淘宝的权力不同,导致监管的力度不同。在实践层面可以看到,市场监管机构在执法过程中会利用公权对卖家进行必要的惩罚,淘宝因其缺乏政府赋予的权力,最多只能对卖家采取屏蔽、关店等措施。淘宝的优势在于数据、技术层面,其劣势在于权力缺失,导致监管过程中惩罚力度不足。政府的优势在于强权,劣势在于人员素质低、技术以及监管设备落后。目前的问题在于两者缺乏有效的协调,对于淘宝发现的问题,政府因信息不足,难以采取有效的措施,政府在执法过程中,也需要获得平台的技术支持。两者间的不协调,根本原因在于两者间的监管权限划分不清,从而形成了监管空白。目前的趋势是政府逐渐将监管责任转移到淘宝,但责任的转移如果没有权利转移的配合,那么淘宝只会面临更多的监管难题,未来需要逐渐在政府和淘宝间划分出清晰的责任边界，同时赋予淘宝与责任相匹配的权利。

第四节　淘宝征税难题

从国外的经验看，对于电商的征税往往是在平台规模达到一定程度后才逐步开始的，在发展初期，政府需要保护新兴事物的发展，因而对其管制也相对比较宽松。比如英国政府在电商对实体店形成一定的冲击后才开始考虑对电商征税。对淘宝上卖家征税，实际上早已开始酝酿，但迟迟没有落实，其原因除了技术层面的，更多的是经济利益层面的因素。

淘宝网是典型的C2C模式，平台上的卖家是散布在全国各地的大量个体卖家，这些卖家大部分都没有在工商机关登记，也都没有固定的经营场所，对于一些提供账号服务的卖家，这一问题更为突出。除了大量的中小个体卖家税收缺失外，还有大量的企业以个人名义在淘宝网注册账号，进而逃避税收。这对于税务机关而言，受制于成本和技术因素，几乎无法实现对这些中小卖家进行征税。淘宝网的经济社会效益是造成征税难的重要原因，淘宝网在短短几年的发展中，一方面创造了巨大的经济效益，另一方面也带动了就业创业，有利于培育大众创业万众创新。淘宝网上大量中小卖家的月销售额都没有达到纳税规模，从法律上来讲也难以适用[①]，对其进行征税的成本也很高。此外，淘宝网的快速发展虽然对实体经济产生了一定的冲击，但其

① 《电商征税刹车淘宝卖家：维持现状比较好》，网易新闻，见 http://news.163.com/15/0508/14/AP3OJQM100014AED.html，2015年5月8日。

影响还相对有限，淘宝网对实体经济产生了一定冲击，但淘宝网的卖家以中小企业和个体工商户为主，仍然需要在审慎监管下的有力扶持。如果对淘宝大量卖家征税，卖家最终会通过提高价格，将税收转移到消费者身上，最终利益受损的是广大的消费者。因此，对淘宝征税，会涉及不同利益群体间的利益分配，这也是征税的一个难题。

淘宝网上的“无纸化”交易也使对卖家征税缺乏必要的依据，税务机关征税需要淘宝的密切配合。对卖家征税还需要明确属地问题，即卖家要在注册地纳税，淘宝卖家大部分没有登记，也就无法明确属地，税收机关也难以获得卖家的真实交易数据。对于是否可以依托淘宝进行征税，这是未来的一个重要趋势，目前也开始在部分平台进行试点，比如美国政府就要求亚马逊在全国各州代征销售税。但是，这需要在法律上予以支持，即需要政府赋予淘宝网代征税收的权力，否则淘宝是无权代征的。因此，对淘宝网卖家征税，需要具备两个基础条件，一是卖家要在工商机关登记，二是要从法律上予以支持。

目前对淘宝网的监管面临一系列的难题，从监管主体上看，政府和淘宝都负有一定的监管责任，但目前两者的监管责任和权利边界划分不清晰，导致监管空白区域的出现。实际上，无论是监管责任划分不清，还是对淘宝征税难，反垄断不力，以及信用评价体系不健全，其根本原因除了法律制度的不完善外，更重要的是政府监管的理念、思路有待进一步完善。不仅是监管的机构设置要进一步细化，更重要的是要适应互联网的扁平化结构，重新设计政府的监管体系，打破传统的“金字塔”型监管体系，逐步建立扁平化的监管体系。此外，要逐步构建扁平化的权力分配机制，打破政府一家监管的局面,逐步强化政府与平台、行业组织的合作,赋予平台更多的权力,充分发挥平台在技术、数据层面的优势,结合行业组织的沟通作用,共同构建健康的发展环境。

第二十二章　淘宝网购平台协同治理体系的优化建议

淘宝网购平台除了在法律、规则层面要与政府、第三方机构进行协同之外，在税收监管、反垄断判定、大数据治理等多方面都要形成相应的协同机制才能保障淘宝网的健康有序发展。

第一节　淘宝网的税收征管建议

淘宝平台税收机制的建立既要遵循平台经济税收的一般规律，也要综合考虑到电商行业发展的特殊性，以保障基本税收和鼓励电商行业发展两方面作为创新税收机制的立足点。

一、建立与政府间的信息共享机制

信息共享机制的建立是提升淘宝税收监管效率的重要基础。一是淘宝平台要促进电商交易信息的透明化，信息透明化主要指向税务部门公开电商交易信息，为税务部门完善税收征管规则提供依据，根据交易流量和交易产品类型依法征税。同时，也为税务部门对淘宝平台的监管行为提供二次监管的条件，对电商交易信息与代征代管的具体情况进行审核校对，实现税收监管的多层保障。二是搭建与政府部门间的信息共享系统，淘宝平台在监管系统方面具有技术优势，更容易实现对平台商家的实时监管，但是仍然需要与政府部门在系统建设方面保持标准、信息等技术层面的一致，避免在信息共享方面受到技术限制。尤其是税务部门在对淘宝平台税收监管的再次审核中，需要与淘宝平台实现有效对接，消除信息流通方面的障碍。

二、构建代征代管协同机制

淘宝平台在代征代管的过程中往往会受到税收权力等方面的限制，在一些具体的税收征管环节没有足够的权限开展工作。淘宝平台要与税务部门充分合作，对征管环节中出现的具体问题进行反映。一是人员的对接。淘宝平台要与税务部门实现工作人员对接，税务部门工作人员要参与到淘宝代征代管的过程中，这是实现淘宝监管合法高效的必然要求，既可以起到规范淘宝税收监管合法性的作用，又便于了解代征代管过程中的现实问题，为代征代管工作的改进提供依据。二是规则的对接，在具体的征管细则方面淘宝平台要与税务部门进行协商。淘宝平台已经制定了适用于电商企业的平台规则，为税收监管细则的完善奠定了基础，但是仍然需要与税务部门对代征代管的具体实施过程进行协商，向税务部门传递平台监管范围和能力等方面的客观信息，为税务部门制定代征代管标准提供参考。三是权利与义务的统一，淘宝平台要积极申请征管方面的权限，淘宝平台监管的突出问题就是权责不对等,这也是造成监管难的重要原因。平台方要根据代征代管的现实需要向税务部门提出相应的权力需求,在具体的税款征收、税款上缴以及征管时限等方面做好协商工作。

第二节 淘宝网的反垄断规制建议

明确淘宝网的反垄断判定机制是为了实现竞争政策和产业政策的协同。一方面,需要通过市场竞争实现优胜劣汰,对于平台经济不符合市场规律的行为建立有效的退出渠道;另一方面,产业政策针对平台经济中的重点产业、主导产业,通过税收、金融等手段来扶持其发展。做到竞争政策和产业政策的协同。也就是在对待淘宝网是否存在垄断问题时,既要注重新兴产业的保护,又要注重市场秩序的维护,做到保护与创新的有效均衡。

一、淘宝网垄断地位的判定

(一)淘宝的相关市场范围与市场份额

淘宝是阿里巴巴旗下的一个网络交易平台,其相关市场从大范围看应该是电子商务市场。电子商务市场根据商业模式的不同,可以划分为 B2B、B2C 和 C2C 模式,其中淘宝就属于网络购物中的 C2C 市场。从市场规模看,2015 年 B2C 模式首次超过 C2C,占到网络购物市场的 51.9%。[1] 根据艾瑞咨询的统计,2020 年我

① 《艾瑞:2015 年中国网络购物市场交易规模稳步上升,B2C 占比首超 C2C》,艾瑞网,见 http://report.iresearch.cn/content/2016/05/260788.shtml,2018 年 2 月 15 日。

国电子商务市场规模为37.21万亿元,淘宝和天猫合计占据网络购物市场的64%的份额,其中天猫占据B2C市场份额的63%(此部分B2C市场规模未包括拼多多数据)。[①] 根据我国现行反垄断法的规定,淘宝一家在网络购物市场的占比并没有超过50%[②],而且C2C市场增长速度明显下降,淘宝在理论上不构成垄断,但是在电子商务领域的领导地位几乎无人能与之抗衡。

(二)淘宝滥用市场支配地位的情况

近些年来,淘宝不规范竞争有愈演愈烈的趋势,呈现以下三大特征:一是不规范竞争行为日益多样。从虚假宣传到利用舆论、技术手段打压竞争对手,再到推行“二选一”,最后甚至演变为“数据垄断”。二是不规范竞争手段越发隐蔽。从强行删除对手软件,到利用合规整治来打击对手、把控数据;从明确要求商家“二选一”,到利用搜索降权、减少流量资源、关闭数据接口等暗示性胁迫,淘宝的不规范行为隐蔽性在不断加强。三是不规范竞争行为趋向垄断。从刚开始的版权问题和虚假宣传等引发的不正当竞争,发展到如今,淘宝一些不正当竞争行为在逐渐向垄断行为演化,胁迫商家“二选一”就是典型案例。

(三)淘宝的商业模式与收入来源

淘宝的营利点主要包括以下几个方面:(1)利用支付宝营利。淘宝引入支付宝作为交易担保账户,利用了交易资金在支付宝的

① 《艾瑞咨询:2016中国电商报告》,搜狐网,见http://www.sohu.com/a/123892876_479785,2017年1月10日。

② C2C模式在中国电商市场的占比小于一半,即使淘宝垄断C2C市场,其在电商市场的占比也小于50%。

沉淀期,赚取沉淀资金的利息以及在此基础上开发的理财业务。(2)网络广告收入。淘宝网利用网站首页、链接等形式提供各类广告服务,这也是淘宝发展初期的主要赢利模式。(3)提供增值服务。通过为卖家提供店面装饰、推广、橱窗推荐等服务,开辟新的收入来源。[①] 在淘宝发展初期,80%的收入来源于广告。[②] 如果以此将淘宝划入广告市场,那么也同样是不构成垄断地位的。

二、淘宝的经济社会价值

从创立至今,淘宝为经济社会的发展作出了重要的贡献。首先,淘宝解决了大量的就业问题。直接或间接创造3300万就业岗位,大量的无业或失业人员以淘宝为平台走向再就业。其次,淘宝为企业销售提供了新的渠道,尤其是一些偏远地区的企业,通过淘宝将其产品销往全国各地。再次,淘宝也带动了新兴行业的发展,比较典型的就是快递行业,淘宝大规模的交易为快递和物流行业的发展创造了广阔的市场。最后,淘宝网为国家贡献了大笔税收。比如2017年,包括淘宝在内的阿里巴巴纳税366亿元。[③] 此外,也带动了互联网技术的创新,推动了我国公益事业的发展。

三、对淘宝反垄断规制的政策建议

从上面论述的三条反垄断标准可以看出,淘宝网的各项指标虽然在垄断的数据边缘,但结合它在国内网购平台中的地位和相

① 刘璇、张向前:《"淘宝网" 盈利模式分析》,《经济问题探索》2012年第1期。

② 《淘宝隐忧:超80%收入来源在线广告》,新浪科技,见http://tech.sina.com.cn/i/2009-10-09/12193492061.shtml,2018年2月16日。

③ 《阿里巴巴:2017年日均纳税超1亿 创造就业3300万》,网易财经,见http://money.163.com/18/0123/15/D8RHSH2V002580S6.html,2017年2月18日。

关有争议性的规则，已带有垄断的某些破坏性，这就需要政府切实加强现阶段的淘宝网的反垄断监管。

一方面，要修订“两反法”细则，构建适应平台经济发展的反垄断法体系。对市场支配地位的判断上首先要完善市场份额认定标准。在传统市场结构标准基础上，综合考量平台经济的用户数量、网民覆盖率等因素；其次要重视分析市场进入壁垒，通过分析市场进入壁垒来确定平台企业能否限制潜在的竞争者进入相关市场，从而确定其实际市场控制力；最后要综合考虑平台企业对核心技术的拥有量、赢利能力、技术创新能力等多重因素。对独家交易行为的认定方面要分类应对：如果交易双方达成独家交易协议，此时可依照传统方法予以界定；如果当交易双方未达成独家交易协议或未发现交易双方达成独家交易协议时，要多方采信经济数据。

另一方面，增强消费者自我权益保护意识。受消费者对“两反法”认知不足的影响，消费者往往漠视自身权益被侵害，而由于反垄断的诉讼成本很高，单一受害者很难赢得诉讼。为此可以尝试建立垄断受害者众筹诉讼机制。诉讼对象包括典型受害者、专业律师、经济学家、社会组织和志愿者等。通过协同多方的力量对平台企业一些领域的典型垄断行为进行主动诉讼，提高社会对垄断的监督作用。

当然监管的同时不能忽略淘宝的经济社会价值，它是产业政策必须要保护的对象，这就涉及竞争政策和产业政策的协同问题。竞争政策并不是反对做大做强，因此现阶段对淘宝的反垄断政策应该充分尊重市场发展规律，从法律法规层面做好相应的保障，创造公平有序的竞争环境。

第三节　双元协同的大数据监管模式构建

在政府对淘宝网平台的监管中，需要遵循三个方面的原则：一是平台配合政府，平台监管从属于政府监管；二是政府可以有权限地进入淘宝网后台数据层；三是政府不能泄露商业秘密和侵犯平台正常的商业利益。这是二者相互协作的前提，也是政府解决信息不对称、规范网络交易行为的基本条件。

本书根据表 17-1 政府对平台经济的大数据监管指标体系来阐述政府与平台的双元合作对淘宝网的大数据监管方式。

(1)在主体监管中，政府要充分利用淘宝网对入驻商家和消费者的身份认证，公安机关予以配合。在商家、中介服务商和消费者进驻淘宝网时，必须提供真实的身份信息予以验证。目前淘宝网已与公安部全国公民身份证号码查询服务中心合作，淘宝网将会员注册过程提交的身份信息提交给中心，中心通过大数据技术进行信息比对后，将核查结果返回。这种手段能有效防止不法分子利用虚假身份信息进行网上欺骗。此外，淘宝网在银行卡支付系统中也采取了同样的认证手段。

(2)对于客体监管中的价格、销量等异常行为，主要是淘宝网平台参与大数据监管，但政府要对某些案件跟踪。交易行为中的异常价格、异常销量和虚假交易等，是淘宝网采用大数据、云计算手段进行市场监管的重点对象，通过大数据技术的横向对比、异常点发现、关联分析等可以在海量交易中挖掘出违规交易。而淘宝网需要将重大的售假、造假、网络诈骗等行为移交给工商、公安等政府部门,政府进行现实追踪,打击违法犯罪行为。从这一点看,政府部门的参与是平台商家违规的警醒,能遏制不法商家的违法交易。

(3)对于客体交易中的平台行为监管,主要是政府的监管。尽管淘宝网与政府可能展开对市场交易监管的合作,但平台出于自身利益,会隐藏一些不利于自身的信息。对于平台的运作绩效,一般采用报表的格式由淘宝网报送给政府,但是政府需要派驻专业人员进行核实,这就需要政府能进入到淘宝网数据后台,从海量信息中充分挖掘异常变动。对平台是否缴纳保证金、是否存在违规使用沉淀资金、是否发生侵权行为等进行判别。从这一点看,政府的大数据监管工作也十分重要。

(4)在行为监管中,主要通过平台和政府的紧密合作。淘宝网的虚拟性质使一些不法分子会通过平台进行偷漏税、洗钱等违法活动,这些是税务机关和公安机关重点侦查的对象。淘宝网应该充分利用交易信息挖掘技术,将存在一定怀疑度的交易报送给政府有关部门,政府有关部门对这些交易进行大数据溯源,在监管中,需要淘宝网提供商家的交易数量、交易金额、资金流向等信息,这些能使工商、公安部门快速认定交易性质。对于支付系统漏洞和交易者信息泄露,则需要公安机关的高科技侦查,在这方面,淘宝网也需要做好配合。

(5)在趋势监管中,对于商品交易结构,淘宝网可以通过大数据技术进行分析,如某件商品销售的地区分布、年龄分布、品牌分布等。这样能指导商家调整销售策略,也能满足消费者的需求,实现资源更高效配置,这方面主要通过淘宝网进行监管;而对于电子商务的发展,政府不仅可以借助于平台和有电子商务业务企业的日常报表,同时也可以通过专业人员对淘宝网等平台企业的交易量等分析,来判断电子商务行业的发展趋势,出台更加合理的产业发展政策。

(6)在公共服务监管上,淘宝网与政府同时展开了监管。淘宝网在成立初期就设立了投诉举报平台,后续又升级了平台系统,买家可以通过该平台 24 小时进行维权,而淘宝网也会通过核实投诉举报信息进行沟通协商,最大限度解决买家的问题。但是,部分买家由于无法协商解决、问题重大等向市场监督部门举报,加之网络交易的虚拟性,使市场监督部门也需要通过淘宝交易平台进行溯源追查。由此可见,政府能进入淘宝平台交易数据层是公共服务监管的关键。

基于以上几点,本书将各个监管模块中政府和淘宝网的监管内容描绘成表 22-1。

表 22-1　政府和淘宝网对淘宝平台交易的大数据监管

监管对象	监管主体	淘宝负责内容	政府负责内容
消费者维权(申诉、投诉和举报)	淘宝网、政府	负责简单投诉举报案件,对于严重案件移交政府有关部门	政府处理严重案件,对不法交易司法处罚
入驻商家、中介服务、消费者身份认证	淘宝网、政府	负责对入驻商家和客户的身份认证	政府公安数据库进行匹配
商品价格、销量、售后、虚假宣传、不可网上交易商品	淘宝网为主、政府为辅	运用大数据技术对异常交易挖掘	对涉及造假、网络诈骗等行为进行溯源和惩罚
平台规范运营(登记、服务、保证金、违规使用资金、沉淀资金使用)	政府	向政府定期报送报表	核实报表内容,挖掘异常变动
偷漏税、洗钱	政府为主,平台为辅	挖掘可能发生偷漏税、洗钱等行为的异常交易,提交政府	对偷漏税、洗钱等高度可能性的交易和账户进行侦查

续表

监管对象	监管主体	淘宝负责内容	政府负责内容
支付漏洞、交易者信息泄露	政府	配合政府	通过高科技手段进行侦查
市场交易预测	淘宝网	通过大数据对平台交易信息进行分析,并指导商家	—
行业趋势分析	政府	提供报表等信息	根据市场交易量以及与实体交易对比,判别行业发展趋势,进行政策设计等

主要参考文献

[1]阿里研究院:《平台经济》,机械工业出版社2016年版。

[2]巴曙松、杨彪:《第三方支付国际监管研究及借鉴》,《财经研究》2014年第4期。

[3]蔡岚:《协同治理:复杂公共问题的解决之道》,《暨南学报(哲学社会科学版)》2015年第2期。

[4]曾江洪、崔晓云:《基于演化博弈模型的平台企业集团母子公司治理研究》,《中国管理科学》2015年第23期。

[5]陈伟华:《互联网平台竞争中独家交易的反垄断分析》,《浙江社会科学》2016年第3期。

[6]陈颖:《大数据技术下企业信用体系建设的研究——以建设企业信用大数据平台为例》,《当代经济》2015年第23期。

[7]陈志刚、王茜、韩正君:《移动互联网产业管制的现状、趋势及新管制体系研究》,《移动通信》2015年第5期。

[8]成卓、金阳:《打击垄断行为促进分享经济健康发展》,《中国物价》2016年第9期。

[9]程贵孙、李银秀:《平台型产业反垄断规制的几个关键问题研究》,《当代财经》2009年第7期。

[10]程贵孙:《平台型产业反垄断规制的理论误区与释疑——基于双边市场理论视角》,《商业经济与管理》2009年第3期。

[11]段锐:《我国P2P网贷平台监管模式研究》,《中国商论》2007年第25期。

[12]傅瑜、隋广军、赵子乐:《单寡头竞争性垄断:新型市场结构理论构建——基于互联网平台企业的考察》,《中国工业经济》2014年第1期。

[13]巩姗姗:《Viacom International Inc.v.YouTube,Inc.最新判决评析——以网络服务商过错判断标准为视角》,《知识产权》2014 年第 1 期。

[14]郭全中、郭凤娟:《平台经济与媒体商业模式变迁》,《青年记者》2013 年第 9 期。

[15]韩俊、崔传义:《我国农民工回乡创业面临的困难及对策》,《经济纵横》2008 年第 11 期。

[16]贺宏朝:《"平台经济"下的博弈》,《企业研究》2004 年第 12 期。

[17]侯兆辉:《国互联网金融模式下的征信体系建设研究》,《征信》2017 年第 35 期。

[18]侯作前:《从税收法定到税收公平:税法原则的演变》,《社会科学》2008 年第 9 期。

[19]华中生:《网络环境下的平台服务及其管理问题》,《管理科学学报》2013 年第 12 期。

[20]黄坤:《互联网产品和 SSNIP 测试的适用性——3Q 案的相关市场界定问题研究》,《财经问题研究》2014 年第 11 期。

[21]黄民礼:《边际市场与市场形态的演进》,《首都经济贸易大学学报》2007 年第 3 期。

[22]黄勇、杨利华:《第三方支付平台企业掠夺性定价的反垄断法分析》,《河北法学》2016 年第 34 期。

[23]焦海涛:《平台经营者统一销售策略行为的反垄断法适用》,《法学》2015 年第 7 期。

[24]解志勇、修青华:《互联网治理视域中的平台责任研究》,《国家行政学院学报》2017 年第 5 期。

[25]金玲:《建构对网络平台的多中心监管模式——以淘宝为例》,《广东省社会主义学院学报》2017 年第 1 期。

[26]金鹏、蔡淑琴:《C2C 电子商务平台的税收征管参与行为分析》,《工业技术经济》2008 年第 9 期。

[27]赖先进:《论政府跨部门协同治理》,北京大学出版社 2015 年版。

[28]黎诣远:《西方经济学》(第二版),高等教育出版社 2005 年版。

[29]李成刚:《互联网经济的理论创新和实践》,对外经济贸易大学出版社 2016 年版。

[30]李安兰:《电子商务市场垄断力因素研究——成因、现状及外延表现商业时代》,《商业时代》2014 年第 3 期。

[31]李维安、林润辉、范建红:《网络治理研究前沿与述评》,《南开管理评论》2014 年第 17 期。

[32]李凌:《平台经济发展与政府管制模式变革》,《经济学家》2015年第7期。

[33]李剑:《双边市场下的反垄断法相关市场界定——"百度案"中的法与经济学》,《法商研究》2010年第27期。

[34]李海芹:《C2C模式电子商务税收问题探析》,《企业经济》2013年第31期。

[35]李安渝、张昭、王泽菡、曾蔚:《电商企业信用评价体系研究——基于财务角度的AHP法》,《征信》2014年第32期。

[36]李鑫:《分享经济监管困境与信用监管体系构建》,《学习与实践》2017年第8期。

[37]连镇殿、连昕:《大数据背景下城市公共信用信息平台建设研究》,《宏观经济管理》2017年第2期。

[38]刘波主编:《网络化治理——面向中国地方政府的理论与实践》,清华大学出版社2014年版。

[39]刘兵、唐守廉:《互联网管制模式的分析和研究》,《电信科学》2007年第5期。

[40]刘春泉:《电子商务平台性质与法律责任》,《重庆邮电大学学报》2016年第28期。

[41]刘帅:《C2C电子商务信用评价体系存在的问题及其解决对策》,《经济视角》2014年第1期。

[42]刘婷婷:《我国互联网产业中"相关市场"法律界定问题研究述评》,《黑龙江省政法管理干部学院学报》2016年第4期。

[43]刘宪权:《互联网金融平台的刑事风险及责任边界》,《环球法律评论》2016年第5期。

[44]刘叶婷、唐斯斯、梁明:《信用大数据的形成、应用价值与提升策略》,《南方金融》2016年第11期。

[45]刘英、罗明雄:《互联网金融模式及风险监管思考》,《中国市场》2013年第43期。

[46]陆伟刚、张昕竹:《双边市场中垄断认定问题与改进方法:以南北电信宽带垄断案为例》,《中国工业经济》2014年第2期。

[47]陆莹莹、吉嘉琪:《C2C微商信用管理制度构建——基于第三方平台的引入》,《中国商论》2016年第8期。

[48]罗珉、李亮宇:《互联网时代的商业模式创新:价值创造视角》,《中国工业经济》2015年第57期。

[49]罗云川、阮平南:《公共文化服务网络治理:主体、关系与模式》,《图书馆建设》2016年第1期。

[50]孟祥霞:《平台经济企业发展模式变革与创新——宁波平台经济典型企业案

例研究》,浙江大学出版社 2016 年版。

[51]马程伟、杨琦峰:《电商融资平台信用评级指标体系的构建》,《财会月刊》2017 年第 22 期。

[52]马兰:《基于电子商务平台双边市场特征的网络税收征管研究》,《中国商论》2015 年第 32 期。

[53]马永保:《法律视角下淘宝网的争议处理》,《上海政法学院学报(法治论丛)》2013 年第 5 期。

[54]潘宪生:《平台经济及其在江苏的实践》,《商业经济研究》2015 年第 8 期。

[55]彭正银:《网络治理:理论与模式研究》,经济科学出版社 2003 年版。

[56]孙国强:《网络组织理论与治理研究》,经济科学出版社 2016 年版。

[57]王茹:《中国改革新征途——互联网经济时代的政府治理创新研究》,人民出版社 2017 年版。

[58]王旸:《平台战争》,中国纺织出版社 2013 年版。

[59]王玉梅:《平台经济与上海的转型发展》,上海社会科学院出版社 2014 年版。

[60]吴义爽:《平台组织、战略与产业发展》,经济管理出版社 2017 年版。

[61]徐晋:《平台经济学:平台竞争的理论与实践概述》,上海交通大学出版社 2007 年版。

[62]徐晋:《大数据平台——组织架构与商业模式》,上海交通大学出版社 2014 年版。

[63]徐晋:《平台产业经典案例与解析》,上海交通大学出版社 2012 年版。

[64]徐晋:《平台竞争战略》,上海交通大学出版社 2013 年版。

[65]肖兴志:《政府监管理论与政策》,东北财经大学出版社 2006 年版。

[66]信息社会 50 人论坛:《互联网经济治理手册》,社会科学文献出版社 2018 年版。

[67]岳中刚:《双边市场的定价策略及反垄断问题研究》,《财经问题研究》2006 年第 8 期。

[68]杨华锋:《协同治理——社会治理现代化的历史进路》,经济科学出版社 2017 年版。

[69]张晨颖:《平台相关市场界定方法再造》,《首都师范大学学报(社会科学版)》2017 年第 2 期。

[70]张春光:《B2C 商业模式下第三方平台民事责任问题探讨》,《金融服务法评论》2015 年第 5 期。

[71]张江莉:《互联网平台竞争与反垄断规制以 3Q 反垄断诉讼为视角》,《中外法学》2015 年第 27 期。

[72]张可:《论网络购物平台的一体化监管机制》,《合肥学院学报(综合版)》

2017 年第 4 期。

[73]张素伦:《欧盟互联网行业反垄断政策及对我国的启示》,《赤峰学院学报(汉文哲学社会科学版)》2013 年第 34 期。

[74]张喜红:《权责一致:责任政治建设的基本前提》,《思想战线》2016 年第 42 期。

[75]张云起、孙军锋、王毅、耿勇、张雷:《信联网商务信用体系建设》,《中央财经大学学报》2015 年第 4 期。

[76]赵琳:《论网络交易平台商的法律责任——以彭某状告淘宝袒护网店售假案为例》,《法制与社会》2016 年第 13 期。

[77]赵鹏:《超越平台责任:网络食品交易规制模式之反思》,《华东政法大学学报》2017 年第 20 期。

[78]郑月龙、张卫国:《多人演化雪堆博弈的协同治理动态研究》,《管理工程学报》2016 年第 30 期。

[79]仲春:《互联网行业反垄断执法中相关市场界定》,《法律科学(西北政法大学学报)》2012 年第 30 期。

[80]周傲群:《依托大数据构建新型信用监管机制的思考》,《中国市场监管研究》2017 年第 2 期。

[81]周辉:《微商治理:平台责任与政府监管》,《中国科技论坛》2016 年第 10 期。

[82]朱兵强、阮莉莉、肖品祥:《微商发展的法律困境及其对策》,《湖南财政经济学院学报》2016 年第 32 期。

[83]朱大旗:《“分税制”财政体制下中国地方税权问题的研究》,《安徽大学法律评论》2007 年第 2 期。

[84]朱彤:《外部性、网络外部性与网络效应》,《经济理论与经济管理》2001 年第 11 期。

[85]朱艳红:《税收财政原则、税收效率及税收公平》,《中国集体经济》2014 年第 27 期。

[86]朱振中、吕廷杰:《具有负的双边网络外部性的媒体市场竞争研究》,《管理科学学报》2007 年第 10 期。

[87]张健:《生产关系改变下的互联网经济》,中国财富出版社 2013 年版。

[88]郑跃平:《数字治理评论(第 1 辑)》,社会科学文献出版社 2017 年版。

[89] Armstrong M. Wright J., “Two-Sided Markets, Competitive Bottlenecks and Exclusive Contracts”, *Economic Theory*, 2007.

[90] Armstrong M., “Competition in Two-Sided Markets”, *The Rand Journal of Economics*, 2006.

[91] Böhm-Bawerk E., *Positive Theory of Capita*, translated by Smart, W., G. E.

Steckert, New York, 1891.

[92] Botsman R., Rogers R., "What's Mine is Yours: The Rise of Collaborative Consumption", *Harper Business*, 2010.

[93] Belleflamme P.Toulemonde E., "Negative Intra-Group Externalities in Two-Sided Markets", *International Economic Review*, 2009.

[94] Boudreau, K, Hagiu A., "Platforms Rules: Multi-Sided Platforms as Regulators", *Platforms Markets & Innovation*, 2011.

[95] Bruckner C. Shortchanged, *The Tax Compliance Challenges of Small Business Operators Driving the On-Demand Platform Economy*, Social Science Electronic Publishing, 2016.

[96] Clark K.B., Baldwin C.Y., "The Power of Modularity", *Cambridge*, Vol.1, MA, MIT Press.1940.

[97] Caillaud B., Jullien B., "Chicken & Egg: Competition Among Intermediation Service Providers", *Rand Journal of Economics*, 2003.

[98] Evans D.S., Schmalensee R., "The Industrial Organization of Markets with Two-sided Platforms", *National Bureau of Economic Research*, 2005.

[99] Evans D.S.Noel M., "Defining Antitrust Markets When Firms Operate Two-sided Platforms", *Columbia Business Law Review*, 2005.

[100] Evans D.S., "Some Empirical Aspects of Multi-Sided Platform Industries", *Review of Network Economics*, 2003.

[101] Evans D.S., "The Antitrust Economics of Multi-Sided Platform Markets", *Yale J. on Reg*, 2003.

[102] Evans D.S., *The Antitrust Economics of Two-Sided Markets*, Social Science Electronic Publishing, 2003.

[103] Farrell J., Katz M.L., "Innovation, Rent Extraction, and Integration in Systems Markets", *The Journal of Industrial Economics*, 2000.

[104] Friedman D., "On Economic Applications of Evolutionary Game Theory", *Journal of Evolutionary Economics*, 1998.

[105] Galbiati R., Vertova P., "Obligations and Cooperative Behaviour in Public Good Games", *Games and Economic Behavior*, 2008.

[106] Gale D., Shapley L., "College Admissions and The Stability of Marriage", *American Mathematical Monthly*, 1962.

[107] Gokhale C.S., "Traulsen A.Evolutionary Games in The Multiverse", *Proceedings of the National Academy of Sciences*, 2010.

[108] Hagiu Andrei, "*Platforms, Pricing, Commitment and Variety in Two-Sided*

Markets", VDM Verlag Dr.Mueller E.K., 2008.

[109] Hofbauer J., Sigmund K., *Evolutionary Games and Population Dynamics*, Cambridge: Cambridge University Press, 1998.

[110] Hauert C., De Monte S., Hofbauer J., et al., "Volunteering as Red Queen Mechanism for Cooperation in Public Goods Games", *Science*, 2002.

[111] Hauert C., Doebeli M., "Spatial Structure Often Inhibits the Evolution of Cooperation in the Snowdrift Game", *Nature*, 2004.

[112] Hauert C., Michor F., Nowak M. A., et al., "Synergy and Discounting of Cooperation in Social Dilemmas", *Journal of Theoretical Biology*, 2006.

[113] Hauert C., Szabo G., "Prisoner's Dilemma and Public Goods Games in Different Geometries: Compulsory Versus Voluntary Interactions", *Complexity*, 2003.

[114] Hermalin B.E., Katz M.L.Sender or Receiver, "Who Should Pay to Exchange an Electronic Message?", *Rand Journal of Economics*, 2004.

[115] Jeon D.S., Rochet J.C., "The Pricing of Academic Journals: A Two-Sided Market Perspective", *American Economic Journal: Microeconomics*, 2010.

[116] Kagan J.Bricks, Mortar, and Google, "Defining the Relevant Antitrust Market for Internet-Based Companies", *New York Law School Law Review*, 2010.

[117] Kaiser U., Wright J., "Price Structure in Two-Sided Markets: Evidence from the Magazine Industry", *International Journal of Industrial Organization*, 2006.

[118] Lee K.H., Chan C.H., Hui P.M., et al., "Cooperation in N-person Evolutionary Snowdrift Game in Scale-Free Barabási-Albert Networks", *Physica A: Statistical Mechanics and its Applications*, 2008.

[119] Lin J., Wilbur W.J., "PubMed Related Articles: A Probabilistic Topic-Based Model for Content Similarity", *BMC bioinformatics*, 2007.

[120] Lambert M. Surhone, Miriam T. Timpledon, Susan F. Marseken, *Two-Sided Market*, Betascript Publishing, 2010.

[121] Minifieand Wiltshire, "Peer to Peer Pressure.Policy for the Sharing Economy", *Grattan Institute*, 2016.

[122] Nowak M. A., May R. M., "Evolutionary Games and Spatial Chaos", *Nature*, 1992.

[123] Ohtsuki H., Hauert C., Lieberman E., et al., "A Simple Rule for the Evolution of Cooperation on Graphs and Social Networks", *Nature*, 2006.

[124] Rochet J. C., Tirole J., "Two-Sided Markets: A Progress Report", *The Rand Journal of Economics*, 2006.

[125] Roson R., "Two-Sided Markets: A Tentative Survey", *Review of Network*

Economics, 2005.

[126] Rysman M., "Competition Between Networks: A Study of the Market for Yellow Pages", *The Review of Economic Studies*, 2004.

[127] Santos F.C., Pacheco J.M., "Risk of Collective Filure Provides an Escape from the Tragedy of the Commons", *Proceedings of the National Academy of Sciences*, 2011.

[128] Santos M.D., Pinheiro F.L., Santos F.C., et al., "Dynamics of N-person Snowdrift Games in Structured Populations", *Journal of Theoretical Biology*, 2012.

[129] Semmann D., Krambeck H.J., Milinski M., "Volunteering Leads to Rock-Paper-Scissors Dynamics in a Public Goods Game", *Nature*, 2003.

[130] Souza M. O., Pacheco J . M., Santos F. C., "Evolution of Cooperation under N-Person Snowdrift Games", *Journal of Theoretical Biology*, 2009.

[131] Stone A. *Regulation and its Alternatives*, Washington, DC. Congressional Quarterly Press, 1982.

[132] Taylor P.D., Jonker L.B., "Evolutionary Stable Strategies and Game Dynamics", *Mathematical Biosciences*, 1978.

[133] Thépot, F., "Market Power in Online Search and Social-networking: A Matter of Two-sided Markets", WorldCompetition, *Kluwer Law International*, 2013.

[134] VanSegbroeck S., Pacheco J.M., Lenaerts T., et al., "Emergence of Fairness in Repeated Group Interactions", *Physical Review Letters*, 2012.

[135] Wang W. X., Ren J., Chen G., et al., "Memory-Based Snowdrift Game on Networks", *Physical Review*, 2006.

[136] Zheng D.F., Yin H.P., Chan C.H., et al., "Cooperative Behavior in a Model of Evolutionary Snowdrift Games with N-person Interactions", *Europhysics Letters*, 2007.

[137] Zhong L.X., Zheng D.F., Zheng B., et al, "Networking Effects on Cooperation in Evolutionary Snowdrift Game", *EPL(Europhysics Letters)*, 2006.

后　记

本书的写作是一个奇妙的旅程。在充满了勤奋和懈怠、快乐和痛苦、自我肯定和自我批评的循环往复过程中,我最终完成了本书的写作,也拥有了对自己成长的新思考和新体验。恐怕唯有经历过学术书籍写作的人,才能真切体会到书写后记的滋味。这就仿佛一个老兵,在大战之后行于班师返乡的路上。

在这个学术旅程中,我得到了许多人无私的关怀和帮助。我的导师冯俏彬老师,严谨治学,为人谦和,为我的学术研究提供了许多帮助。进入师门以后,冯老师多次带我到各地进行实证研究和考察,不断为我打开研究思路;在论文的写作过程中,老师一字一句仔细修改;在生活上,老师关心备至,帮助我解决了许多的困难。"饮其流者怀其源,学其成时念吾师",深深感激恩师几年来的关心和照顾。

同时,我也要感谢我的家人,他们对我无条件的信任和支持,让我有机会能够任性地试错和选择,找到自己的人生道路。他们对我在精神上和物质上的支持、爱和理解,才让我有勇气鼓励自己,走到更远的地方去探险。

我更要感谢几位老师和同学,张占斌老师、王茹老师对本书写作过程提出了宝贵的意见,李贺、李博、杜宏巍等,也都给了我许多指导、关怀和支持。没有他们,我的写作过程会充满孤独与艰辛。

书中一些观点仍然是稚嫩的,还有许多案例需要进一步跟踪和调研。在围绕平台经济政府监管的研究中,我也进一步体会到社会科学的实质:始于迷惘,终于更高水平的迷惘。这不是因为研究者的故弄玄虚,而是因为社会科学的多样性,一个问题的解决总是伴随新问题的出现。平台经济的研究是一项实践性的科学,需要未来不断地研究与关注,这本书作为我学术生涯的起点,还请各位专家、老师和同仁不吝赐教、批评指正。

王　玉

2021 年 12 月于广州